创新生态系统视角下的知识产权文化研究

李丽婷 ◎ 著

中国财经出版传媒集团

经济科学出版社
Economic Science Press

·北 京·

图书在版编目（CIP）数据

创新生态系统视角下的知识产权文化研究 / 李丽婷
著 . -- 北京 ： 经济科学出版社，2024.10. -- ISBN
978 - 7 - 5218 - 6319 - 2

Ⅰ. F279.23；D923.404

中国国家版本馆 CIP 数据核字第 2024ZL5811 号

责任编辑：胡成洁
责任校对：靳玉环
责任印制：范　艳

创新生态系统视角下的知识产权文化研究

CHUANGXIN SHENGTAI XITONG SHIJIAOXIA DE

ZHISHI CHANQUAN WENHUA YANJIU

李丽婷　著

经济科学出版社出版、发行　新华书店经销

社址：北京市海淀区阜成路甲 28 号　邮编：100142

经管中心电话：010 - 88191335　发行部电话：010 - 88191522

网址：www. esp. com. cn

电子邮箱：espcxy@ 126. com

天猫网店：经济科学出版社旗舰店

网址：http：//jjkxcbs. tmall. com

北京季蜂印刷有限公司印装

710 ×1000　16 开　15.75 印张　258000 字

2024 年 10 月第 1 版　2024 年 10 月第 1 次印刷

ISBN 978 - 7 - 5218 - 6319 - 2　定价：75.00 元

（图书出现印装问题，本社负责调换。电话：010 - 88191545）

（版权所有　侵权必究　打击盗版　举报热线：010 - 88191661

QQ：2242791300　营销中心电话：010 - 88191537

电子邮箱：dbts@ esp. com. cn）

本书为国家社会科学基金一般项目"创新生态系统视角下的知识产权文化研究"（项目编号：18BFX156）研究成果

本书出版受宁夏大学研究生教材建设项目资助

序　言

　　当前，创新已成为中国经济最根本的发展动力。中国创新系统正朝着国家既定的战略目标，向创新生态的方向发展。创新生态系统强调创新要素之间的相互依赖与协调整合，创新生态系统中的共生竞争更具有复杂性。创新活动和成果与知识产权密不可分，知识产权在创新驱动发展战略中重要性也更加突出。知识产权、创新、竞争向来是创新生态系统的关键词。以"尊重知识、崇尚创新、诚信守法、公平竞争"为内容的知识产权文化无疑是这些关键词及创新生态系统特征在社会层面的要求。

　　知识产权文化对创新生态系统建立的支持不仅体现在直接对创新行为形成激励，而且通过在社会中形成知识产权意识对创新活动的协同性以及生态系统要素的共生共进起到良好的推动作用。出于合作、共进的要求，创新生态系统对诚信、公平等竞争环境要求更高。只有基于诚信、公平的理念，才能营造和谐共进的创新生态系统。而对于负面效应的预防与化解需要社会普遍认同的文化心理对法律规定予以支持。公平竞争的知识产权文化会在全社会范围内形成合法、有序、公平的竞争观念，有助于强化对知识产权的尊重与保护意识，有助于创新活动获得应有的回报与激励，更是诚实信用原则在知识竞争中的体现。另外，文化具有普遍性特征，可以在全社会范围内形成共同的价值观、理念及行为方式。创新生态系统也有社会性、普遍性，系统中除创新主体以外的各个主体、组织都对系统的健康运行发挥作用，企业、政府、服务机构、高校、科研机构乃至消费者对知识产权、创新、竞争都应有共同的观念，普遍性是知识产权文化能够满足创新生态系统和谐共通意识与行为的又一特征。从创新型国家的发展路径来看，创新型国家无一不是知识产权强国。尊重知识、崇尚创新的知识产权文化成为创新的精神之源，成为知识产权制度顺利运行的社会心理基础，还为创新成果的交易转化降低诚信风险。创新生态系统正在成为创新系统的新样态，重视知识产权文化在不同层次创新生态系统中的作用，进行适合区域或企业创新发展的文化引导，是在全球范围内建设创新经济体的必然要求。

自知识产权战略实施以来，中国政府将加强知识产权文化建设作为建设知识产权强国的一项重要工作任务，通过修改完善知识产权法律制度、强化知识产权保护与激励创新的立法、改革知识产权执法体制、探索知识产权普及教育、优化知识产权专业人才培养模式、加大知识产权公益宣传力度等措施，知识产权文化建设已取得很大成效，全社会的知识产权意识正逐步提升，知识产权保护社会满意度持续提高。然而，从我国知识产权文化的现状看，知识产权文化建设面临诸多困难，无法适应不同层次创新生态系统的需求。在理性领域缺乏相应的文化基础，成为知识产权政策目标实现的障碍性因素。正是缺乏与知识产权制度相适应的精神内核，知识产权制度难以长期深入日常生活的经验与习惯，使知识产权制度的价值目标实现受到阻碍，成为我国不同层次创新生态系统发展的文化制约因素。本书对创新生态系统视角下的知识产权文化进行研究，旨在通过考察我国知识产权文化实践，对比分析知识产权文化建设方案与措施，以不同层次的创新生态系统对知识产权文化的不同需求为出发点，以知识产权文化建设满足各要素间动态作用关系的良好发展以及促进各创新主体间的和谐共进为调适目标,研究创新生态系统中知识产权文化建设的问题,提出路径建设建议。

本书以新的视角对创新生态系统与知识产权文化建设两个具有鲜明时代特征的命题进行结合性研究,这种结合并非简单机械地介绍概念及原理,而是着重于两个命题间内生逻辑关系的揭示。本书认为,文化对创新生态具有适应性、知识产权文化对创新生态系统作用具有共通性。知识产权文化在创新生态系统中将承担更重要的精神联结作用与思想统一作用,也应更能促进创新生态系统的合作与创新、竞争与共进。知识产权文化对形成创新生态系统必要的外层环境起着至关重要的作用,对创新生态系统的调节治理机理主要从激励约束、利益分配和协调保障作用来体现。知识产权文化与创新生态系统有相互关联的作用机理,但具体的知识产权文化形态对创新生态系统的作用又有所区别。因此,本书对不同形态的知识产权文化在微观、中观、宏观三个不同层次的创新生态系统中的作用进行分别考察,分别对知识产权文化建设在国家、区域、企业中的困难与对策进行分析,力图解决我国不同层次创新生态系统下文化政策统一性与实践差异性的矛盾,对创新生态系统下的知识产权文化建设路径进行综合全面的研究。

本书对美国、德国、日本三国的创新生态系统发展与知识产权文化进行比较考察,探讨知识产权文化对国家创新生态系统的作用;以美国硅谷、德国柏林和中国深圳为考察样本,对区域创新生态系统的建设路径进行分析;以华为、西门子等企业作为样本,考察分析企业创新生态系统的作用机制与知识产权文化对企业创新生态系统的影响。

在普遍性的考察与结论之后,本书将研究重点落在中国国家、区域、企业创新生态系统与知识产权文化上。通过大数据分析、调查问卷等实证考察，本书提出创新生态系统下我国国家知识产权文化建设路径：将传统文化智慧放在知识产权实践中重新进行阐释，转化为对我国知识产权文化建设具有积极意义的文化观念与行为方式；采用政府主导的知识产权文化建设模式，建立多层次的知识产权教育体系，提升知识产品消费文化。我国区域创新生态系统下的知识产权文化建设，应注重与区域文化的结合以及与知识产权文化相关的区域社会环境的完善。在企业创新生态系统下，应在"以人为本"基础上重视企业知识产权文化培育，发挥行业协会、创新联盟的作用，并优化政府在企业创新中的作用。

文化是精神上、观念上的范畴，虽然可以外化为人们一定的行为，但评判标准不易统一。本书以历史考察的方法，对典型国家、地区、企业创新生态系统中知识产权文化的形成发展过程与效果进行比较分析；对于我国知识产权文化构建的现状与需求，采用问卷调查与大数据分析的方法来考察。这些工作对总结知识产权文化的作用效果和建设路径产生一定的支撑，但受时间、能力和考察对象的范围所限，论证结果不够精细。本书的不妥之处，敬请读者批评指正！

目　录

绪　　论

第一节　研究背景

科技创新始终是关系国家发展全局的核心力量。2016年中共中央、国务院印发的《国家创新驱动发展战略纲要》中规划了从建成中国特色国家创新体系到创新型国家前列，再到世界科技创新强国的三个创新战略步骤。在每一个阶段要实现的战略目标中，都强调了创新环境优化战略目标，包括创新的制度环境、市场环境和文化环境更加优化，最终的目标是建设各类创新主体协同互动和创新要素顺畅流动、高效配置的生态系统，形成创新驱动发展的实践载体、制度安排和环境保障。① 党的二十大报告继续坚持创新在我国现代化建设全局中的核心地位，提出形成具有全球竞争力的开放创新生态。随着国家创新驱动发展战略的推进，中国创新能力正在不断提升。世界知识产权组织（WIPO）发布的《2022年全球创新指数》报告显示，中国创新能力在世界排名第11位，连续10年保持创新引领积极态势。② 中国创新系统正朝着国家既定的战略目标，向创新生态的方向发展。创新生态系统强调创新要素之间的相互依赖与协调整合，创新生态系统中的共生竞争更具有复杂性。

由于创新活动和成果与知识产权密不可分，知识产权在创新驱动发展战略中也更具重要性。知识产权、创新、竞争主体在创新生态系统中被赋予"合作、协同、共进"等特征，向来是创新生态系统的关键词。作为创新成果法律保护形态的知识产权仍然是竞争力的核心。知识产权文化对创新生态

---

① 国家创新驱动发展战略纲要 ［EB/OL］. http：//www. gov. cn/zhengce/2016－05/19/content_5074812. htm ［2016－05－19］.

② Global Innovation Index 2022 ［EB/OL］. https：//www. wipo. int/edocs/pubdocs/en/wipo－pub－2000－2022－en－main－report－global－innovation－index－2022－15th－edition. pdf ［2022－12－21］.

系统建立的支持不仅体现在直接对创新行为形成激励，而且通过在社会中形成的知识产权意识对创新活动的协同性以及生态系统要素的共生共进起到良好的推动作用。基于合作、共进的要求，创新生态系统是对诚信、公平等竞争环境要求更高的系统。只有基于诚信、公平的理念才能营造和谐共进的创新生态系统。而对于负面效应的预防与化解需要社会普遍认同的文化心理对法律规定予以支持。公平竞争的知识产权文化有助于在全社会范围内形成合法、有序、公平的竞争观念，有助于强化知识产权在市场竞争中应被认同的尊重与保护意识，有助于创新活动获得应有的回报与激励，更是诚实信用原则在知识竞争中的体现。另外，由于文化的普遍性特征，可以在全社会范围内形成共同的价值观和理念及行为方式。而创新生态系统也有社会性、普遍性，系统中除创新主体以外的各个主体、组织都对系统的健康运行发挥作用，企业、政府、服务机构、高校、科研机构乃至消费者对知识产权、创新、竞争都应有共同的认识和观念，普遍性是知识产权文化能够满足创新生态系统和谐共通意识与行为的又一特征。中国政府也充分认识到了知识产权文化的重要性，2008 年的《国家知识产权战略纲要》① 将培育知识产权文化作为战略重点之一，具体目标为形成尊重知识、崇尚创新、诚信守法的知识产权文化。此后的十几年中，历年的国家知识产权战略建设和知识产权强国推进计划中都将知识产权文化作为一项重要工作。《知识产权强国建设纲要（2021－2035 年）》② 延续了 2008 年纲要中"尊重知识、崇尚创新、诚信守法"的知识产权文化要求，又增加了"公平竞争"的知识产权文化理念，将"厚植公平竞争的文化氛围"作为知识产权文化建设的一项目标任务。创新经济的时代也是知识经济的时代，创新驱动发展的过程也是知识产权强国的路径。在创新生态系统建设的过程中，重视知识产权文化的重要作用，进行适应创新生态系统特征与需要的知识产权文化建设，是实现创新驱动发展战略的必要工作。

从世界创新型国家的发展路径来看，创新型国家无一不是知识产权强国。在这些国家已形成的创新生态系统中，尊重知识、崇尚创新的知识产权

---

① 国务院关于印发国家知识产权战略纲要的通知 ［EB/OL］. https：//www. cnipa. gov. cn/art/ 2015/12/24/art_321_41470. html ［2015－12－24］.

② 中共中央 国务院印发《知识产权强国建设纲要（2021－2035 年）》［EB/OL］. 中国政府网，https：//www. gov. cn/zhengce/2021－09/22/content_5638714. htm ［2021－09－22］.

文化成为创新动力的精神之源，成为知识产权制度顺利运行的社会心理基础，还为创新成果的交易转化降低诚信风险成本。如美国、德国、日本等国创新生态系统共同的文化因素都包含健全的知识产权保护机制，精准实效的知识产权社会共治体系，清晰良好的知识产权公众意识与消费方式，优质的知识产权教育与人才培养方式。知识产权文化与制度的契合有效激发了创新主体的创新热情，促进了创新资源的流动共享，保障了创新利益分配的公平合理。文化、制度、技术的相互作用使美国、德国、日本等国家形成了良性运转且具有协同、动态、融合发展特征的创新生态系统。

除典型的国家创新生态系统外，全球已有区域创新生态系统和企业创新生态系统的成功范例。前者如美国的硅谷创新生态系统，后者如中国的华为创新生态系统。它们的成功经验表明，区域与企业的知识产权文化同样对于以某一区域范围或某一单位企业的创新生态系统的形成与发展具有重要意义。类似于热带雨林，不同类型的创新生态系统都要依赖于一定的文化土壤，健康的知识产权文化会提升区域或企业的创新竞争力，优化创新资源配置，增强创新效能。创新生态系统正在成为创新系统的新样态，重视知识产权文化在不同层次创新生态系统中的同异作用，进行适合区域或企业创新发展的文化引导，是在全球范围内建设创新经济体的必然要求。

自知识产权战略实施以来，中国政府将加强知识产权文化建设作为建设知识产权强国的一项重要工作任务，通过修改完善知识产权法律制度，强化知识产权保护与激励创新的立法，改革知识产权执法体制，探索知识产权普及教育，优化知识产权专业人才培养模式，加大知识产权公益宣传等措施，知识产权文化建设已取得很大成效，全社会的知识产权意识正逐步提升，知识产权保护社会满意度持续提高，2021 年达到 80.61 分（百分制）。① 然而，我国知识产权文化建设仍面临诸多困难，无法适应不同层次创新生态系统的需求。知识产权制度在理性领域缺乏与之相应的文化基础，成为知识产权政策目标实现的障碍性因素，正是缺乏与知识产权制度相适应的精神内核，缺乏对知识产权制度的信任，并且这种漠视影响了人们的日常生活与行为习

① 国家知识产权局. 2021 年中国知识产权保护状况［EB/OL］. https://www.cnipa.gov.cn/art/2022/4/26/art_91_175203.html［2022-04-26］.

惯，使社会偏离了对知识产权制度的价值目标。知识产权制度实践、教育机制以及消费习惯等与创新生态系统需求不相融合；地方知识产权文化政策不能满足区域创新生态系统的文化需求；小企业知识产权文化普遍缺失，以社会责任感为基础的知识产权文化缺乏，企业文化中信任与沟通的缺乏妨碍了创新。这些问题都成为我国不同层次创新生态系统发展的文化制约因素，从创新生态系统自身需求出发，寻求解决方法，是建设创新生态系统、实施知识产权战略、实现创新驱动发展的重大课题。

第二节　研究意义

当前，建设创新生态系统成为创新驱动发展战略的新内容。由于创新生态系统更强调各创新行为主体之间的作用机制的动态演化，因此文化环境也需要以满足各要素间动态作用关系的良好发展、促进各创新主体间的和谐共进为调适目标。我国目前的知识产权文化环境还难以为创新生态系统的建立提供良好的文化土壤。因此，基于创新生态系统的要求和特征对我国知识产权文化进行研究，对于推进国家知识产权战略，对于建设与发展不同层次的创新生态系统都有着重大的理论意义与现实意义。

一、理论意义

文化环境是创新生态系统的有机组成部分，文化内容当然是创新生态系统理论的重要构成。以创新生态系统形成发展的需要为出发点，对文化因素及其功能实现等内容进行研究，是充实、完备创新生态系统理论的必要工作。在知识产权与创新的密切关系已经为理论与实践所证明的时代背景下，将知识产权文化作为创新生态系统中文化环境的重要考量进行研究，符合创新驱动发展战略等重大历史命题。本书以知识产权文化为研究落脚点，旨在探讨创新生态系统要求下我国知识产权文化建设中的问题。鉴于知识产权文化对制度实践效果的重要性，知识产权文化对知识产权价值目标的重大意义，也由于知识产权文化是知识产权政策之一，知识产权文化被认为是知识产权理论体系的内容。通过厘清知识产权文化的内涵与特征，梳理知识产权文化的历史发展，考察我国知识产权文化实践，分析知识产权文化与制度关系，对知识产权文化进行系统研究，对于完善中国知识产权理论体系有积极意义。本书以创新生态系统与知识产权文化建设为研究对象，对二者的基本问题、作用关系原理与历史发展进行研究，是对两个具有鲜明时代特征的命题以新的视角进行的结合性研究，这种结合并非简单机械的概念及原理介绍，而是着重于两个命题间的内生逻辑关系的揭示。理论研究应对时代产生的新事物或不同事物间新的作用机理保持敏锐度。创新生态系统已发展出国家、区域、产业、企业的不同层次，每一个层次都有创新生态系统的共性特征，也有个性要求。知识产权文化也具有尊重知识、崇尚创新、诚信守法、公平竞争的具体形态，各个形态有着共同的文化基础，但具体强调的内容与方式有所不同。不同形态的知识产权文化在不同层次的创新生态系统中的作用需要区别考察，对知识产权文化建设在国家、区域、企业中的困难与对策也需逐个分析，本书力求解决我国不同层次创新生态系统下文化政策统一性与实践差异性的矛盾，对创新生态系统下的知识产权文化建设路径进行较为综合全面的研究。

二、实践价值

知识产权文化与知识产权制度不契合、与传统文化不相融合等问题，对于创新生态系统的建立与发展造成障碍，需要通过制度、政策的调整与具体行为措施对我国知识产权文化的培育加以干预。本书基于对微观、中观、宏观三个层次的创新生态系统下知识产权文化的实证研究，总结出符合不同层次创新生态系统要求的知识产权文化建设路径，为制定、实施符合创新生态系统发展的知识产权文化政策提供理论依据和决策参考。其一，对典型国家创新生态系统的发展与知识产权文化进行比较式考察，对社会知识产权文化现状进行调查，对国家层面的知识产权制度政策、知识产权教育与人才培养机制进行分析，有利于明晰我国知识产权制度建设的问题与解决思路；其二，基于知识产权文化具有的地域性特征与区域创新生态系统的要求，对区域内知识产权文化的形成条件与影响因素进行分析，对区域政、产、学、研要素满足创新系统的动态演进范式进行研究，有利于知识产权文化政策在区域创新发展中的功能发挥；其三，基于企业在创新生态系统中最基本主体要素的特征以及企业与环境要素的作用关系，考察企业创新生态系统的形成样本，对我国企业知识产权文化培育的现实困境进行分析并给出解决方案，有利于企业创新生态系统的形成与健康发展，从而确保创新驱动发展战略的实现。

第一章

创新生态系统

第一节　创新的基本理论

一、创新的理论发展

"创新"这一概念是美籍奥地利经济学家约瑟夫·阿罗斯·熊彼特（Joseph A. Schumpeter，2015）在《经济发展理论》一书中最早提出来的。他认为，所谓"创新"，就是"将人力所及的物质和自然力量实施的新组合，这种新组合的本质含义即是以新的方式来使用现有的生产资料"。[①] 熊彼特所描述的创新是一个经济概念，是企业家将生产要素重新组合、产生利润的经济发展过程。这一概念显然与技术创新不同，一项新技术发明只有运用于经济中，形成一种新生产能力，才能被称为创新。熊彼特认为的创新是打破经济本身的均衡而又恢复均衡的力量，强调生产技术革新和生产方法的变革在经济发展过程中的作用，创新是引起经济发展的决定力量。

此后有其他学者对创新基于不同视角对创新进行了研究与界定。20世纪50年代以后，新技术革命的蓬勃发展，使得经济学理论界重新对熊彼特的创新理论开展研究，产生了两个从不同视角分析创新对经济增长的决定作用的理论分支。其一是认为技术创新是经济增长和长期波动的主要动因，以

[①] ［美］约瑟夫·熊彼特. 经济发展理论［M］. 郭武军，吕阳，译. 北京：华夏出版社，2015：73-74.

7

制度变革和制度形成为对象的制度创新经济学，代表人物有兰斯·E. 戴维斯和道格拉斯·C. 诺尔斯（Lance E. Davis and Douglas C. Knowles），代表作为《制度变迁和美国经济增长》。在这部著作中，两位经济学家认为制度组合带来利润机会，而技术变革不仅增加了潜在利润，而且降低了某些运行成本。书中对制度创新的必要性与影响因素通过建立模型进行分析，指出政府制度变迁与创新的选择情形，提出创新的成本与利润与政府的规模、构成方式或规则的变化等因素相关。制度创新经济学更注重制度创新在经济增长中的作用，制度创新经济学在肯定企业家作为创新主体的同时，认为对现行制度进行变革会使创新者获得追加利益（潜在市场利益），认为"由政府主导的体制创新和制度环境是经济创新发展最重要的基本条件"。①

创新理论的另一个分支是以技术变革和技术推广为对象的技术创新经济学，代表人物是英国经济学家克里斯·弗里曼（Chris Freeman），代表作为《工业创新经济学》。书中指出创新是新技术与市场的结合，从历史的角度论述科学技术在经济发展中的作用，并通过实证研究，系统分析了企业层面创新成功与失败的关键因素。② 书中认为，企业家的能力和进取心创造了新的盈利机会，企业家的关键任务是将技术与市场结合起来。此外，这部著作还在梳理了弗里德里希·李斯特（Friedrich List）的国家创新系统理论的基础上，分析了国家创新系统中创新与经济增长、国际贸易的关系及发展中国家发展等问题，通过实证分析国家应如何支持创新，认为不同的国家在发展国民经济时，对新产品、新工艺的开发、引进、提升与推广采取的途径存在重大差异。③

在弗里曼提出国家创新系统的概念并最早以日本为例实证研究国家创新系统的重要性之后，国家创新系统的研究方法兴起。1995 年，亨利·埃茨科威兹（Henry Etzkowitz）提出创新"三螺旋理论"，即大学—产业—政府三螺旋是促进新的创新组织安排的动力源泉，三螺旋相互作用成为创新系统运行的核心。在《国家创新模式：大学·产业·政府"三螺旋"创新战略》

---

① ［美］兰斯·E. 戴维斯，道格拉斯·C. 诺尔斯. 制度变迁与美国经济增长［M］. 张志华，译. 上海：格致出版社，上海人民出版社，2019：40.

②③ ［美］克里斯·弗里曼，罗克·苏特. 工业创新经济学［M］. 华宏勋，等，译. 北京：北京大学出版社，2004：251，398.

这部著作中，埃茨科威兹分析了大学、产业以及政府在创新系统中的作用与关系，认为大学、产业、政府在创新过程中密切合作、相互作用，同时每一方都保持自己的独立身份。①此后，对创新体系的研究逐渐延伸出区域创新体系，美国硅谷被认为是世界上最成功的区域创新体系的典范，学者们纷纷以此为例，研究了网络化、生态化的区域创新体系，将硅谷的创新体系比作热带雨林生态系统，创新生态体系的研究由此开始。

尽管不同学者研究的角度不同，但在对创新的要素条件上的认识，基本有一致的结论：创新是一种动态系统化的社会进程，创新系统的建立与运行由系统内要素的关系决定，受包括制度、文化因素在内的环境条件影响。

二、创新的要素

创新理论从产生到发展至今，已经从最初的经济学范畴扩展至政治、文化、社会各个领域。熊彼特在最初论述创新时，将生产资料＋企业家＋信用＋借贷作为创新的基本要素，并分析了这些要素间的作用关系。最初以技术创新为核心的创新构成，现也已呈多样复杂化。创新的概念与创新本身相同，已然是一个动态演化的概念，我们需要从创新的要素来理解创新的含义。在创新内涵不断演化、日趋复杂的今天，对创新要素的认识已不限于这几个具体构成，从主观和客观的要求来看，无论是哪一个层次创新范畴，至少都包含以下几个方面。

（1）创新动力。创新的基本目的就是：突破人类的局限以改善其物质和精神生活。市场经济条件下，技术创新的动机来源于对利润的追求。从创新中获得回报，是进行创新的深层动力之一。创新不仅会增加潜在利润，而且会降低可能耗费的运行成本。创新活动的产生源于某方面的精神或物质需求与吸引，即创新动力。创新动力决定创新行为的方向甚至模式，也使创新主体在创新过程中保持热情与定力，应对创新活动产生的关系及其错综复杂的影响。创新过程具有随机性、偶然性和任意性，创新者往往需要承担风

---

① ［美］亨利·埃茨科威兹. 三螺旋——大学·产业·政府三元一体的创新战略［M］. 周春彦，译. 北京：东方出版社，2005：11－13.

险,付出代价,通过创新可能获得的利润则成为克服风险和困难的精神动力。如果将创新的含义扩大到不只包括技术创新,利润就不能成为唯一的创新动力了。随着创新行为广泛存在于社会生活的各个领域,创新的动力可以概括为个体利益或公共利益。

(2)创新主体。熊彼特认为创新存在风险和困难,创新的领导者即企业家应运而生。企业家克服各种阻力,使生产要素产生新的组合,进而产生利润,这就是创新。企业家的关键任务是将技术与市场结合起来,企业家的能力和进取心创造了新的盈利机会。如同亚里士多德定义灵魂是"人类最核心的本质"一样,创新是企业家的特殊功能,是企业家的"灵魂"所在。① 随着创新发展为一种系统,创新主体的范围也不断扩大,如今已包括国家、地区、城市、产业、非企业组织和个人等。社会构成的各个层面都有可能成为创新主体。

(3)创新行为。创新的内涵在继承熊彼特思想的基础上被不断扩展,如今创新已被用于表达人类所有的创造性行为:不仅有技术创新,还有制度创新、政策创新、科学创新、文化创新、管理创新、教育创新、产业创新、金融创新等。技术创新是指将一种新产品、新工艺或新服务引入市场,实现其商业价值的过程;管理创新是指将一种新思想、新方法、新手段或新的组织形式引入企业或国家的管理中,并取得相应效果的过程;制度创新是指将一种新关系、新体制或新机制引入人类社会及经济活动中,并推动社会及经济发展的过程。② 这些创新行为在局部特定范围内具有一定独立性,但在创新系统中,往往互相支持、互相促进。

(4)创新环境。制度和文化环境对创新有着重要影响,创新与制度文化的传承和变革以及经济发展是一个互相作用和依存的有机系统。社会环境对创新行为的支持或障碍的影响首先反映在现行法律制度上,制度的变迁影响着社会主体对创新的选择,即法律制度对创新的态度直接决定着创新热情与创新动力,或者决定创新主体创新的方式或过程。如果现有的制度结构不能将外部性、规模经济、风险费用所引起的支出的潜在增加内在化,则会造

---

① 代明,殷仪金,戴谢尔.创新理论:1912-2012——纪念熊彼特《经济发展理论》首版100周年 [J].经济学动态,2012 (4):143-150.

② 马忠法.创新型国家建设背景下的科技成果转化法律制度研究 [M].上海:上海人民出版社,2013:44.

成技术创新效率的下降。① 整个社会尊重知识、崇尚创新的行为准则和价值观同样会对创新有明显支持作用，社会普遍的对创新的期待和认同会强化创新主体的法律地位及法定权利。因为普遍的行为准则和价值观发生变化时，社会制度安排也有可能发生相应的变化。制度变迁或创新又引起技术创新的选择与可能，因为制度的变化会带来经济上成本收益的变化。无论如何，制度保障与文化认同都为创新发展提供了间接但非常必要的动力与条件。

第二节　创新生态系统基本理论

关于创新生态系统的理论研究开始于 20 世纪初，最早的研究来自美国学者詹姆斯·穆尔（James F. Moore）提出的商业生态系统理论。他认为创新系统可以类比自然生态系统，成为参与者共同进化、共生演化的自我组织系统，即创新生态系统。商业生态系统不仅有竞争或合作的模式，也有共同进化的模式。② 在穆尔看来，生态系统对于生产程序来说，是内在扩展的基本过程，加速经济领域的重新组合，加强新的联合，增强由原来的能力和需要所创建的自我组织系统。③ 创新生态共同体中组织的相互作用，扩展、持续的发展或改进构成了创新生态系统共同进化的机制。哈佛大学教授马尔科·杨西蒂（Marco Iansiti）是商业生态系统研究领域的另一重要学者。他在 2004 年发表论文也认为商业生态系统与生物生态系统类似，其特征为大量松散联结的参与者在系统内彼此紧密连接。一个健康的商业生态系统可以使得所有参与者都能够繁衍生息；但如果系统崩溃，所有参与者都会深受其害。④ 在 2006 年出版的《共赢：商业生态系统对企业战略、创新和可持续性的影响》一书中，杨西蒂建立了评价商业生态系统的健康状况的三个框

① 张贵，温科，宋新平，等. 创新生态系统：理论与实践 [M]. 北京：经济管理出版社，2018：55.

②③ ［美］詹姆斯·弗·穆尔. 竞争的衰亡——商业生态系统时代的领导与战略 [M]. 梁骏，杨飞雪，李丽娜，译. 北京：北京出版社，1999：9，39.

④ Marco Iansiti, Roy Levien. Strategy as Ecology [J]. Harvard Business Review，2004（March）：60-76.

架，阐述生态系统战略。与穆尔的研究相比，杨西蒂也同样以案例为研究方法，以商业创新生态系统共生演化为核心观点，所不同的是，杨西蒂的研究更系统化。① 罗恩·阿那德（Ron Adner）在对创新生态系统的研究中仍然用案例的方法，强调协作状态的重要性与创新背后潜在的相互依存关系，但他从创新管理理论角度认识并干预创新生态系统。② 经过 20 年的探讨，理论层面对创新生态系统的研究形成了以穆尔、杨西蒂和莱维恩、阿那德等的研究成果为核心的圈层，以共生演化为核心特征，以案例研究为主流方法，以制度经济学视角、战略管理理论、创新管理理论为三大主要流派。

2003 年，美国总统科技顾问委员会（President's Council of Advisors on Science and Technology，PCAST）正式将创新生态系统（innovation ecosystem）概念作为总括性核心概念提出，该报告认为美国的繁荣和领先是源于创新生态系统。此后 20 年间，美国政府在创新战略中都将创新生态系统的打造、维持和发展作为形成国家竞争力的关键所在，并积极探索国家创新生态系统的要素及实施方法。③ 继美国之后，创新生态系统概念受到发达国家的普遍重视和采纳，欧盟、日本等发达国家先后制定了建立创新生态系统的政策。2013 年，欧盟发布以开放式创新 2.0 为核心的《都柏林宣言》，部署了新一代创新政策，即聚焦创新生态系统的 11 项策略与政策路径；④ 日本为追赶"知识经济"时代的步伐，缩短与美国的差距，从"科技立国"到提出"科学技术创造立国"的新口号。⑤ 日本创新政策逐渐支持以生态系统为特征的创新战略，将构建和发展创新生态系统作为日本应对创新瓶颈的方法。⑥ 毋庸置疑，创新生态系统已成为创新型国家创新战略的首要内容，成

---

① ［美］马尔科·杨西蒂，罗伊·莱维恩. 共赢：商业生态系统对企业战略、创新和可持续性的影响［M］. 王凤彬，王保伦，等，译. 北京：商务印书馆，2006.

② ［美］罗恩·阿那德. 广角镜战略：成功创新者的洞见［M］. 张海龙，郭霞，王微，译. 北京：机械工业出版社，2020.

③④ 张慧颖. 美国发布新版国家创新战略［EB/OL］. http：//www. nipso. cn/onews. asp？ id = 37355（国家知识产权战略网）［2021 – 08 – 10］.

⑤ 日本科技创新态势分析报告课题组. 日本科技创新态势分析报告［M］. 北京. 科学出版社，2014.

⑥ 苟尤钊，吕琳媛. "创新生态"视角下中小企业问题探析——日本的启示［J］. 科学与管理，2014，34（5）：38 – 45.

为创新系统的新模式，成为这些国家获得竞争力的路径。随着创新生态系统理论的深入研究，创新生态系统在全球范围内将得以扩展实践，创新生态系统样态将在不同国家和地区得以全面建构与发展。

在 2010 年以前，国内对创新生态系统的研究成果不多，如黄鲁成（2003）首先对区域创新生态系统进行研究，① 张运生（2008）、张利飞（2009）最先对创新生态系统的主体进行研究。② 2011 年我国科技部召开讨论"创新生态系统"的会议之后，大量学者开始了对创新生态系统的研究。包括曾国屏等（2013）对创新生态系统的特征进行研究；③ 梅亮等（2014）对创新生态系统的源起、知识演进和理论框架进行研究；④ 李万等（2014）基于对创新系统范式 3.0 的研究，提出我国科技创新发展的战略选择；⑤ 陈劲（2017）提出强调核心能力的企业创新生态系统框架；⑥ 张贵等（2018）对创新生态系统的理论与实践有全面的阐述与分析；⑦ 汤书昆、李昂（2018）对国家创新生态系统进行评价体系和测度示范的设计；⑧ 胡京波（2018）以"双元能力"为视角，对创新生态系统中核心企业的创新管理问题进行研究；⑨ 高山行、谭静（2021）基于政府和企业视角，对创新生态系统持续演进的模式进行研究；⑩ 杨力等（2023）对共生理论下区域创新生态

---

① 黄鲁成. 区域技术创新生态系统的特征［J］. 中国科技论坛，2003（1）：16－23.

② 张运生. 高科技企业创新生态系统探析［J］. 软科学，2008（11）：95－97；张利飞. 高科技企业创新生态系统运行机制研究［J］. 中国科技论坛，2009（4）：57－61.

③ 曾国屏，苟尤钊，刘磊. 从"创新系统"到"创新生态系统"［J］. 科学学研究，2013，31（1）：4－12.

④ 梅亮，陈劲，刘洋. 创新生态系统：源起、知识演进和理论框架［J］. 科学学研究，2014，32（12）：1771－1780.

⑤ 李万，常静，王敏杰，朱学彦，金爱民. 创新 3.0 与创新生态系统［J］. 科学学研究，2014，32（12）：1761－1770.

⑥ 陈劲. 企业创新生态系统论［M］. 北京：科学出版社，2017.

⑦ 张贵，温科，宋新平，等. 创新生态系统：理论与实践［M］. 北京：经济管理出版社，2018.

⑧ 汤书昆，李昂. 国家创新生态系统的理论与实践［M］. 合肥：中国科学技术大学出版社，2018.

⑨ 胡京波，欧阳桃花，曾德麟，冯海龙. 创新生态系统的核心企业创新悖论管理案例研究：双元能力视角［J］. 管理评论，2018，30（8）：291－305.

⑩ 高山行，谭静. 创新生态系统持续演进机制——基于政府和企业视角［J］. 科学学研究，2021（39）：900－908.

系统能级提升进行研究；[①] 戎珂、柳卸林等（2023）基于数字经济时代特征对创新生态系统进行研究。[②]

创新理论的研究对象以创新主体角度来划分，已从企业创新、产业创新发展到国家创新、区域创新；从创新内容来划分，从技术创新发展到制度创新、管理创新等多方面；从创新组织结构来看，从创新行为发展到创新体系、到创新生态系统的研究。从生态系统角度来分析企业、产业、区域、国家等创新问题是人们在创新理论领域的最新关注点。无论学者们的研究对象是哪一个层次的创新生态系统，研究方法是理论推演还是案例实证，无论采用何种表述方式，基本都聚焦于创新生态系统的自我演化共进的发展过程，探讨创新生态系统复合共生的作用机理，强调创新效能与创新环境的密切相关性。当然，关于不同创新生态系统的演进逻辑与具体方式，以及创新组织如何协同提高创新效能，不同的学者有不同的具体思路与论证。

一、创新生态系统的概念、特征与要求

创新生态系统以创新"生态化"解释创新系统的样态与关系，以生物学的演化规律揭示创新过程，以生态网络关系的复杂特征延及创新系统的诸多问题。创新生态系统是指一个特定时间空间内，各种创新要素之间及要素群体与创新环境之间，通过知识流、人才流、资本流、物质流、信息流的交换传输，形成的以技术创新为中心、关联行为协同作用、共生共进、竞争合作、动态持续的复杂创新系统。创新生态系统是在以往创新系统基础上的更高层次发展，其产生和运行的逻辑在于创新要素的相互关联与依赖性，其保有持久生命力的关键在于动态共生性。技术的进步与制度的保障使创新生态系统既具有自我修复进化的能力，又具有开放性吸纳的特质。既形成内部基于创新产生的生态网络，又与外部创新环境相适应。它具有类似自然生态系统的复杂性、时空延展性、演化适应性、继承进化性、栖息性、自组织性和

① 杨力，刘敦虎，魏奇锋．共生理论下区域创新生态系统能级提升研究［J/OL］．科学学研究．https：//doi.org/10.16192/j.cnki.1003 – 2053.20221202.001，2022 – 12 – 07.

② 戎珂，柳卸林，魏江，郝飞．数字经济时代创新生态系统研究［J］．管理工程学报，2023（37）：1 – 7.

开放性等。① 创新生态系统的边界并不确定，可以是一个产业范围内有着共同利益链的创新系统，可以是区域内有着共同价值目标的创新网络，也可以是以共同发展战略为基础的国家创新系统。但无论哪一个层次的创新生态系统，根本目标都是要通过合作协同，将创新要素有机结合，高效运用，以获得持续创新能力，产生优质创新效能，最终具有可持续竞争优势与强劲发展态势。任何层次的创新生态系统都不是静止封闭的，而是动态开放的。创新生态系统内各要素或组织竞争合作，形成共生网络，但并不排斥系统外创新种群的加入，因此，创新生态系统创新要素组织构成以及它们之间相互作用方式不断发生变化。今天处于竞争关系的对手，明天会演变为合作伙伴；系统内已形成的创新资源组合也会随时被系统外创新元素打破。但无论怎样交替演变，所有创新要素都有共同的价值目标，都处于特定的创新环境中并与环境相生相长，这是创新生态系统动态变化中的"不变"。从这个角度讲，创新生态系统与自然界生态系统相同，只要各要素群落和谐共处，即使系统短期内会有部分共生关系的破坏，长期总体的状态还是稳定平衡的。

创新生态系统和以往的创新系统相比，最大的特点是由关注要素构成和资源配置的静态结构演变为强调各创新主体之间作用机制的动态演化过程。具体来说，创新生态系统具有以下三种主要特征。

第一，多样性共生。创新物种的多样性是一个创新生态系统保持旺盛生命力的重要基础，是创新持续迸发的基本前提。创新物种通过知识、技术、人才、资本为主要纽带形成了复杂的价值网络，在竞争性合作共生中不断演化发展。当一个系统中这种价值网络或共生关系被打破，系统的平衡性、稳定性就受到了破坏，系统就必须进行调整，以达到新的平衡。多样性共生的特征意味着创新主体与创新环境之间进行着频繁的试错与应答，多样性要求创新生态系统应容纳尽可能多的"创新基因库"，而竞争性合作共生则在一定程度上实现系统达到最适宜的多样性程度。

第二，自组织演化。创新生态系统是一个不断演化和自我超越的系统，获得优势竞争力是系统运行的基础动力。但取得竞争优势的方式并非传统单一的技术或市场竞争，而是基于自身特质激活、潜能发挥、调节适应、转化

① 张贵，温科，宋新平，等. 创新生态系统：理论与实践 [M]. 北京：经济管理出版社，2018：97.

演变过程中的能量积聚与提升。在系统自我上升的过程中，与外部环境主动适应，对技术更新、产业迭代、市场波动乃至资源环境改变等情形，都表现出较强应对能力。技术迭代驱动一个创新生态系统内的发展，行动者之间具有明确可识别的合作和竞争关系，以及技术和产品之间的补充和替代关系等使创新生态系统具有较强的动态性。① 良性的创新生态系统不断向前优化发展，持续接近动态最优目标。系统内部要素、物种、种群、群落等在相互作用、相互适应中不断发展变化，甚至是相互转化。该特征意味着市场对创新资源配置的基础性作用得到充分发挥，促进着系统的良性变异、创新的优化选择、知识的学习扩散，遗传—变异—选择在这个过程中交替着发挥作用。政府对创新生态系统的演化至关重要，在相当程度上决定着系统的进化或退化，政府创新治理对于推动制度创新、保持技术创新活力尤为重要。

第三，开放式协同。全球化背景下，一个国家或地区的创新生态系统不再是孤立封闭的，而是广泛联系起来的"生态圈"。开放环境中，外来创新物种的不断移入，促使创新生态系统不断发生着物种竞争、群落演替，甚至系统的整体涨落。在一个开放式的创新生态系统中，研究群落、开发群落、应用群落、服务群落保持着与外界的密切关联。企业逐渐突破地理边界，依赖整个创新链、产业链和价值链进行根本性创新（对大企业而言是创造性破坏，对中小企业而言，则是创造性累积），换言之，创新型领袖企业之间的竞争已经从单个企业间的竞争演变为两个创新链、两个产业链、两个价值链和两个创新网络之间的竞争。②

二、创新生态系统的要素及作用机制

尽管学者们对创新生态系统要素的界定有所不同，但基于创新生态系统的特征，形成具有开放性、竞争性与演化性的系统至少需要以下三个要素。第一，主体要素。创新主体在任何创新系统中都是首要元素，但创新主体在

① Marcus Holgersson, Ove Granstrand, Marcel Bogers. The Evolution of Intellectual Property Strategy in Innovation Ecosystems: Uncovering Complementary and Substitute Appropriability Regimes [J]. Long Range Planning, 2018 (51): 303–319.

② 李万，常静，王敏杰，朱学彦，金爱民. 创新3.0与创新生态系统 [J]. 科学学研究，2014，32 (12): 1761–1770.

创新生态系统中的存在形式很不相同。企业是创新生态系统的核心主体要素，但企业的创新不是孤立的，而是与政府、科研机构以及消费者共同形成的创新复合体。有学者将创新复合体称为创新源、创新组织、创新物种、创新种群、创新群落及产业链、创新链及网络。① 第二，行为要素。创新行为不再是单个企业或个体的封闭自限活动，而是表现为在与其他创新主体及创新外部环境的开放交互、协作互利关系中的系统行为，具有渐进融合、再生循环等特征。创新过程中能量流动、信息传递是创新行为的伴生现象，增加了创新行为的复杂化、系统化与共享化。第三，环境要素。创新环境类似于自然生态系统中的水分、土壤和光照，可以分为创新软环境和硬要素，前者主要包括文化氛围、制度政策等，后者有基础设施、经费投入、创新平台等。这些要素之间的相互作用决定了整个创新生态系统的演进与运行。要素间协同融合、共生进化的关系构成创新生态系统的网络基础。以产学研用多方协同、融合创新为作用机制特征的生态系统，其演进必然表现为一个动态优化、迭代发展的过程。

（一）协同发展机制

创新生态系统无论在生产结构还是地理区位上都使产业内的创新主体更加密切地结合在一起，实现共生进化，是一种建立在长期信任基础上的深度融合、互惠互利的创新共同体。② 基于共同提升、共同发展的目标，创新生态系统内各主体努力寻求承认差异前提下的共同点与联结点，使共享与互利建立在理性基础上，从而形成稳定持久的合作发展机制。创新主体间的高度信任，创新平台的高效联结，创新要素的高速流动，创新资源的高能利用，这些都是创新生态系统协同发展的优越体现与利好结果。创新生态系统比以往的任何创新体系都更强调整体性，其结构不再是创新主体与其他创新要素联结的线型，而是形成了集人才、技术、政府、资金、平台、环境于一体的创新网络。类似生物生态系统中各物种相互依存、共生共长的生态网络。创新生态系统的运行与发展是复杂的，也是整体有序的，有规范与指引的规则，各创新要素的作用方式、出入系统的条件，以及创新成果利益的分配都

---

①② 张贵，温科，宋新平，等. 创新生态系统：理论与实践［M］. 北京：经济管理出版社，2018：26，35.

遵循有形或无形的规律。完备的规则体系是创新生态系统健康有序发展的必要条件,但制度作用的发挥又受意识观念的影响,创新生态系统中共同的价值观等创新文化同等重要。

(二)动态发展机制

创新生态系统本身就是一个立体的、三维空间的网络结构体,具有自我适应、自我调节的功能。流动循环是创新生态系统发展演化的特征之一,因此系统内信息交流、技术创新、资源共享、利益分配等重要的运行节点并无确定的起点与终点,而是一个不断变化循环的过程。作为核心创新主体的企业并非系统网络运行的起点,消费者也并非创新完成的终点。在创新生态系统中,发展的动力来自信息、物质、能量的交换与传输,每一轮创新都产生于系统内外已有的各方面的"合力",又为其他或以后的创新积累条件与能量。这样的良性循环,使创新生态系统的发展可以自我修复、自我演化。即使有环境的改变或外部因素的"入侵",也仍然可以保持健康。

(三)融合发展机制

创新一直被视为竞争的工具,市场主体通过创新取得优势的竞争地位。创新目的的唯竞争性在创新生态系统中得到修正。创新生态系统中,各主体的关系表现为竞合共生,即并非线性的对抗竞争关系,而是以共同发展为目标的合作竞争关系。竞争或合作的关系与方式会在不同主体间、不同阶段内基于共同的利益而调整转换。当然,正如热带丛林中生物种群竞争共生的关系要遵守丛林法则一样,创新生态系统中的制度规则仍然是保证合作竞争关系持久良好的环境要素之一。在这种竞争合作关系中,融合、共享成为系统成员合作的基础。克服创新中的孤岛化和碎片化是创新生态系统发展的基本要求。创新链、人才链、产业链、资本链、平台链的融合是各方主体合作的前提,而相互之间充分有效的沟通与共享则是消除障碍、顺畅合作的途径,对于系统成员间的关系从互相排斥对抗转变为合作至关重要。与传统竞争关系中对技术、信息的占有与保留不同,创新生态系统中技术、资源、信息的互通共享带来思想的碰撞与合作的契机。以共享与互通为表现的融合发展机制是创新生态系统的生命力所在。

三、创新生态系统的类型

依据不同的创新组织层次和创新系统延展空间，创新生态系统可分为企业、产业、区域和国家创新生态系统四种类型。企业创新生态系统处于微观层次，虽然具体但也是五脏俱全的创新生态系统，构成其他系统类型结构的组成基础。产业创新生态系统是基于产业创新、供应、资金、服务一体化形成的系统，具有相对的复杂性。区域创新生态系统是一定区域范围内具有地域经济、文化特征的创新系统，是从区域经济角度对创新生态系统的界定，带有地理文化的色彩。国家创新生态系统是以国家作为创新系统的边界，由一国国内企业、产业、区域创新生态系统组合而成，但又跨越企业、产业、地域的庞大创新系统。

（一）企业创新生态系统

企业创新生态系统是指企业在创造产品或提供服务过程中实现企业创新系统范围内要素的有机组合和价值创造，以开放式创新为主要创新范式，以立体化协同为主要创新路径，获取持续竞争优势的系统。[1] 与以往企业创新体系的区别就是企业创新生态系统是企业内部、企业之间、企业群落与外部之间的共创、互补、互惠、协作、共进而形成的创新网络系统。企业创新生态系统是开放式创新范式成为主导与趋势的产物，创新不再是企业内部研发部门的事情，甚至也不能由单个企业完成。企业必须汲取外部知识和信息，同外部技术力量甚至是竞争对手进行合作而成就创新能力的增强与创新效能的提升。企业内部研发部门、企业内部非研发部门、供应商、经销商、制造商、行业竞争对手、非相关企业、大学、研究机构、用户、政府、投资机构、协会组织等都成为企业创新生态系统的构成者。各创新主体按照一定规则协同互通，进行创新活动，并共享创新利益。共同构成具有流动性、依存性、稳定性和开放性这四个显著特征的企业创新生态系统。

（二）产业创新生态系统

产业创新生态系统是指由产业内不同创新群落（创新实践者和创新服

---

[1] 刘劲. 企业创新生态系统论 [M]. 北京：科学出版社，2017：53 – 54.

务者）围绕产业链的不同创新阶段（主要包括研发设计、生产制造和营销服务三个阶段）所形成的不同链条（产业链、创新链、金融链、服务链、价值链）之间相互联系的，类似于自然生态的复杂系统。① 当聚合、协同、共生成为创新时代的关键词时，产业创新生态系统的产生与发展极大彰显了创新突破单个企业、区域甚至国家的强大力量，契合经济全球化与共享经济时代的需求，构建并发展产业创新生态系统是一个国家或地区向内提升资源整合度、向外增强竞争力的重要路径。

（三）区域创新生态系统

以一定区域界定创新生态系统的地理范围形成了区域创新生态系统。以提升区域整体创新能力为目标，以特定区域内创新资源与创新要素为基础，以特定地理环境与文化为土壤，各创新要素相互作用，形成创新生态。区域创新系统的诸多要素共处于具有区域特定地理文化特征的共生环境中。特有的价值观、特色制度、消费习惯、特色产业构成的差异化的表征，成为区域创新生态系统中无形的、适宜创新的、从而形成竞争优势的专有因素。良好的共生环境不仅会极大激发个体的创新动力，提升区域内创新种群内部和种群之间的互动频率，而且能够持续吸引更多域外的创新主体前来栖息，进而增加区域创新生态群落的异质性，并驱动主导产业集群的创新化转型。②

（四）国家创新生态系统

国家创新生态系统是一个国家内不同区域创新生态系统和众多产业创新生态系统基于国家共同的发展战略与发展政策而集成的系统。其具体内涵是国家各种创新主体之间及与创新环境之间，通过物质流、能量流、信息流的联结传导，形成共生竞合、动态演化的开放、复杂系统。③ 国家创新生态系统仍然由创新主体、创新平台、创新环境等诸要素构成，但与其他三类创新

---

①② 张贵，温科，宋新平，等. 创新生态系统：理论与实践［M］. 北京：经济管理出版社，2018：39，230.

③ 李万，常静，王敏杰，朱学彦，金爱民. 创新 3.0 与创新生态系统［J］. 科学学研究，2014，32（12）：1761－1770.

生态系统相比，其结构组成更为宏观，包括产业体系与商业系统、创新教育机制、科研体系、创新平台体系、政府的引导和服务、全社会的文化氛围。良好的创新环境对于国家创新生态系统健康持续发展尤为重要，尤其是文化环境不容忽视。

第二章

知识产权文化

第一节　知识产权文化的内涵与核心

一、知识产权文化的内涵

对知识产权文化的认识与分析，需要从其词源"文化"一词进行解释。"文化"是"人文化成"一语的缩写。此语出于"易经"贲卦象辞："刚柔交错，天文也；文明以止，人文也。观乎天文，以察时变，观乎人文，以化成天下。"所谓"文"，是指一切现象或形象，也就是指自然现象或错综复杂、多姿多彩的自然世界。所谓"化"，是指人的认识、点化、改造、重组的活动。从这个含义理解，得出的是一种广义文化观，即文化是人类社会相对于经济、政治而言的精神活动，分为物质文化和非物质文化。文化包括物态文化层、制度文化层、行为文化层和心态文化层四个层次。中外学者对文化的定义区别来自对这四个层次的不同选择。季羡林先生给文化下了一个简单的定义：人类在精神和物质方面所创造的一切优秀的东西，就叫作文化。① 梁治平先生在他的《法辩》里引用英国人类学家爱德华·伯内特·泰勒（Edward Burnett Tylor）的观点，认为文化是一个复杂整体，包括知识、信仰、艺术、法律、道德、风俗以及作为社会成员之个人所获得的任何其他能力和习惯的定义。② 这个定义去除了物态文化层，只涵盖制度、行为、心

---

① 季羡林．东西方文化沉思录［M］．北京：中国财政经济出版社，2017：151.
② 梁治平．法辩［M］．广西：广西师范大学出版社，2015：2.

态三个层次的内容。文化一词的定义还有最狭义的一种，即文化是代代累积沉淀的习惯和信念，是一种生活方式，是一种共同的价值观和集体人格，具有非自然性、人为性、群众性、创造性、历史性和行为规范性等一般属性。这种文化观认为，文化就是指社会的观念意识形态以及观念下的行为方式。让－雅克·卢梭（J. J. Rousseau）在《社会契约论》中认为存在"第四种法律"，即风俗、习惯，特别是舆论。他所指的是最狭义文化，认为文化的力量甚至大于法律，是国家的真正宪法：它铭刻在公民们的内心里；它可以保持一个民族的创制精神；它可以不断获得新生力量，并使法律不断更迭。①

解释知识产权文化，首先需要界定知识产权文化属于哪一种文化范畴。从产生与特征及功能上分析，知识产权文化当然是一种法律文化。知识产权的产生源于一种封建特权，后被确定为一种法定权利。尽管知识产权文化的形成与其他法律文化相比更容易具有包容性，但对知识产权文化的解释仍不能脱离一国法律文化的范畴。从法的构成形式上看，包括法律意识与法律制度两个方面。法律意识是人们对法的观念与价值判断，法律制度是对人们行为方式的规范，这与文化含义中的价值观念、行为模式等一般核心表现相契合。从这个意义上讲，法是一种文化。由此产生了法律文化的概念。广义的法律文化应该能够囊括所有的法律现象，包括法的各种观念形态和物质形态；狭义的法律文化则主要指观念形态和价值体系（包括知识、信念、判断、态度等），以及人们与法有关的行为模式。②

在知识产权文化内涵方面，学者在知识产权文化范围界定上有不同观点。马维野认为知识产权文化是人类在知识产权及相关活动中产生的，影响知识产权事务的精神现象的总和，是人们关于知识产权的认知、态度、价值观和信念。这种观点采用最狭义解释，将知识产权文化定义限定于知识产权的认识与观念范畴。③ 吴汉东采用较为中义的知识产权文化观，认为知识产权文化包括观念形态的知识产权文化和制度形态的知识产权文化，④ 王景等

① ［法］卢梭. 社会契约论［M］. 何兆武，译. 北京：商务印书馆，2003：70.
② 梁治平. 法辩［M］. 广西：广西师范大学出版社，2015：14.
③ 马维野. 知识产权文化建设的思考［J］. 知识产权，2005（5）：9－13.
④ 吴汉东. 当代中国知识产权文化的构建［J］. 华中师范大学学报（人文社会科学版），2009，48（2）：104－108.

认为知识产权文化包含意识文化、制度文化与环境文化。① 这种解释是广义的知识产权文化含义，涵盖了与知识产权有关的意识、精神、制度、政策、教育、物质资源等方方面面的因素。

知识产权是法律赋予智力成果的创造者的排他性权利，在规范这种法定权利的法律制度产生、发展、运行过程中，社会群体对知识产权法律及有关的活动与现象形成了一定的认知、评价、心态和信念，这就是知识产权文化。这个意义上的知识产权文化并不包括知识产权法律制度、知识产权法律行为以及法律机构等，而是狭义上的知识产权观念与意识。但是从功能上讲，知识产权文化具有传播和交流知识产权制度与学说、激励智力成果创造、协调和平衡知识产权权利人与公众利益、知识产权教育以及所有文化形态所具备的包容性。从产生来看，通常自然形成的法律文化与法律制度相应而生、互为包容与促进。一方面，知识产权制度运行实践的需求成为知识产权文化形成发展的动因，法律制度作为法律文化的认知、评价客体，其产生与变革必然引发法律文化内部的调适。有了制度的推行与实践，知识产权文化才能形成与发展。另一方面，知识产权制度要真正发挥作用和价值，必须在社会群体中普遍形成与制度相契合的知识产权文化。缺少知识产权文化的浸润，知识产权制度规则很难内化为社会个体的内在意识并影响其行为，由此带来的知识产权制度运行的高成本成为必然。知识产权制度与知识产权观念意识的相生共融使我们在看待知识产权文化与其他社会现象的关系时，很难将知识产权制度与知识产权观念意识隔离开来，只有将它们共同作为知识产权文化的内容，才能全面考察围绕知识产权而进行的精神活动与产物对政治、经济、社会生活的作用与反作用。因此本书在探讨创新生态系统与知识产权文化关系时，采用文化的中义观来界定知识产权文化范畴，但在培育与发展知识产权文化的阐述中，强调对知识产权意识与精神层面的挖掘。

二、知识产权文化的核心

对于知识产权文化含义的不同界定产生了对知识产权文化的内在结构不

---

① 王景，王晓萍，朱莉. 创新型国家建设中的知识产权文化问题探讨 [J]. 昆明理工大学学报（社会科学版），2008，8（10）：35 – 38.

同的认识。广义的知识产权文化由观念意识形态的知识产权文化、制度政策形态的知识产权文化和物质形态的知识产权文化构成；中义的知识产权文化由知识产权制度与意识形态构成；狭义的构成则只有观念精神层面的知识产权文化。基于不同研究视角与具体语境表达目的，我们可以选择不同的对知识产权文化含义与结构的解释。当然，法律文化作为一种特殊的文化现象，是人们在历史、文化传统、习惯等大的意识背景的制约下，对法律现象的一种认知，这种意识背景对法律文化的定位与选择的影响不容忽视。① 对知识产权文化的定位与选择，必须考察其产生的背景，尤其是文化背景，才能从多元的因素中析出决定性的、核心的部分，进而准确把握知识产权文化的理念定位与建设方向。知识产权文化作为一个整体概念，绝非知识产权法律与文化的简单相加，它是支配知识产权法律实践活动的价值基础。②

西方知识产权文化与知识产权法律相伴而生，但此前在文艺复兴中主张的崇尚个人自由、追求理性的价值精神已在知识产权法律制度产生之前成为西方知识产权文化的思想基础。可以说，西方知识产权制度产生的文化背景与知识产权文化一脉相承。与西方社会主动选择不同，我国知识产权制度与文化产生于被动接受，知识产权文化产生于两个意识背景因素下，其一是法律意识中"以人为本、私权神圣"的先进思想，其二是包含"诚实守信、和谐共赢"的本土传统文化。外来文化在母国的建构标志有三个：一是文化结构的转变；二是开放、多元、有自主性的价值观体系；三是国民思想的改变和价值意识的重构。我国知识产权文化形成必然要经历一个传统文化和外来文化相互冲突、适应和融合的过程，一个渐进式动态发展的过程。③ 完成转变、重构、融合与发展需要通过知识产权文化的建设与实践来完成，首要的是确定知识产权文化的理念与核心。

2003 年 5 月，世界知识产权组织（World Intellectual Property Organization，WIPO）在《2004 - 2005 年计划和预算草案》中首次明确提出，要把创建

---

① 刘华，周莹. 我国知识产权文化建设的层次与目标 [J]. 知识产权，2006 (3)：18 - 21.
② 邵慧峰. 中西法律文化新论 [M]. 北京：知识产权出版社，2018：4.
③ 王珍愚，单晓光，许娴. 我国知识产权制度与知识产权文化融合问题研究 [J]. 科学学研究，2015，33 (12)：1821 - 1827，1850.

知识产权文化作为 WIPO 工作的一项重点计划。① 总干事在《WIPO 计划活动中的中期计划——WIPO 构想与战略方向》中进一步指出，每个国家应该鼓励开发一个知识产权文化适合它的需要，包括集中国家知识产权战略，最合适的国家知识产权系统，以及培养的知识产权（在政策规划和基层）作为一个强大的工具以支持经济、社会和文化发展。② 中国国家知识产权局在 2007 年将该年确定为"知识产权文化年"，③ 提出营造"尊重知识，崇尚创新，诚信守法"的文化理念。④ 2008 年国务院印发《国家知识产权战略纲要》，将"培育知识产权文化"作为战略重点之一，在全社会弘扬以创新为荣、剽窃为耻，以诚实守信为荣、假冒欺骗为耻的道德观念，形成尊重知识、崇尚创新、诚信守法的知识产权文化。⑤ 2021 年党中央、国务院印发《知识产权强国建设纲要（2021—2035 年）》，将"建设促进知识产权高质量发展的人文社会环境"列为知识产权强国建设六大重点任务之一。⑥ 提出塑造尊重知识、崇尚创新、诚信守法、公平竞争的知识产权文化理念。

（一）尊重知识

知识是人类文明成果的总结，人们对知识的认知和态度以及应用方式形成了文化，而一定社会的文化又关系知识的价值实现和知识的创新与升华。我国传统文化对知识的价值观与今天创新社会的文化表征有着相同之处，即都对知识予以充分肯定，把知识作为个体阶层向上和社会通达进步的凭借。

① WO/PBC/7/2：Revised Proposal for Program and Budget 2004 – 2005［EB/OL］. https：//www. wipo. int/edocs/mdocs/govbody/en/wo_pbc_7/wo_pbc_7_2 – intro1. html［2022 – 04 – 26］.

② memorandum of the director general. medium-term plan for wipo program activities-vision and strategic direction of wipo［EB/OL］. https：//www. wipo. int/meetings/zh/doc_details. jsp? doc_id = 16750［2022 – 08 – 06］.

③ 国家知识产权局 2007 年工作要点［EB/OL］. https：//www. cnipa. gov. cn/art/2007/3/22/art_544_146451. html［2022 – 04 – 26］.

④ 国家知识产权局. 2007 年中国知识产权保护状况［EB/OL］. https：//www. cnipa. gov. cn/art/2008/5/5/art_91_26344. html［2022 – 04 – 26］.

⑤ 国务院关于印发国家知识产权战略纲要的通知［EB/OL］. https：//www. gov. cn/zhengce/content/2008 – 06/11/content_5559. htm［2022 – 04 – 26］.

⑥ 国家知识产权局. 知识产权强国建设纲要（2021 – 2035 年）》［EB/OL］. https：//www. cnipa. gov. cn/col/col2741/index. html［2022 – 04 – 26］.

将尊重知识作为我国知识产权文化的内容之一既是我国传统文化发扬的应有之义，也是知识经济时代的现实之需。

中国传统文化中对知识的尊重体现于对文化和知识分子的尊重。儒家以人为本，既肯定人的价值，又承认文化的价值，其理论基础是承认人具有独立意志，因而具有独立人格。① 尽管中国传统文化中对"人"的认知在文化上有着与西方迥然不同的源头与发展路径，但从认可人的主体地位和历史作用等角度来看，却有相通之处。② 知识产品是人的创造性智力成果，重视人的主体地位和能动作用是激发人的创造性的文化基础。对传统文化中人文思想与尊重知识理念的汲取，是知识产权文化建设得到传统文化滋养的途径。当今社会已经处于一个以现代科学技术为核心的、以知识资源的占有、配置、生产、分配、消费为最重要因素的新的经济时代，即知识经济时代，知识创造财富正在成为普遍的社会价值观，对知识的创造、使用与传递过程中也形成与传递着对知识的尊重文化。尊重知识的文化意识与氛围是将传统文化与知识经济时代文化联结的交点，我国的知识产权文化并非无根之源，尊重知识的信念让我们找到文化自信，又面对现实，着眼未来。

（二）崇尚创新

《易经》有云：穷则变，变则通，通则久。③ 《礼记》有文：苟日新，日日新，又日新。④ 中国社会历来并不缺乏创新理念。但以往经济发展方式的制约，使得民众没有形成普遍的创新精神，缺乏创新动力与热情。知识产权是激励创新的权利，知识产权制度的实践会助力产生以崇尚创新为表现特征的文化样态。当创新已成为国家、地区、企业的战略与计划并付诸实施时，社会对创新的崇尚程度、公众对创新的热情高低既是战略背后的因素，又可以认为就是战略之中的内容。将崇尚创新作为知识产权文化的内容，是对创新与知识产权关系在民众认识层面上的最好诠释，即保护知识产权就是保护创新。知识产权文化不仅涵盖了从创新的激励、创新的价值认同及价值实现，到良好的创新体系所必需的诚信、合作、共赢等道德标准与精神理

---

① 张岱年. 中国知识分子的人文精神 [M]. 河南：河南人民出版社，1994：3.
② 邵慧峰. 中西法律文化新论 [M]. 北京：知识产权出版社，2018：23 – 25.
③ 出自《周易·系辞下》。
④ 出自《礼记·大学》。

念，还倡导进一步将这些创新精神资源转化为现实的财富和国家竞争力的价值取向。毫无疑问，创新精神是知识产权文化的核心精神资源，知识产权通常是某种创新活动的结果，创新精神是知识产权产生的源泉，而激励创新又是知识产权的重要价值目标。创新文化是包含创新意识、激励创新的制度以及创新活动中诚信合作的道德行为准则等内容的一种追求真理、宽容失败的理性文化。

（三）诚信守法

诚信自古以来就是我国社会基本道德要求。《礼记·祭统》中有言，"是故贤者之祭也，致其诚信，与其忠敬"。《孟子》曰"诚者天之道，思诚者人之道也。"《孟子·离娄上》将"诚"作为天道，将"信"作为人道。诚信是人立身处世的原则。这一道德标准随着经济的发展与法律规范调整范围的扩大，逐渐上升到法律规范。在我国，民事诉讼法、反不正当竞争法、专利法都将诚实信用作为一般原则加以规定。诚信守法作为知识产权文化的内容，既引导智力成果创造者在创新合作与创新成果交易过程中诚实守信从而促进合作与交易，更强调知识产权权利人的社会责任。知识产权保护创新成果，是基于激励创新与促进公共利益的双重价值目标，诚信守法是创新行为理性化的要求。违反诚信原则，欺骗、损害社会公共利益的创新行为及成果不应受到知识产权的保护。

（四）公平竞争

在中国传统文化中，合乎道德要求的竞争被认为是符合"礼""义"的"君子之争"，为人们所不齿的竞争是只顾谋求一己之私的"小人之争"。天之道，利而不害；人之道，为而不争。① 即使是与经济利益相关的竞争，也应奉行"君子爱财，取之有道"。知识产权实质上是通过私权保护公共利益，进而促进公平竞争，保护消费者利益。优化资源配置，提高公共利益福祉，是知识产权法的价值目标。有学者指出，知识产权法现代化的路径表明，知识产权法不可能专注于创新激励，罔顾气候变化、能源安全、公共健康、生物多样性、环境保护等符合人类需求的全球公共政策问题而孤立

---

① 出自《老子·道德经·第八十一章》。

运行。^①若知识产权权利人实施了不正当的商业行为，导致了限制竞争的后果，也会损害公共利益或他人合法利益。在当今知识经济发展环境中，知识产权比以往任何时代对于市场主体穿透市场障碍、增强市场竞争力都具有更强大作用力，因此，知识产权被视为是市场竞争的最有力工具，但知识产权绝不能陷入唯工具论的境地。知识产权主体在行使和运用知识产权过程中，应认识到知识产权的公益性，秉持公平交易、公平利用、公平受益的准则约束自己的行为，另外，从知识产权产生的法理基础之一"回报论"来看，知识产权是对智力成果创造者的付出的回报，这种回报是有边界的，以使智力成果创造人获得与之物质、精神上的付出相对应的回报为限，而不应通过知识产权获得不正当利益。这一理论基础体现在知识产权的立法中，应肯定对智力成果创造者以有限度的回报，体现在知识产权人的利益获得过程中，应恪守自己的权利边界，信守公平法则。

第二节 西方知识产权文化形成 与发展的历史考察

一、西方知识产权文化形成的思想基础

在西方法学和哲学传统中，财产与权利特别是个人权利已经结成十分紧密的联系。这是一种在自由资本主义社会环境下，随着时代的发展而形成的历史联系，而不是逻辑上的必然联系。历史同样会对知识财产的经济学分析或者逻辑推理分析产生影响。这类分析方法论证了确立知识财产权的合理性，其依据在于这些权利有助于实现诸如社会福利、经济增长、文化保护、鼓励创新等特定目标。^②知识产权制度的产生是一种历史必然，长久积淀的社会文化是其产生的重要基础之一，而对于社会文化的保护与促进又成为知识产权制度产生合理性的理由与价值目标。

西方知识产权制度的产生是资产阶级革命时期社会法治观念进步的结

---

① 郑友德. 知识产权与公平竞争的博弈［M］. 北京：法律出版社，2011：9.
② ［澳］彼得·德霍斯. 知识财产法哲学［M］. 周林，译. 北京：商务印书馆，2017：30.

果，更是基于从雅典城邦文化到罗马市民文化，再到文艺复兴新文化、到资产阶级革命思想的发展中长期重视个人权利、追求自由精神的文化积淀的产物。吴汉东先生所分析的西方知识产权法律构造的三个文化基础，即"个人主义精神、自由主义精神、理性主义精神"都可以追溯至古希腊雅典与古罗马文明时代。①

西方法律文化在早期阶段便具有了浓厚的个人主义和自由主义精神。在个人与集体（国家）的关系中，个人是自由独立的；国家由个人组成，是一个集合体。在国家权力与个人权利的关系上，个人的权利得以被强调与重视，国家的权力来自个体授权的集合。个人主义和自由主义的精神为后来知识产权由特权、垄断权演化为私权提供了厚重的文化基础，成为知识产权制度产生、发展的历史性文化根源。

在西方文明史上，理性主义是继人文主义思想之后又一成为法律文化的重要思想来源。苏格拉底提出"认识你自己"的口号，成为理性主义的引领。理性主义的自然法思想主张对于人的理智无限信仰，认为理智是国家和法起源的根据和主要内容，认为凡符合理性要求的法便是良法，否则就是恶法。理性主义成为欧洲历史上占支配地位的主流法律思想，自然、理性、正义这些理念反映在法律规范的制定中，这些思想又贯穿于法律的形成与发展中，形成系统的理性法思想。伴随着长期的法律实践，理性主义思想不再仅仅是思想家们所思考的高高在上的理论，而是普化于公众对法律的认识中，真正成为欧洲法律文化的重要精神元素。理性主义与科学技术相结合，始终发挥着与事实绑定的重要作用。以至于在后来欧洲中世纪，理性主义成为打破欧洲黑暗的光芒。古希腊思想家之所以能够创造出理性法思想，之所以能够从自然中挖掘出理性、正义，并将它们与法律联结在一起，是因为他们所处的社会为他们的创造提供了某种客观可能性。这些理性主义精神既体现在法律规范中，又在社会生活中得以长期实践，具有了广泛性和普遍性的特征，逐渐成为公共活动中的历史传统，并细化为日常生活中反复出现的场景，使人们在不自觉中对法律的认识趋向于公正、平等。②

理性主义精神为知识产权制度的构造与价值目标的实现提供了不可或缺

---

① 吴汉东. 知识产权法律构造与移植的文化解释 [J]. 中国法学，2007（6）：49 –61.
② 梁治平. 法辩 [M]. 广西：广西师范大学出版社，2015：378.

的精神支撑。知识产权制度产生的哲学基础无一不是处在理性主义的解释中。学者们通常讨论的知识产权的哲学基础有三种理论。第一种，以约翰·洛克（John Locke）的劳动理论对知识产权的合理性，洛克的"劳动"理论被认为是解释知识产权合理性的思想。智力成果创造人有权对自己的劳动成果（发明创造或作品）享有自然的权利；① 第二种，卢梭的社会契约论：知识产权被认为是创造智力成果的个体与社会签订的一种社会契约，知识产权人以公开自己的智力成果为代价换取受一定限制的垄断权，体现了卢梭所主张的财产权利义务的对等；② 第三种，格奥尔格·威廉·弗里德里希·黑格尔（Georg Wilhelm Friedrich Hegel）的财产人格理论：财产是人格的体现，技术、发明、文学艺术创作等精神产品，是创造性人格精神的体现，可以成为其个人财产。③ 这些被学者们奉为论证知识产权合理性的学说正是在理性精神的指引下提出的。同时，理性主义精神下又产生了知识产权制度中重要的"利益平衡"原则，即理性保护知识产权，以对知识产权的限制来达到个人利益与社会利益的平衡，实现理性的公平。

另外，古希腊雅典和罗马早期的法律是血缘组织分化的产物，这使得西方法律在早期阶段就开始摆脱了血缘的束缚，走上世俗化和契约化的道路；而其立法又受到域外其他文化的影响，因此使得早期西方法律文化就具有了一定的社会性和开放性。④ 近代西方资本主义商品经济和社会结构的开放性，与在古代希腊和罗马文明基础上发展起来的自然法学说相激荡，成为推动西方法系走出中世纪，从封闭走向开放的动力之源。⑤ 古希腊罗马时代的个人主义、自由主义与理性主义精神以及法律文化的开放性酝酿了私法文化，使得具有私法本质的知识产权法律制度在产生之始就自然伴有以自由主义为精神内核和以理性主义为价值目标的文化土壤。此后西方知识产权法产生的具体过程更是印证了法是一定文化产物的规律。

一般认为在英国产生了第一部版权成文法——1709 年的《安娜法令》，

① ［美］罗伯特·P. 莫杰思. 知识产权正当性解释［M］. 金海军，史兆欢，寇海侠，译. 北京：商务印书馆，2019：121－132，195.

② 吴汉东. 中国知识产权理论体系研究［M］. 北京：商务印书馆，2018：66.

③ ［德］黑格尔. 法哲学原理［M］. 范扬，张企泰，译. 北京：商务印书馆，1961：45－53.

④⑤ 张中秋. 中西法律文化比较研究（第四版）［M］. 北京：法律出版社，2009：34－35，235.

第一部专利成文法是威尼斯人的《专利法案》。但知识财产法的产生并非始于成文法。版权法和专利法最先是从一系列纷繁复杂的特权、特许权、垄断权等演化而来的。在中世纪的欧洲，出现了国王授予某个手工业者对使用某一技艺制造产品的专有权，或是授予出版商以印刷出版的专有权的情形。显然这种专有权并非私权意义上的知识产权，但其构成了知识产权产生的前身。首先，专有权的对象是技术或版权，立法统治者已初步从只对有形财产权的保护扩展至对无形财产权的肯定；其次，对技术、版权专有的形式也成为知识产权排他性特征的雏形。通过特许权的授予，在社会一定阶层内形成了知识产权重要性的意识，为知识产权制度进一步发展提供了文化基础。

进入工业革命时代，一方面，科学技术飞速发展，各种新技术、新发明的产生对知识产权制度呼之欲出；另一方面，自然权利论、契约论等学说的提出为知识产权制度的确立提供了合理性论证的理论支撑。同时，文艺复兴运动倡导自由、平等的新文化价值观也为知识产权制度的建立作出必要的思想准备。可以说，知识产权制度正是在长久的历史文化积淀与时代的文化诉求的传承与碰撞中产生，这种文化基础与西方国家普遍形成的公民权利意识相契合。这种契合并非偶然，看似政府激励创新或思想传播的举措落实，实质上则是以西方国家强调个人权利的文化需求在法律权利上的体现。这种文化既认同了知识产权，又使得知识产权法律制度得以顺利运行。审视知识产权制度产生的重要时期中的制度规定，字里行间无不浸透着自然法学派崇尚权利和个人自由、追求人的理性的价值观念。

二、知识产权文化的国际认同

自从 19 世纪末以来，知识产权保护进入"现代化"与"国际化"进程。一系列知识产权国际条约的订立，不仅确立了知识产权国际保护的基本原则与系统制度，而且形成了世界性的知识产权组织。在日益频繁的国际贸易中，西方知识产权制度在世界范围内广泛地被移植，与制度相伴随的知识产权文化也开始被普遍认同。世界知识产权组织在 2004～2005 年强调并支持知识产权文化的发展，认为一个动态的知识产权文化使所有利益相关者能够在一个连贯的战略整体中发挥其不同的角色，并实现知识产权作为经济、社会和文化发展的动力。每个国家都必须设立和调整自己的国家知识产权体系，发展一种有意义和有价值的知识产权文化。① 在世界知识产权组织的这种倡议下，知识产权文化建设被很多国家列入国家知识产权战略，知识产权文化建设与科技创新机制、经济政策调整、教育改革方案结合在一起，促进了知识产权制度的有效运行。同时西方知识产权文化中的创新精神与尊重知识的理念也更大范围、更深层次地在世界各国得以传播，客观上促进了文化的吸纳与融合。

第三节 中国知识产权文化形成与发展的历史性分析

一、中国知识产权文化形成的历史困囿

家与国的融合造就了传统中国的法律也是以宗法血缘团体为立法和司法的支点，宗法制度及其伦理道德与政治一体化，个体与个体的权利几乎湮没在对家与国的责任与义务中。我们的文化根本上是一种伦理文化，它不但以义务为本，而且实际上没有权利这个概念。② 这些思想观念与知识产权产生的文化需求严重相悖，使我国古代知识产权萌芽缺少必要的文化土壤。首先，传统中国的儒家伦理，内化在包括法律在内的社会文化中，成为包括人们法律意识在内的思想意识的纲领。儒家伦理强调的集体本位压制了人的个性，忽略了个人权利与精神自由。国家和社会群体的利益完全覆盖了个人利益，只有对整体有积极意义的思想、表达及行为才可以被纳入正统文化的范围，个体的创造即使有光芒，也只能屈就于群体的文化需求下才有价值。这种文化实质阻碍了从封建特权到私权的知识产权演变之路。以文化意识和文化政策为存在形式的思想自由和经济自由，是知识创造活动和知识财产化赖以存在的一般条件。③

---

① WO/PBC/7/2：Revised Proposal for Program and Budget 2004 – 2005 ［EB/OL］. https：// www. wipo. int/edocs/mdocs/govbody/en/wo_pbc_7/wo_pbc_7_2 – intro1. html ［2019 – 12 –15］.

② 梁冶平. 法辩 ［M］. 广西：广西师范大学出版社，2015：245.

③ 吴汉东. 知识产权精要 ［M］. 北京：法律出版社，2017：117.

在文化比较中，价值是最后同时亦是最重要的问题。罗斯科·庞德（Roscoe Pound）说价值问题虽然是一个困难的问题，但它是法律科学所不能回避的，即使是最粗糙、最草率，甚至是最反复无常的关系调整和行为安排，在其背后总有对各种相互冲突和互相重叠的利益进行评价的某种价值准则。①封建帝王专制统治下的中国文化以追求秩序与稳定为价值目标，秩序与遵循礼法的道德体系下的社会文化无疑是一个僵化的系统，这种封闭与僵化会妨碍自由行动和富有创见的探索，这是对我们即使在建立知识产权制度之后仍然感觉知识产权文化支撑不足的历史原因。

人类文化发展和交流的历史实践表明：文化愈是纯洁（单元化），愈是具有排异性（反多元化）。中华法系在内容和法律渊源性质上的单一，既是它作为文化高度一元化和纯洁的标志，又是它抵抗外界文化干扰、渗透的内心之源。②传统文化越单一、越深厚，其消极影响越顽固。中国知识产权制度建立乃至运行的困境都证明了这一点。这种文化障碍阻断了中国知识产权制度的产生，并且对近代引进的知识产权制度的实施带来困难，国民政府先后制定了著作权法与专利法，但由于在思想文化领域没有形成科学、民主、法治的新文化观，没有社会文化的普遍认同，导致移植的知识产权制度夭折。现代日益完善的知识产权制度在运行上却遭遇各种困境也都可以从文化上的不相宜找到原因。在有形财产权领域的个人主义观念尚且淡薄，对于无形财产的权利意识更是几乎为无。对自己的智力成果无权利保护意识，对他人的智力成果无权利尊重意识。知识产权的问题就是文化的问题。

二、中国知识产权文化建设的现实必要性

文化基础的缺乏是知识产权侵权行为屡禁不止的重要原因。例如对盗版的购买与使用正是大众对他人智力劳动成果无尊重意识的直接结果。西方国家对知识产权利用的价值观首先是建立在肯定其为法律权利的基础之上，然

---

① ［美］罗·庞德. 通过法律的社会控制/法律的任务［M］. 沈宗林，董世忠，译. 北京：商务印书馆，1984：55.
② 张中秋. 中西法律文化比较研究（第四版）［M］. 北京：法律出版社，2009：204.

后才是在权利的边界内追求经济利益。而我们的情形是：强调知识产权的重要性，是从知识产权强国、发展经济的思路来的，这种思路占据了公众对知识产权的基本认识。于是公众的知识产权价值观的实质内容成为"知识产权是可以带来利益的工具"。这种普遍认识忽略了知识产权首先本质上是一种法律上的权利，应予以尊重，其次才是可以带来利益的权利。由于知识产权的无形性和商业文化利益驱动取向，人们看到的仅仅是知识产权带来的经济利益，而很少去关注从事智力劳动创造的艰辛。人们可能普遍认识到应尊重环卫工人的劳动，因为发生于生活周围，可以直观感受，"两句三年得，一吟双泪流"的付出却很难被体会或体验。知识产权权利尊重意识文化的缺乏，导致公众群体消费盗版、假冒等侵权产品的现象严重，这种"消费"无疑成为制造、销售侵权产品的利益来源。一方面是不断完善的知识产权法律制度与不断加强的知识产权执法，另一方面是知识产权侵权行为的顽疾难除，这种矛盾的深层文化意识的原因是我国公众知识产权权利尊重意识的严重缺乏。

法律代表了一种精神价值，一种在久远的历史中逐渐形成的传统。移植法律制度只是技术层面的问题，但制度能够适得其所、真正实现价值目标，就必须融入中国的固有文化。知识产权法律规范的普及不代表知识产权法律精神的内化与社会公众知识产权价值观及消费行为的改良，知识产权制度在法律形式与程序上的合法性并不当然导致其在社会公众法律意识与价值认同上的合法性。知识产权制度在理性领域缺乏与之相应的文化基础，成为知识产权政策目标实现的障碍性因素，正是缺乏与知识产权制度相适应的精神内核，缺乏对知识产权制度的信任并长期深入于日常生活的经验与习惯中，使社会偏离了对知识产权制度的价值目标，要么是对知识产权的漠然，要么是对知识产权唯利益论的畸形。因此，对知识产权文化的改造与建设，成为必需。

第三章

创新生态系统与知识产权文化的关系

第一节　创新生态系统与知识产权
文化的内生逻辑关系

在关于创新生态系统要素的理论中，无论从哪个角度来分类，文化是基本要素之一的观点得到很多学者的认同。学者们认为，文化是和技术、资金、人才、企业、政府、基础设施、市场等要素同等重要的创新生态系统要素，文化为创新生态系统提供必要的土壤环境。美国学者安纳利·萨克森宁（Annaly Saxenian）最早以创业生态的视角，将硅谷的文化解释为其拥有竞争优势的原因。① 德国柏林技术研究所对德国、美国、日本等国家创新经济文化进行比较研究，提出创新经济根植于特定的文化土壤中，论证了文化因素在技术创新中的作用命题。② 奥莱特（B. Aulet）将创新生态系统的结构划分为文化、企业、政府、基础设施、资金、技术创新及需求七个重要因素。③ 依据朱迪·埃斯特林（Judy Estrin）的观点，要形成创新生态系统，必须在社会群体中产生一致的思想与观点、技术与知识，公众能够获得从领导者、政策、资金、教育和文化方面的给养，概述了她认为可持续创新的五个基本

---

① ［美］安纳利·萨克森宁. 地区优势：硅谷与 128 号公路的文化和竞争［M］. 曹蓬，杨宇光，等，译. 上海：上海远东出版社，1999.
② ［德］柏林科学技术研究院. 文化 vs 技术创新［M］. 吴金希，等，译. 钟宁，樊勋，校译. 北京：知识产权出版社，2006.
③ Aulet B. How to Build a Successful Innovation Ecosystem：Education，Network，and Celebrate ［J］. Journal of Strategic Management，2008（2）.

要素：质疑、耐心、信任、开放和风险。[①] 沃尔纳和门拉德（T. Wallner and M. Menrad）同样强调交流、信任、分享的文化对于创新生态系统的重要性。[②] 另有学者明确创新生态系统是一个多种因素组成的网络系统，包括经济组织、经济关系以及与非经济要素包括技术、大学、社会关系与文化。[③] 加布里埃尔·普拉塔、塞巴斯蒂安·阿帕里西奥和斯蒂芬妮·斯科特（Gabriel Plata，Sebastian Aparicio and Stephanie Scott）研究创新生态系统内的参与者连通共享的文化变量即成为洞察新兴创业活动实施的背景，以及解释创新主体如何加速创新生产的原因之必要。[④] 国内学者多从知识产权文化或创新文化对创新系统的意义来论述。郭民生认为培育和发展知识产权文化可以为建设创新型国家提供外在驱动力、内生原动力、制度保障力、要素支撑力和软环境引导力。[⑤] 王景等认为知识产权文化对创新型国家建设具有基础与保障作用。[⑥] 宋河发以高技术产业为视角，指出我国创新生态系统中建设创新文化存在的不足。[⑦] 吴金希指出，创新生态系统是创新主体之间基于某些技术、人才、规则、文化、运作模式、市场等共同的创新要素形成的，具有稳定性、独立性的一种组织体系。[⑧] 高嘉馨、王涛、顾新认为信任、声誉、合作文化等非正式治理对创新生态系统成员共生演化产生正向影响，有利于创新生态系统内各企业向互惠共生关系演化。[⑨]

① Judy Estrin. Closing the Innovation Gap：Reigniting the Spark of Creativity in a Global Economy [M]. McGraw – Hill，2008.

② Wallner T，Menrad M. Extending the Innovation Ecosystem Framework [R]. Paper Presented at the XXII ISPIM Conference，Hamburg，Germany，2011（9）.

③ Mercan B，Göktaş D. Components of Innovation Ecosystems：A Cross – Country Study [J]. International Research Journal of Finance and Economics，2011（76）：102 – 112.

④ Gabriel Plata，Sebastian Aparicio，Stephanie Scott. The Sum of Its Parts：Examining the Institutional Effects on Entrepreneurial Nodes in Extensive Innovation Ecosystems [J]. Industrial Marketing Managemen，2021（99）：136 – 152.

⑤ 郭民生. 创新型国家与知识产权文化 [N]. 中国知识产权报，2006 – 2 – 17（010）.

⑥ 王景，王晓萍，朱莉. 创新型国家建设中的知识产权文化问题探讨 [J]. 昆明理工大学学报（社会科学版），2008，8（10）：35 – 38.

⑦ 宋河发. 自主创新能力建设与知识产权发展——以高技术产业为视角 [M]. 北京：知识产权出版社，2013.

⑧ 吴金希. 创新生态体系的内涵、特征及其政策含义 [J]. 科学学研究，2014，32（1）：44 – 51，91.

⑨ 高嘉馨，王涛，顾新. 创新生态系统中非正式治理对系统成员共生关系的影响研究 [J]. 四川大学学报（自然科学版），2021，58（6）：1 – 12.

一、创新生态系统中"文化""创新文化"与"知识产权文化"的关系

成为创新生态系统中重要因素之一的是"文化""创新文化",还是"知识产权文化"?知识产权文化是基于对知识产权的认知、理解及实践而形成的对知识产权功能、价值目标的普遍认识以及与知识产权有关的公众行为准则。创新生态系统中的文化是包括创新主体在内的系统内创新相关者共同接受的能够协调创新生态系统运行发展的价值观与行为准则。创新文化是对创新行为及其效能的普遍认知与评价。文化是知识产权文化与创新文化的上位概念。在创新生态系统中,对创新生态系统起到意识氛围基础、统一精神动力作用的不仅仅是知识产权文化或创新文化,持有共同价值观的也并非只限于创新主体,而是整个创新生态系统一切与创新相关者的共同价值观与行为准则。整个系统的参与者需要有一致的关于创新生态的价值观和行为准则,才能形成和谐稳定的创新系统。创新生态系统更强调创新行为主体之间,以及创新主体与外部要素之间的动态作用与和谐共进。创新生态系统对创新范围和创新组织以及创新行为都提出了新的要求。一个成功的能够产生创新的创新生态系统应满足各种条件,这些条件包括自然的、组织的、结构的以及文化的条件。只有创新生态系统内所有参与者的共同文化才是构成创新生态系统中的文化条件。文化机制对创新生态系统建立、运行和发展的促进作用表现在两个方面。一是使创新参与主体的行为规范于创新生态系统的共同价值观与准则下,消除不同主体间因生态站位不同而存在的差异,为各主体协同创新创造有利条件。二是通过共同的期望与目标,使创新生态系统中不同创新组织与参与者之间形成信任共享关系,有利于降低创新生态系统运行中的信用与契约成本,文化机制能够强化创新生态系统治理。研究表明,宏观层面的公共政策和监管可以通过优化创新主体的协作体系来提升创新生态系统绩效,从而有利于促进创新网络中资源、知识的流动和共享以及提高市场创新的聚合水平;在微观层面上通过增加创新主体的知识溢出和协作活动,同样直接影响创新生态系统的绩效。因此,研究创新生态系统内的参与者连通共享的文化变量,成为洞察新兴创业活动实施的背景以及解释创

新主体如何加速创新生产的原因之必要。①

硅谷作为全球成功的创新生态系统范例，很好地证明了文化对于创新生态系统的作用。"硅谷不是一个地名，它是一种精神状态"。硅谷主张的核心价值应当是其在文化上的价值，即其在诸如文化集聚力、规范执行者、在全球的资源联结器地位等文化方面的中心作用。② 由于创新生态系统更强调各创新行为主体之间的作用机制的动态演化，因此文化环境也需要以满足各要素间动态作用关系的良好发展、促进各创新主体间的和谐共进为调适目标。

对于知识产权文化与创新文化的关系，学者有不同看法。有学者认为知识产权意识是创新文化的核心，③ 另有学者认为知识产权文化是一种法律文化，也是一种"创新文化"。④ 本书认为以"尊重知识、崇尚创新、诚信守法、公平竞争"为核心要义的知识产权文化涵盖了创新文化。创新文化是知识产权文化的内容之一，创新与知识产权的天然联系，使崇尚创新成为知识产权文化的应有之义。知识产权文化是创新生态系统的首要文化。在创新生态系统内，创新成果知识产权化已是必要路径，保护知识产权就是保护创新的思路在创新生态系统的实践中成为共识。虽然知识产权文化中的崇尚创新是基于对知识产权的认识，但与创新文化中对创新追求而生的创新精神殊途同归，都包含了对创新的价值认同以及创新热情下的积极行为。崇尚创新的知识产权文化与创新文化具有同质性，二者有着共同的价值目标与功能。知识产权制度以基于创新所产生的社会关系为主要调整对象，体现了尊重创新、保护私权的主旨。在这一主旨下，知识产权文化成为创新实践的环境、条件与中介。良好的创新环境必然具有尊重个性、崇尚创造、团队协作、宽容失败的创新氛围。知识产权作为激励和保障创新的基本制度，对于创新文化环境的构建始终发挥着关键性作用。创新是知识产权产生的起点，是知

---

① Gabriel Plata, Sebastian Aparicio, Stephanie Scott. The Sum of Its Parts：Examining the Institutional Effects on Entrepreneurial Nodes in Extensive Innovation Ecosystems ［J］. Industrial Marketing Managemen, 2021（99）：136 – 152.

② ［美］维克多·黄，格雷格·霍洛维茨. 硅谷生态圈：创新的雨林法则 ［M］. 诸葛越，等，译. 北京：机械工业出版社，2017：304.

③ 孙丽伟. "三螺旋"理论视野下的创新文化培育 ［J］. 中国发明与专利，2019，16（1）：9 – 14.

④ 吴汉东. 知识产权精要 ［M］. 北京：法律出版社，2017：107.

产权主体的行为动因，也是知识产权制度规范的重要内容。但创新只是知识产权价值功能的一个方面，依据知识产权正当性的解释，除了激励创新，知识产权还有促进公共利益的价值基础。伴随知识产权制度产生、发展的知识产权文化不仅形成社会创新价值共识，还包含社会群体对知识产权法律及有关的活动与现象形成了一定的认知、评价、心态和信念。通过知识产权文化的沉淀和导向，实现创新成果的高质量创造、高标准保护、高水平运用。

二、知识产权文化对创新生态系统的调节治理

知识产权文化对调节治理创新生态系统的外部环境起着至关重要的作用。创新的动力根本上来自创新需求与创新文化，而同属于知识产权文化范畴内的制度政策则是促进创新生态系统内各要素有效利用、协调共进的保障。创新生态系统的运行必然引起各主体间法律关系的复杂化，创新对他人知识产权由向前依赖性产生的控制权问题和不同创新主体的成果所产生的知识产权问题，都需要社会普遍的知识产权意识作为支撑，只有在全社会范围内形成尊重和保护知识产权的意识氛围才能为创新生态系统提供动力与保障。同时，知识产权文化不仅涵盖了创新的激励、创新的价值认同及价值实现，以及良好的创新体系所必需的诚信、合作、共赢等道德标准与精神理念，还倡导进一步将这些创新精神资源转化为现实的财富和国家竞争力的价值取向。毫无疑问，创新精神是知识产权文化的核心精神资源，知识产权通常是某种创新活动的结果，创新精神是知识产权产生的源泉，而激励创新又是知识产权的重要价值目标。因此，与创新生态系统相契合的知识产权文化应是包含创新意识、激励创新的制度以及创新活动中诚信合作的道德行为准则等内容的一种追求真理、宽容失败的理性文化。

知识产权文化对创新生态系统的调节治理机理主要从激励约束、利益分配和协调保障作用来体现。首先是知识产权制度在创新生态系统中的制度约束与制度激励作用：知识产权制度为创新主体设置了权利边界与利益分配规则，既是对创新主体积极创新的激励，也能对创新活动中的不诚信、不公平竞争作出有效纠正。知识产权制度在对创新主体利益保障与行为约束的同时，也影响着系统的整体创新绩效。知识产权制度确定的创新主体与系统外

部权益关系，在创新系统中产生的对知识产权运用、转化以及再创新的多元关系，这些关系的和谐共进，会提升创新参与者实现协同创新利益的积极性，有效增强创新生态系统整体的创新能力与创新效能。

第二节 知识产权意识与创新生态系统

意识文化是一种观念文化，是人们对知识产权的基本知识、认同程度、所持态度的综合反映，体现了人们关于知识产权的思维方式和价值取向，是知识产权工作的思想基础。① 公众普遍的知识产权意识可以让社会形成尊重知识产权的文化氛围，避免和减少知识产权侵权纠纷尤其是群体性侵权行为的发生。培育社会普遍的知识产权意识，也是形成一国自主创新文化的基础，只有在全社会范围内形成尊重和保护知识产权的意识氛围才能为自主创新提供动力与保障。

一、知识产权意识内涵与确立培养

知识产权意识是社会意识的一种形式，是公众对知识产权法律制度和知识产权权利义务内容以及知识产权行为的认识、把握和情感的总和。包括知识产权的创造意识、运用意识、保护意识、管理意识与知识产权权利尊重意识。

知识产权创造即知识产权的产生，分为两个阶段。首先是产生可以受知识产权保护的智力成果或经营性标记，其次是要通过法定程序来使自己的发明创造、作品或商标等创造性劳动成果获得知识产权。由于除著作权保护的客体——作品是自动保护的外，其他形式的创造性成果要获得知识产权必须通过法定程序。因此，知识产权的创造意识不仅指进行发明创造、创作作品或经营性活动等产生创造性成果的行为意识，还要指积极将创造性成果通过法定程序转变为受知识产权保护的法定权利的意识。从我国知识产权产生的

---

① 王景，王晓萍，朱莉．创新型国家建设中的知识产权文化问题探讨［J］．昆明理工大学学报（社会科学版），2008，8（10）：35－38.

发展历史来看，以往由于没有知识产权制度，缺乏知识产权取得意识，而痛失专利与经济收益，甚至影响到现今的产业发展。典型的例子如青蒿素和VCD的专利之痛。中国最先研发的技术，却因为缺乏专利保护制度和保护意识，错失知识产权，错失商业机会和市场利润。此外，大量商标被海外抢注的部分原因也是企业知识产权意识薄弱，虽然通过海外维权夺回了一些商标权，但中国企业也为此付出了很大代价。因此，强化知识产权意识、积极取得知识产权，是企业获得优势竞争地位的前提。

知识产权运用是指将知识产权转化为现实生产力的行为，又称知识产权商业化，包括知识产权扩散、知识产权创业和知识产权产业化三个主要方面。[①] 有效知识产权是知识产权运用的前提，知识产权运用是实现知识产权价值的必要途径。知识产权运用是一个打通创新链的过程。创新成果应在研究之初就确定转化运用的方向性，让其后产生的知识产权与市场对接。如果转化运用的方向不明确，那么产生的成果可能会因为找不到市场而被束之高阁。知识产权运用意识决定了将知识产权转化为社会效益和经济利益的积极性与方向性。专利运用水平不高、科技成果转化难，其原因固然与专利质量和成果本身有关，但权利人运用知识产权的观念意识上的问题也成为阻碍知识产权商业化的一个原因。如知识产权人对转化运用方向的不确定，对转化运用风险的认识不清、政府在促进转化运用过程中的地方保护主义、利益相关主体对转化运用利益分配认识上的问题等，这些思想认识上的问题会影响知识产权运用的效率，甚至会延误转化运用的时机，降低知识产权的商业价值。可见，知识产权商业化首先要有积极运用知识产权的观念和态度，改变与市场脱节的思想意识，这决定了从事智力成果创造的主体进行科研活动的方向；其次，对于转化运用过程中的风险应充分估计，很多项目在转化初期陷入困难的情形即让知识产权人对转化运用的前景彻底失望，从而终止转化运用；再次，一些地方政府对本地域内的知识产权会有地方保护主义，希望知识产权在本地域内转化运用，从而发展或带动地方经济，不考虑本地域是否有转化运用该知识产权的合适条件，对知识产权"走出去"不支持甚至阻挠，妨碍了有效知识产权的转化运用；最后，相关主体的利益分配认识上

---

① 宋河发. 自主创新能力建设与知识产权发展——以高技术产业为视角 [M]. 北京：知识产权出版社，2013：274.

的分歧会使转化运用推诿或延误，如发明人与工作单位、知识产权权利人与转化运用主体在对转化运用利益分配上不能达成认识上的一致，会使转化运用难以实施。

知识产权保护分为立法保护与执法保护两个方面，立法将知识产权确定为一种法定权利，规定知识产权的权利内容与边界。知识产权执法则对知识产权侵权行为进行查处，从而对知识产权利益进行保护。知识产权保护意识也有两个层次。首先，对智力成果在完成之后尽快通过法定程序获得知识产权。专利权、商标权的保护都遵循先申请的一般原则，对于同样的发明创造或商标，专利权或商标权授予最先申请注册的人，因此，智力成果的创造者应当积极申请获得知识产权保护。其次，知识产权人应有积极主张并维护权利的意识，对侵犯自己知识产权的行为通过行政检举或司法诉讼来获得保护。知识产权保护并不只是知识产权权利人的事情，对知识产权行政执法机关和司法机构而言，知识产权保护是重要职能。那么对于知识产权行政执法机关和司法机构来说，也存在知识产权保护的意识问题，对知识产权保护的重视程度会影响其对知识产权保护的力度。

知识产权管理是保障知识产权获得有效保护、顺利运行的重要手段。知识产权本质上虽然是一种私权，但由于其是社会公共利益与知识产权人利益平衡的一种产物，因此，政府公权力要对其进行管理。政府对知识产权的管理意识影响着政府对知识产权的管理水平与管理效能。在执法实践中，政府各部门的知识产权管理意识主要体现在下列几个方面。首先，对重要性的认识。知识产权管理部门及其工作人员对知识产权管理工作的重视程度决定着管理水平的高低。对重要性认识不够，带来的则是消极行政的危害，不能依照法律规定对知识产权进行有力保护，不能对侵权行为及时制止或查处。其次，统一标准。知识产权管理应统一认识与标准，避免在事实和证据条件下，由于地域和执法机关的认识不同而导致不同的处理结果，影响知识产权管理的权威性。最后，协调意识。由于知识产权管理工作的复杂性，知识产权的管理往往需要地区与部门之间的协调与合作，相关部门与工作人员应有主动配合与执法信息共享的意识，不能互相推诿，杜绝地方保护主义。

知识产权权利尊重意识是指在公众中普遍产生的了解并尊重智力劳动成果、尊重他人知识产权的思想观念。这种意识建立在对知识产权产生于他人的智力创造性劳动的理解基础上，承认知识产权是一种法定权利，认识到侵犯他人知识产权于道德上是一种可耻行为，于法律上是违法行为，会承担法律责任。知识权利尊重意识是社会普遍形成的一种文化氛围，其形成往往需要知识产权制度的长期践行，并且有历史的私权文化作为基础。知识权利尊重意识是一种对于知识产权认识上的较高层次的意识状态，其表现为对知识产权内心认同的一种自觉意识，并外化为尊重知识产权，坚决摒弃、抵制知识产权侵权的自觉行为。

二、知识产权意识氛围对创新生态系统的作用

对个人来说，创新的个性不能脱离其社会环境而独立存在。事实上，它是深深地扎根于个人的社会定位和行为方式中的。① 知识产权制度的重要功能之一是激励创新。法律通过肯定智力成果在法律上的权利，而使智力成果创造人在一定时期享有一定范围内的垄断利益，这一机制不仅是对知识产权人创新行为的肯定，更重要的是在社会形成普遍认同的尊重知识、追求创新的意识。知识产权意识氛围是对创新行为具有追根溯源性质的文化基础。知识产权意识氛围将个人的创新行为定位为或可产生知识产权、带来合法性垄断利益的行为。对于创新的个人而言，创新行为始于社会普遍的知识产权意识氛围中，对自己行为的性质、意义及法律后果有所认识，在创新行为完成后，会从社会尊重知识产权的氛围中得到心理上的满足感。知识产权意识氛围将创新的个人行为定位为社会所需要的、认同的积极行为，从而使创新有了心理支撑与思想土壤。

创新生态系统是多主体、多环节有机协调合作的系统，主体行为的协同，需要连接点，系列知识产权担当了这个连接点。首先，创新成果的产生，是对已存在知识产权的智力成果的再创造或改进过程。创新的起点是对他人知识产权的尊重与了解。对相关知识产权的了解影响着创新的方向与难度，一项技术如果存在密不透风且很难突破的专利堡垒，那么相关的创新是很难的。如果侵犯他人的知识产权，那么必然导致"创新"的失败。创新

---

① ［德］柏林科学技术研究院. 文化 vs 技术创新［M］. 吴金希，等，译. 钟宁，樊勋，校译. 北京：知识产权出版社，2006：63.

过程中如果必须使用他人的知识产权，应取得使用许可或授权。创新成果完成后，应有积极的知识产权保护意识，申请获得知识产权。创新成果的转化运用是创新生态系统的又一重要环节，创新生态系统强调形成创新成果产生、转化、运用的链条。在创新成果的产生环节，知识产权的意识还只是创新行为人个体的意识，而在创新成果转化阶段，则是创新行为主体、政府、转化平台等多方对创新成果知识产权保护、运用认识的统一化，如做出创新行为的个体与单位就知识产权转化的认识、提供转化资金帮助或服务的政府对转化方向与重要性的认识及转化平台的知识产权服务意识等。统一的认识是创新生态系统各主体协同的首要前提。想要在知识经济中获得良好发展，组织必须培养认识、尊重知识产权以及实现知识产权价值的意识和行为。知识产权文化来自创新过程、发明者的影响或科学创造的热情。[1] 创新生态系统内普遍的强烈的知识产权意识会增加系统主体的行为的协调性，有利于生态系统各环节的有序进行与和谐发展。从创新生态系统的层次来看，无论是企业创新生态系统还是地区创新生态系统，或是国家创新生态系统，知识产权意识氛围会为系统提供尊重创新成果、重视创新人才、促进创新成果转化运用的环境，会降低系统因制止违法、违约及侵权行为而产生的运行成本。知识产权意识文化构成创新生态系统的主流文化，为创新生态系统提供统一的思想支撑。

第三节　崇尚创新的知识产权文化与创新生态系统

创新生态系统是基于共同价值观的组织运行模式。创新组织文化在于合作，表现为组织的习俗、惯例、规范或行为规则，功能在于把不同的创新要素，如信息、知识、思想、物质、人员等，在创新目标的驱动下进行有效的交融和组合，凝聚或融合成一个有机整体，以实现创新目标。[2] 崇尚创新的

---

① Eric M Dobrusin, Ronald A Krasnow. Intellectual Property Culture: Strategies to Foster Successful Patent and trade Secret Practices in Everyday Business [M]. Oxford University Press, 2008.

② 钱振华. 科技创新与文化建设的理论与实践 [M]. 北京：知识产权出版社，2015：69.

知识产权文化正是起到创新生态系统所需要的一种融合剂的作用，将创新生态系统主体的科学精神与人文精神融合，将创新生态系统组织文化融合，从而使创新生态系统具有良好人才成长与组织结构的环境。

一、崇尚创新的知识产权文化对创新生态系统主体文化的影响

创新生态系统主体包括企业（技术创新主体）、高校科研院所（原始创新主体）以及中介机构（创新分解主体）、金融机构（创新投入主体）、政府（创新催化主体）。创新生态系统中主体的作用方式以创新种群呈现，如科研种群、企业种群、中介种群、金融种群、政府种群等，每个种群在系统中的功能与定位各不相同，都可以通过直接或间接方式影响技术创新的扩散、捕获、集成、再创新等环节，进而影响技术创新涌现。[①] 知识产权文化所崇尚的创新精神，会对创新生态主体的协同演化产生多层次的影响，进而影响创新生态系统的形成与发展。

科学精神是创新生态主体所应积淀起来的精神状态。科学精神包括自然科学发展所形成的优良传统、认知方式、行为规范和价值取向。探索与创新是科学精神的活力，理性与实证性是科学精神的核心。在创新生态系统中，创新主体批判怀疑、求真探索、创新实践的科学精神贯穿于创新活动中，其他主体对科学精神持认可赞扬态度，创新生态系统整体以创新求真、科学理性为普适的心理状态与精神追求。倡导科学精神的文化有多种形态，知识产权文化是一种先进的法律文化，比其他文化形态更能将科学创造的精神强力持久地作用于人们的生活中。知识产权对科学创造成果授予的专有权是对科学创造行为的法律上的肯定，这种肯定伴随着法律生活实践促成人们热爱和尊重科学创造的自觉行动。目前知识产权文化对人们精神信念的作用力还不显著，这是因为知识产权制度确立的时间较短，知识产权文化发挥作用的时间不够长。

人文精神是一种普遍的人类自我关怀，表现为对人的尊严、价值的关

---

① 张贵，温科，宋新平，等. 创新生态系统：理论与实践 ［M］. 北京：经济管理出版社，2018：63.

切，对一种全面发展的理想人格的肯定和塑造，对人类遗留下来的各种精神文化现象的高度珍视。在创新生态系统中，尊重人的价值、发挥人的作用、关注人的生存、促进人的自由和全面发展的理念有助于建立创新经济的规则，包括公平、信任、社会责任等。知识产权制度不断诠释"人本理念"，倡导建立以人为本的知识产权财产观。从知识产权被肯定为一种法定财产权的过程来看，尽管有以"激励机制"为理由的工具论，但以"劳动"为基础的自然权利论仍然是知识产权确立的深刻理论基础。这种契合并非偶然，看似政府激励创新或促进文化思想传播的举措落实，实质上则是西方国家强调人文精神在法律上的体现。这种文化精神既认同了知识产权制度，又使得知识产权制度运行可以畅通无阻。知识产权法肯定的是人的智力创造成果，"人"应是知识产权法律制度体系的中心，知识产权制度正是以激发人的创造积极性为价值目标。这一价值目标的实现离不开政治、道德、文化因素这些社会范式的结合。崇尚人文精神有利于解决创新生态主体的利益冲突，体现人文精神的利益分配应是公正、合理、科学的。从人文精神在创新生态系统中的效应来看，重视人文理念、重视文化社会资源的利用来防止一味追求技术进步所带来的功利后果是一种必要途径。

知识产权制度下的科学精神是创新生态系统的精神源泉，使创新生态系统的精神动力强烈持久，而人文精神则为创新生态系统理性发展提供精神保障，避免创新行为沦为技术的工具。学者关于唯技术论的担忧对于创新生态系统的发展也是一种警示：技术的普遍胜利使人们丧失了文化领域普遍的价值观，人们认为的生命的普遍意义不复存在。"没有了这个基础，还有什么能够鼓舞人们向着具有更高价值的共同目标而共同奋斗？只停留在解决科学和技术难题的层次上，或即便把它们推向一个新的领域，都是一个肤浅和狭隘的目标，很难真正吸引住大多数人。它不能释放出人类最高和最广泛的创造能量，而没有这种能量的释放，人类就陷入渺小和昙花一现的境地。"① 知识产权文化中的科学精神与人文精神是避免技术狭隘的盾牌，使创新行为符合创新生态系统的范式要求，使创新意义满足创新生态系统的价值目标。

---

① ［美］大卫·雷·格里芬. 后现代科学——科学魅力的再现［M］//大卫·伯姆. 后现代科学和后现代世界［C］. 马季方，译. 北京：中央编译出版社，2004：118.

二、崇尚创新的知识产权文化对创新生态系统组织文化的引导

组织文化是指组织成员的共同价值观体系，它使组织独具特色并区别于其他组织。创新生态系统应有至少包括共同的价值观、组织秩序及风险负担等方面组成的特有文化。

（一）共同价值观

共同价值观是创新生态系统积淀的科学精神与人文精神在系统价值追求与目标立场上的体现。从创新生态系统中的关系来看，创新各利益方在合约层面趋于平等，单一式、原子式的组织关系正在向多元、多边、互联、互通的社会化生产关系演变，企业间不再仅强调自身利益链条，而是由传统零和博弈，由无机、机械化的竞争关系转化为有机、竞合共生、共同成长的共赢关系，产业组织正在由垂直线性结构向去中心的生态网状结构转变，表现为平台化、共享化、社群化、多项化、实时协同。① 共生、共赢、协同关系在精神上的基础就是共同价值观。生态系统主体对创新活动的预期、对创新合作的认知、对创新成果归属的认同是价值观的具体化。从科学精神角度讲，创新生态系统必定要在追求科学探索、以创新为行为中心的价值观上高度一致。从人文精神来看，创新生态系统的良性循环与发展需要包括公平、诚信、协作、共享等基本的人文概念，这是判断一个创新系统是否具有浓厚创新氛围、具有长久发展能力的标准。对于创新生态系统，这些理念应为系统主体所共有，形成共同价值观。知识产权文化倡导并助力于这些价值观的形成与实现。法的普遍性与强制性让知识产权制度运行中形成的知识产权文化较其他文化更能在较短时间内，在创新生态系统内形成统一的价值观。知识产权的价值目标是激励创新，促进公平有序竞争，促进社会文化传播与公共利益，这正是创新生态系统需要的崇尚创新、和谐共生的价值观引导。

---

① 张贵，温科，宋新平，等. 创新生态系统：理论与实践［M］. 北京：经济管理出版社，2018：85.

（二）信任与合作关系

创新生态系统有着复杂但却有序的组织结构与秩序，在共同价值观的基础上，创新生态系统各要素进行有效的交融与组合。安排合理、运行和谐的组织模式需要健全的激励与约束机制，需要能够消除组织成员隔阂、增进信任的组织文化。在组织秩序的建立与维护上，规则与心理认同同等重要。知识产权制度确定的权属划分、利益分配以及交易规则为创新生态系统组织秩序提供了规范指引，创新生态系统的组织文化特征是合作。但合作并不意味着不分你我、没有权属利益划分，合作一定是建立在彼此权利义务关系界限分明的基础上的合作。与知识产权制度相伴相生的知识产权文化是一种尊重法律权利边界的文化，是促进合作的文化。同时，创新实际上是正确的人之间的关系，但文化差异成为阻碍创新者合作的壁垒。创新生态系统内也会由于个体不同的文化心理而产生社会距离感。创新者必须以克服人际距离、建立信任来增强合作。① 这时候就需要有合作者共同认同的东西作为桥梁。统一的知识产权文化能够消除来自不同地域、不同民族组织成员间的认识差异，增进彼此间信任。当然，在一个特定的创新系统内形成其独特的组织文化，还需要有特别的系统精神与理念，需要对知识产权文化具体落实、浸润在系统组织中。知识产权文化就如同整个大的环境，某个生态系统可以有自己的调控温度、湿度的方法，但整体的环境是一个基准。

（三）风险负担中的乐观文化

风险负担是创新系统无法回避的问题。创新结果的不确定性决定了创新行为以风险为伴，在生产新产品并获得商业成果的过程中，创新主体要承担很大风险，创新是一种高风险活动。对于风险，社会群体会有两种选择：承担风险与规避风险。文化背景不同的人面对风险时的反应会有显著差异。在乐观的文化环境下或者在悲观的文化环境下，人们对风险的理解有所不同。在乐观的文化环境下，创新被认为是创新者能力或技能范围之内可以应对的活动，创新者愿意承担创新风险。而在悲观的文化环境下，创新被认为是冒

---

① ［美］维克多·黄，格雷格·霍洛维茨. 硅谷生态圈：创新的雨林法则［M］. 诸葛越，等，译. 北京：机械工业出版社，2017：43.

险的行为，社会对创新行为失败的宽容度有限，创新活动因风险存在而减少。

知识产权制度通过产权界定，将交易成本与交易风险降低，从而提高技术创新效率。知识产权制度下，对创新行为法律后果上的预期是稳定的，因此建立在知识产权制度基础上的知识产权文化形成的是一种较为稳定、具有一定安全感的创新心理。在整个社会普遍的尊重知识、崇尚创新知识产权文化中，创新被视为是积极向上的行为，并且是可能得到法律上认可的知识产权垄断利益的行为，这种认识将有利于形成乐观的创新文化环境，使创新主体对创新行为更有信心。

第四节　诚信文化与创新生态系统

创新生态系统的共同特征决定了必须具有必备的共同的文化要素，如创新精神、创业意识、对技术的推崇、契约精神、与诚信文化等，这些文化要素虽抽象但极为重要，作为隐形的动力所释放出的影响却更加持久且深刻。不同创新生态系统由于文化上的不可复制性造成了系统难以复制的特征，诚信文化是创新生态系统异质性的原因之一。如果说诚信对于单个企业或者某个创新系统的作用是行为规范与制度约束的话，那么其对于创新生态系统的意义绝不限于此。在创新生态组织关系中，多元、多边、竞合共生、协同成长是各利益主体关系的主要特征。这样的关系与以前的单一线性关系不同，呈现的是生态网状结构关系。毋庸置疑，网状紧密关系需要强有力且持久的联结。共生共进的利益是联结的条件，但更深度与持久的是创新生态系统各主体的信任与合作基础。诚信文化成为创新生态系统组织关系的联结基础，决定创新的顺利产生，有效降低创新系统运转成本，并保障创新生态系统运行。

一、诚信文化是创新的场域

创新实际上是正确的人之间正确的关系，而且出现在正确的时间。文化差异成为阻碍创新者合作的壁垒。尽管科技已经极大缩短了地理距离，使得我们拥有更多创新的可能性，但是人们还没有技能来面对不同社群和文化所产生的巨大社会距离感，创新者必须克服人际距离，建立信任来增强合作。① 在传统的创新系统中，只要各自为战，集中内力进行创新行为就可以了，单个创新主体或者创新组织可以独立完成创新循环，这种模式成为那些天赋异禀的创新者的舞台。在创新生态系统中，仅有个体的行为，是无法适应创新生态网状格局的要求的，个体要通过信息观点共享、交流信任产生创新智慧的火花，创新组织也需要技术、人力、资本等协同合作，以形成更大的、更有活力的系统。连接的网络越大，可能发现的创新空间越多，就有更大潜力挖掘出更多的创新价值。人们相处得好坏，人们之间是否互相信任，看似一个浅显的问题，却关乎创新的成功。诚信为创新提供了一种场域，将创新者聚集，让新思维、新观点、新技术得以交汇。基于信任，人们愿意互相交流并交换知识，人类历史上的每一次创新，都隐含了基于信任的交换。创新过程的起点往往是知识信息交换或交易，拥有不同想法或专业技能的人对自己贡献的价值判断不同，想法和技能本身很难被准确地估值，如果互相不信任，就无法交流合作或者交易创新方案，这是许多创新胎死腹中的原因。在诚信的场域中，交流与交易的心理壁垒被大幅度减弱甚至消除，创新者之间的关系符合创新生态系统的特征要求。信任可以使一个人的行为具备更大的确定性。当人的行为因为诚信和信任的缺失而不再具备确定性时，人们就会出现价值矛盾和价值冲突。② 很多学者对硅谷创新生态系统进行研究后发现，不同人之间进行交流、信任以及合作正是产生创新的起点。

二、诚信文化有效降低创新系统运转成本

创新生态系统的运行机制表现为以供应链或创新链为主要方式和以纵向一体化或战略联盟为形式的竞争范式，以竞争的高强性、高速性为特征，以非线性爆发式增长为竞争形式。创新生态系统中的竞争是一种协同共进的竞争，企业在竞争中合作，在合作中竞争，竞争与合作并无明显的边界。这样

---

① ［美］维克多·黄，格雷格·霍洛维茨. 硅谷生态圈：创新的雨林法则［M］. 诸葛越，等，译. 北京：机械工业出版社，2017：43.

② 宇文利. 从个人诚信到社会信任：价值观内在伦理秩序的建构［J］. 伦理学研究，2020（6）：1-6.

的运行机制要求竞争者以诚实善意的态度为市场行为，以利益共享为竞争理念，以承担社会责任为经营之道。创新生态系统中的诚信不仅可以减少企业间合作的成本，并有利于合作的高效，避免在系统中活动的盲目性，避免纠纷产生，这对于减少主体创新活动资源的浪费、提升创新成果实现的概率具有重要意义。同时，诚信使创新生态主体间的共生关系成为可能，而共生关系的产生，又有利于主体间建立基于交易的内部协调机制，使得交易契约的建立更具有延展性，提高主体间的互信程度，使主体间的关系更具有稳定性，从而实现从"诚信、合作"到"更加诚信、长期合作"的良性循环与共赢局面。

三、诚信文化促进创新生态系统健康运行

创新生态系统以有序为特征，诚信文化对于创新生态系统的终极意义，正是建立和调整创新生态系统秩序。创新生态系统比以往的创新系统更强调竞争与合作的有序性。竞争与合作关系的相互转化，创新主体与环境要素的相生相长需要调整系统内秩序的工具。此外，技术并非完全中立，即使在创新生态系统中也是如此。科技、现代化使人异化，使生命作为一个具有丰富情感与文化内涵的完整整体的意义消失。① 学者提出技术理性的警钟在创新生态系统中仍有必要响起。技术创新是创新系统最为关注的行为，但创新生态系统还应关注包括诚信、幸福感、社会责任感等人文精神在技术创新中的体现。诚信文化是理性文化，反对自私自利的机会主义行为，强调创新主体的社会责任，知识产权制度中对诚实信用原则的规定有助于创新生态系统中诚信文化的养成。对于创新生态系统而言，需要的不仅是规范技术创新行为与主体间权利义务关系的制度约束，还包括内化于心的价值信念。缺乏以诚信文化为氛围环境，创新系统就会缺少必要养分，难以形成顺畅的运行系统。因此，知识产权文化中的诚信是知识产权法律制度与道德标准共同形成的文化，更深层次地实现技术与理性、竞争与合作的统一。

---

① 易继明. 技术理性、社会发展与自由——科技法学导论［M］. 北京：北京大学出版社，2005：49.

第五节 公平竞争文化与创新生态系统

一、创新生态系统中的竞争关系

在创新生态系统中竞争是建立在合作基础上为实现系统整体利益的最大化而进行的竞争。[①] 与以往的市场竞争关系不同，创新生态系统中主体间的竞争不再是完全对抗式的、自利的、你死我活的竞争，而是合作、共享、发展中的竞争。对单个企业而言，资源、人才、客户、市场的竞争并非传统的抢占资源或抢占市场的恶性竞争，相反却是通过创新平台与竞争对手的共享与合作实现的合作竞争；根据相关利益转变，合作与竞争的关系可能互相转换，也可能互相嵌合。同行竞争企业获取互补资源，共同研发，降低风险。对于创新生态系统内所有竞争主体而言，这种竞争追求的结果也并非独占利益，而是共赢共进。竞争与合作形成的竞合关系是符合创新主体获得优势竞争地位的关系，也是创新生态系统良性健康的主要关系形态。企业的竞争优势不在于拥有多少资源，而在于整合多少资源，竞合是创新生态系统成员的"黏合剂"。[②] 创新生态系统对竞合关系的要求是要能提高创新效能，但竞争与合作的转化和向度却并非都能完全有利于开放式创新并达到追求创新效益的目标。

在开放式创新中，创新知识在多个创新组织间分享、流动，形成互相联结、合作、依赖的创新网络。虽然有利于资源共享与协同创新，但由于创新组织仍是独立主体，尤其在竞争的创新主体之间仍然存在利益分歧，有商业信息泄露、知识产权被窃取的风险。有研究表明，在开放的创新网络中，一方面，各主体间基于高度信任而产生密切合作；另一方面，竞争关系仍然存在而使机会主义或不正当窃取商业秘密或关键知识的行为可能发生。[③] 竞争

---

① 张贵，温科，宋新平，等. 创新生态系统：理论与实践 [M]. 北京：经济管理出版社，2018：39.

② 何得雨，邹华，王海军，孙健. 竞合视角下企业创新生态系统演进——基于京东方的案例研究 [J]. 中国科技论坛，2022（5）：99-108.

③ 杨震宁，赵红. 中国企业的开放式创新：制度环境、"竞合"关系与创新绩效 [J]. 管理世界，2020，36（2）：139-160，224.

在创新生态系统中会对创新绩效产生两方面的影响。一方面，竞争关系的存在，会使创新主体有危机意识，避免在开放式合作中出现的知识同化与创新消极问题。也使企业能够明确合作亲密程度的边界，警惕知识产权的风险，从而使创新主体减少对合作伙伴的依赖，保持持续的创新热情与能力，提高创新绩效。另一方面，竞争关系可能破坏信任而导致深度合作关系的损害。对私益的追求使企业只想利用合作伙伴的资源和知识而保留自己有价值的知识和资源，最终导致合作基础的破坏，而减损创新效益。

因此，竞争在创新生态系统中的样态与向度变得更为复杂。竞争一旦偏离合作创新主体共同的价值观与信任轨道，带来的系统性毁坏便有可能发生。因此，在开放的创新网络系统中，要实现共赢共生目标，更需要竞合关系主体高度一致的价值观基础与行为约束力。公平竞争的价值理念与行为要求是保持创新生态系统中健康活力的竞合关系必不可少的保障。

二、公平竞争文化对创新生态系统的作用

市场竞争首先是一种通过追求自利而实现公益的机制。市场竞争是实现私人利益与公共利益和谐统一的特殊原理。"损人利己"是市场经济的基本逻辑，但追求私益可以增强竞争强度，促进商业模式的改变和技术创新，实现消费者福利最大化，以此实现公共利益。① 以上关于市场竞争机制的观点充分阐释了市场竞争的特征与实质，表明竞争的对抗与破坏不可避免，而法律不应对这种常态化的"破坏"他人经营活动一概否定。这种"创造性破坏"并非万无一失，纯粹的优胜劣汰法则会使公共利益受损，会破坏健康的竞争机制。由此，法律对市场竞争的干预成为必需。干预程度与干预方式及效果成为重点。除了法律自身的科学性，道德文化对"干预的度"与"干预的效果"都起到必要的辅助作用。竞争中的伦理标准和道德规范是在社会成员的共同参与下形成的。② "公平"是社会成员公认的竞争的最低伦理标准。从古代圣贤主张的"公生明，偏生暗""君子爱财，取之有道"，到党的十九届四中全会提出要"完善公平竞争制度""强化竞争政策基础地

---

① 孔祥俊. 反不正当竞争法新原理［M］. 北京：法律出版社，2019：202.
② 谢晓尧. 竞争秩序的道德解读［M］. 北京：法律出版社，2005：176.

位"。从古到今，公平竞争的观念已固化为法律制度与国家政策。在知识产权成为强国战略后，知识产权成为市场竞争的关键，专利大战、商标争夺等知识产权竞争成为市场竞争的主要表现。由此也出现滥用知识产权破坏竞争、窃取知识产权或其他非法手段获取、利用知识产权的种种行为。盗版、专利仿冒、商标假冒、搭便车等行为仍然成为破坏公平竞争秩序的难缠痼疾。提倡公平竞争的知识产权文化，强化国人对知识产权作为市场竞争重要力量的认识，将尊重知识、崇尚创新、诚信守法的知识产权文化理念润化在公平竞争的市场环境中，以尊重知识产权、合法正当取得并运用知识产权、公平获得知识产权收益作为市场竞争的基本准则。从知识产权与竞争的天然联系来看，保护知识产权的目的之一是促进公平竞争，但知识产权却是通过限制竞争来实现激励创新的目的的，看似与促进公平竞争的目的相悖，实质上知识产权的竞争机制正是公平获得竞争力与竞争效益的机制。公平竞争的知识产权文化正是这一竞争机制在思想观念与行为习惯上的回应，会使法律和政策中关于公平竞争的规定得以更顺畅实践。

创新生态系统中的竞争更具有复杂性，也更凸显知识产权的重要性。知识产权、创新、竞争主体在创新生态系统中即使加以"合作、协同、共进"等特征，仍然是创新生态系统的关键词。作为创新成果法律保护形态的知识产权仍然是竞争力的核心。创新生态系统是对诚信、公平等竞争环境有更高要求的系统，只有基于诚信、公平的理念才能营造和谐共进的创新生态系统。但从实践层面来看，由于竞争与合作关系的转换，深度合作、知识共享带来的不仅仅是竞争力的共增与创新水平的共进，还增加了知识产权被窃取的风险和被滥用的可能。知识产权法中最令人困扰的情形是：某一项权利的授予虽系合法，但当它处于被利用的环境时，却被赋予了远远大于在授予时所设想的力量。[①] 此处所说的巨大力量就是知识产权在运用后产生的巨大市场价值。对知识产权利益的追求可能产生诸多的负面效应，最常见的为不诚信、不公平的市场竞争。对负面效应的预防与化解需要社会普遍认同的文化心理和法律的支持。公平竞争的知识产权文化会在全社会范围内形成合法、有序、公平的竞争观念，有助于强化知识产权在市场竞争中应被尊重与保护

---

① [美] 罗伯特·P. 莫杰思. 知识产权正当性解释 [M]. 金海军，史兆欢，寇海侠，译. 北京：商务印书馆，2019：261.

的意识，有助于创新活动获得应有的回报与激励，更是诚实信用原则在知识竞争中的归宿。另外，由于文化的普遍性特征，可以在全社会范围内形成共同的价值观和理念及行为方式。而创新生态系统也有社会性、普遍性，系统中除创新主体以外的各个主体、组织都对系统的健康运行发生作用，企业、政府、服务机构、高校、科研机构乃至消费者对知识产权、创新、竞争都应有共同的认识和观念。

第四章

典型国家创新生态系统的
发展与知识产权文化考察

第一节　美国创新生态系统与知识产权文化

建设创新生态系统贯穿于美国政府这十几年来的政府报告，是美国创新战略乃至构筑国家竞争力的核心之所在。知识产权文化与制度、技术的有效融合形成了独特的良性运转的创新生态系统。

一、美国创新生态系统

（一）建立与发展

美国政府对创新生态系统的构建，始于 20 世纪 40 年代。21 世纪以来，创新生态系统的构建作为美国的国家战略被步步推进。2004 年 12 月，美国竞争力委员会提出了一个创新框架——国家创新生态系统，作为国家创新倡议最终报告的一部分。在华盛顿特区举行的国家创新峰会上发布的《创新美国：在挑战与变革的世界中繁荣》的报告中指出，为了维持长期的竞争优势，美国的创新方法需要发生巨大的改变。该报告提议将创新生态系统作为美国建立全球创新领导地位的挑战的一部分。该报告引发了关于如何提高美国国际竞争力的讨论，包括来自工业、专业学院和国会的各种建议，包括美国电子协会的"失去竞争优势""超越聚集风暴""创新议程：保持美国竞争力的承诺"，众议院民主党提出的一项名为"国家创新法案"的国会法案和一项名为"保护美国竞争边缘法案"的法案。① 基于这些建议，乔治·沃克·布什（George Walker Bush）总统在他 2006 年的国情咨文演讲中宣布了美国竞争力倡议，该倡议将科学和技术定义为经济增长的双重基础，并为2007 财年拨款 59 亿美元用于研发投资，以及改善教育和鼓励创业。② 随后，又提出了各种旨在进一步加强竞争力的法案。2010 年，美国能源部启动"创新生态系统计划"发展新型能源产业。2012～2013 年，美国出台《崛起的挑战：美国应对全球经济的创新政策》和《国家与区域创新系统的最佳实践：在 21 世纪的竞争》，强调创新政策的制定应着力于打造充满活力的创新生态系统。2015 年 10 月底，美国国家经济委员会和科技政策办公室联合发布了新版《美国国家创新战略》,③ 沿袭了 2011 年提出的维持美国创新生态系统的政策，首次公布了维持创新生态系统的六个关键要素，包括基于联邦政府在投资建设创新基石、推动私营部门创新和武装国家创新者三个方面所扮演的重要角色而制定的三套战略计划，分别是创造高质量工作和持续的经济增长、催生国家重点领域的突破、为美国人民提供一个创新型政府。新版《美国国家创新战略》在此基础上强调了以下九大战略领域：先进制造、精密医疗、大脑计划、先进汽车、智慧城市、清洁能源和节能技术、教育技术、太空探索和计算机新领域。强调培植独特的创新生态系统重点在于建设服务型政府、培育极具冒险精神的企业家、加大创新基础要素投入等。美国国家竞争力的强劲得益于美国国家创新生态系统在提升经济效率方面发挥的积极作用。④

（二）美国创新生态系统的特征

1. 全方位的政府资金支持体系

美国政府将建立创新生态系统作为国家战略，除了制定大量的支持创新

---

① Innovate America：thriving in a world of challenge and change. Washington，DC：Council on Competitiveness；2004. Website of Council on Competitiveness ［EB/OL］. http：//innovateamerica. org/pdf/PACE2Pager_section_by_section. pdfS ［2022 – 09 – 14］.

② American competitiveness initiative：leading the world in innovation ［EB/OL］. http：//innovateamerica. org/pdf/PACE2Pager_section_by_section. pdf ［2022 – 09 – 10］.

③ 张慧颖. 美国发布新版国家创新战略 ［EB/OL］. http：//www. nipso. cn/onews. asp？id = 37355 ［2021 – 08 – 10］.

④ 费艳颖，凌莉. 美国国家创新生态系统构建特征及对我国的启示 ［J］. 科学管理研究，2019，37 （2）：161 – 165.

的法律规范性文件，为科技创新提供良好的法治环境，更有效的措施是大量的资金投入。政府融资平台、信息平台的建立，为大量项目提供资助，有力地支持了地方创新和经济增长。其中有资助企业创新研究计划项目，有促进学术界与产业网络关系专款项目，有支持高校和企业合作、促进工业技术进步的产学研协同项目。既有对基础设施、基础研究的投入，也有促进技术转化应用项目的资助。政府资助覆盖创新评估、创新实施、创新成果转化各个阶段，为创新提供全方位的资金支持。美国公共研发基金的很大部分被用于与州政府以及私立大学合作的研究项目。依据技术转移法，政府以促进产业、政府和大学间的整合为目的建立了研究联合体。① 以政府平台、产业部门、大学科研机构、技术转化中心等为主要实体要素，形成对美国创新生态系统的支撑。

私人自由市场不会过度地投入资金到早期创业项目中，公司雏形阶段的风险远远大于收益，以至于自由市场往往连自己的生计都无法维持，此时，对高科技研发和科技商业化的资金补贴成为必要。② 资金补助的目的是为创新搭建金融桥梁。补贴资金在美国的科技创新中起到了巨大的作用。高通公司的联合创始人艾文·雅各布（Irwin Jacobs）将他公司的存在归因于小企业创新研究计划（Small Business Innovation Research and Development Program，SBIR）和小企业技术转移计划（Small Business Technology Transfer Program，STTR）。每年美国政府投资大约 25 亿美元，用于资助数千家正在寻找资金支持以将技术从实验室变成产品的创业公司。这两个计划是专门为了填补创业初期私人资本缺位而设计的补助计划，③ 根据美国 1982 年《小企业创新发展法案》创立，该法案要求任何联邦的机构支持科技创新活动超出 100 万美元的，必须拿出 2.5% 给小企业项目。联邦有超过 1 亿美元的创新资助预算时，必须将 0.3% 的资金分配给 SBIR/STTR 项目。SBTR/STTR 项目分为三个阶段。第一阶段：决定一项创新是否有充足的技术先进性和商业价值。前期进行调查研究论证，以决定是否进行资助，避免将资助用在那些不可能实现的设想上。第一阶段的时间通常为 6 个月。第二阶段：发展创

---

① ［德］柏林科学技术研究院. 文化 VS 技术创新 [M]. 吴金希，等，译. 钟宁，樊勋，校译. 北京：知识产权出版社，2006：304.

②③ ［美］维克多·黄，格雷格·霍洛维茨. 硅谷生态圈：创新的雨林法则 [M]. 诸葛越，等，译. 北京：机械工业出版社，2017：245，251 – 252.

新项目。企业在第一阶段的审查通过后获得资助，着力实施创新项目，在此期间仍然会受到政府的监督，以确保项目资金的正常使用。这一阶段通常为2年。第三阶段：创新成果商业化。在此阶段，政府会为创新成果的转化搭建平台，提供创新转化资金支持。①

自建立以来，SBIR 和 STTR 项目已经支持了上万个成功的研究项目，极大促进了经济发展和就业增长。2011 年，美国国会修正创新法案，更多关注技术成果转化，成为创新的催化剂。

美国国家科学基金会（National Science Foundation，United States，NSF）是美国重要的促进科学进步与技术转化的机构，该机构通常通过增加大学与行业的伙伴关系和合作的数量来促进从大学向私营部门的知识和技术转移。促进学术界与产业网络关系专款项目（Grant Opportunities for Academic Liaison with Industry，GOALI）旨在促进科技成果在高校与企业间的转化，主要集中在促进企业与高校间关于产品设计与完成的转化，如基础研究与创新合作、教育与知识转化。GOALI 项目支持企业的学术研究团队、校园的工业实践以及企业校园合作研究团队。②

工程中心（The National Science Foundation's Engineering Research Centers，ERC）是 NSF 下设的支持高校和企业合作、促进工业技术进步的产学研协同机构。自 1985 年成立至今，经历了三个阶段的计划，通过支持跨学科的团队进行的工程技术创新研究，改变了大学的工程学文化。③ 现在 ERC 的目标是创造一种能够积极促进技术创新的文化，通过在研究中与企业的伙伴关系来加速技术转移。ERC 促进了科研与产业的结合，使大学的一些研究课题适应商业市场需求，企业也从研究中心获得可以带来利润的创新技术。

NSF 也支持许多研究中心的项目，帮助转移大学已经开发的研究成果。除以上两个重要的支持大学与企业合作、促进技术转移的项目中心外，NSF 还支持一些大学与企业间具体合作的项目。例如工业合作研究中心（Indus-

① About Sbir ［EB/OL］. https：//www. sbir. gov/about/about – sbir#embedded_flash_111707621 ［2020 – 06 – 25］.
② 李丽婷. 创新生态系统下高校技术转化协同机制研究 ［J］. 法制博览，2017（3 中）：54 – 56.
③ Grant Opportunities for Academic Liaison with Industry ［EB/OL］. http：//www. nsf. gov/pubs/2009/nsf09516/nsf09516. htm ［2019 – 08 – 25］.

trial Cooperative Research Center，I/UCRCs），支持大学中规模不大但跨学科且与企业特性相关的研究。研究与创新前沿中心（Emerging Frontiers in Research and Innovation，EFRI）成立于 2006 年，主要为新研究领域的转化和对国计民生有重大意义的项目提供资助。合作创新项目（Partnerships for Innovation，PFI）开始于 2000 年，通过资助大学、私营企业与当地政府的技术合作来促进创新。通过 NSF 的资助，技术从大学向产业转移更平稳。已有的项目和新的尝试加速了大学发明技术的产生以及其对企业的有效渗入。大学研究由产业需要决定，研究人员参与企业的各个阶段，同企业广泛交流。这种情况下，创新可以产生高价值的产品和工序，产生遍布全美的更多的技术先进的劳动力，产生新的企业甚至新产业，扩大就业机会。

一个被人们广为接受的假设是，一个国家的创新能力是和它产生风险资本的能力直接相关的。① 在对创新型企业直接提供资金补助的同时，美国政府更多地设置了广泛的融资渠道，毕竟创新的资金主要还是来自民间资本。美国有专门的政府部门和政策性金融机构，支持科技型中小企业的发展，为它们提供融资保障。发达的风险投资市场是美国科技创新体系的重要基石。美国政府在推动风险市场的发展中起到重要作用，通过为创业投资产业提供必要的政策扶持和配套服务引导市场资金流入创业投资产业。在政府支持下，美国的创新创业形成了良好的投资环境。②

2. 创新与创业的有机结合

创新生态系统中企业的成长更取决于内外部的各种动因，内在特质与外部适应性是企业发展的双重必要条件。企业不再是壁垒森严的个体，任何内外部变量的变化都会影响它的成长曲线，抛物线顶点的位置和曲线的走势不仅取决于企业内部流程和机制的改善，还取决于企业整合内外部资源重构行业生态系统的能力。③

美国创新型企业非常重视产学研的合作，并在产学研合作中充当核心主

① 柏林科学技术研究院. 文化 VS 技术创新［M］. 吴金希，等，译. 钟宁，樊勋，校译. 北京：知识产权出版社，2006：338.
② 林展宇，马佳伟. 美国创业投资产业发展经验及对我国的启示［J］. 西南金融，2018（6）：68 - 76.
③ ［美］谢德荪. 重新定义创新——转型期的中国企业智造之道［M］. 北京：中信出版社，2016.

体。美国创新型企业与大学和科研机构长期深入的合作成为创新技术产生的普遍模式。美国高校创业教育体系对企业的创新活动起到很好的推动作用，美国企业充分利用高校创业教育的成果，积极参与大学的创业教育。虽然美国各大学技术转移办公室的具体名称有所不同，但基本目标和职能大体相同。其基本目标就是帮助大学将创新发明转化给私人公司而商业化，旨在形成协作性公共 - 私人研究伙伴关系的发展和促进大学研究的商业化。技术转移办公室通常融商业发展、工业合同、联合经营、技术转移以及企业培训于一身，积极支持大学的研究，催化各方面的连接、关系以及先进技术所要求的教育资源。技术转移办公室对大学特定的发明进行评估、选择进而保护，以连接企业等投资者对大学发明的进一步开发和市场化。技术转移程序通常始于一个大学教师、一个毕业生或者一个员工向技术转移办公室提交发明的披露说明，技术转移办公室会对这个发明进行一个评估，包括有关发明的经济与知识产权保护前景，该发明是否采用专利方式或所有权方式保护，或者是否适合以商标、著作权、技术秘密等其他方式保护。通常，评估者为在专利与许可方面有丰富知识的委员会成员，包括大学技术许可办公室的职员、私人商业社团成员等。这一评估对于大学的发明至关重要，因为如果没有正确的知识产权保护，这些大学发明为公众所用的可能性就很小，这种不利后果尤其容易发生在那些商业化需要高投入高风险的发明上。因此，大学的发明获得专利保护并许可他人使用成为这些发明商业化的最主要机制。[①]

美国的大学技术转化办公室领导下的概念证明中心（Proof of Concept Center，POCC）在支持初期的技术开发、扶持初创企业度过"死亡谷"阶段、进入商业化后期发挥了重要作用。从兴趣发展到尚未证实的发现，再到商业化的过程被称为是初创企业的死亡谷阶段，如果缺乏证据概念中心基金的支持，很多技术不可能走过死亡谷。[②] 证明一个实验室的概念能付诸实践是将研究转化到市场的关键。POCC通过提供种子资金和专家帮助支

---

① Improving Technology Transfer at University, Research Institute, and National Laboratories Hearings before the Subcommittee on Research and Technology Committee on Science, Space, and Technology, House of Representatives One Hundred Thirteenth Congress First Session, Wednesday, July 24, 2013 Serial No. 113 - 43 [EB/OL]. http：//science. house. gov [2020 - 09 - 25].

② Randi B. Isaacs. Inside a University's Technology Transfer Office [J]. Landslide 2016, 8 (3): 30 - 36.

持早期阶段的技术走上转化之路。中心通常是对已获得专利的技术进行概念证明，证明其可以商业转化的可能性，对其提供概念证明阶段的资助，然后联系合适的企业，进入产品开发的实质阶段。

二、美国创新生态系统中的知识产权文化

美国是新移民国家，与欧洲国家相比，其敢想敢试的移民精神，崇尚个人奋斗主义的理念与宽容失败、容忍缺陷的多元化价值观以及实用主义成为美国知识产权文化的土壤。在此基础上，法律对知识产权权利边界严格界定与形成创新文化的教育机制的共同作用，形成了"尊重权利、崇尚创新"的知识产权文化。美国社会对知识产权价值的普遍认同，对知识产权确定的相关行为边界的遵守，以及对合法获得知识产权的方式的认知及实践，在创新生态系统中成为产生创新的精神动力，成为共享、协同系统特征形成的意识联结。在知识产权成为美国社会创新成果普遍的法律保护形式后，对知识产权的追求成为创新生态系统的共同精神动力，对知识产权的尊重成为创新生态系统的共同行为准则。并且，知识产权文化的法律文化属性使这种文化生态历久弥新，绝非一种社会潮流文化，更不是一种感性崇拜，对创新的来源、创新的实现、创新的去处都可以在知识产权文化下得到精神层面的诠释。美国创新生态系统中形成的信任、合作、共享的文化正是知识产权文化的具体化。

美国知识产权文化与创新生态系统已是一种相伴相生的关系。知识产权文化融合在创新生态系统中集中体现为大学的创业文化，其对大学创新行为的产生以及大学与大学外创业资源的交流互通的促成是美国创新生态系统中知识产权文化发生作用的最好例证。从20世纪30年代美国斯坦福大学鼓励师生开展科技创业并建立了以硅谷为中心的创业基地开始，到如今美国大学已经形成了一个注重实践性和应用性的创业教育体系。创业文化的培养，创业学课程和专业的开设，创业团队的建设，对创业研究的项目资助以及高校创业中心等机构的建立，共同构成了高校内创业教育体系；校园内有浓厚的创业文化氛围，校园外有效地开发和整合了社会各类创业资源，有同大学密切联系的科技园区和孵化器、研究联盟、风险投资机构、创业培训机构、创业者协会等，形成了一个高校、社区、企业良性互动发展的创业教

育机制。

第二节　日本创新生态系统与知识产权文化

一、日本创新生态系统

（一）建立与发展

日本于 20 世纪 80 年代在工业社会取得的显著经济成就，可归因于它通过可持续发展的方式，即技术替代受限制的生产因素，成功地将创新体系纳入其工业政策。但进入知识经济时代后，日本大企业在传统汽车、电子产品等制造业的创新优势开始减弱，而同时又未占得生物、信息技术等新兴产业的创新先机，缺少"突破性创新"成为日本国家创新体系发展的瓶颈。日本政府寻求国家创新系统的积极转型，从之前的由大企业主导的企业内研发体系转向更加强调大学和企业，尤其是强调科技型中小企业相互作用的基于网络的创新生态将是未来的新趋势。[①] 2006 年日本工业结构理事会提出了一个重大转变，从技术导向政策转向基于生态系统概念的创新导向政策。理事会强调了将生态系统作为持续创新的基础的必要性。科学技术基本计划（Government of Japan. Science and technology basic plan. Tokyo，2006）中确定的目标是"创新者日本"——通过持续的创新来实现一个充满活力的经济和有竞争力的产业。为了支持这一目标的实现，科技政策委员会在同年宣布了一项创造创新的综合战略（Tokyo：Council for Science and Technology Policy，2006），旨在提高效率和创新度。随后，经济和财政政策理事会提出了经济增长战略纲要（Tokyo：Council on Economic and Fiscal Policy，CEFP，2006），旨在实现日本的经济增长模式。CEFP 的战略包括加强全球竞争力，通过信息技术和服务业创新提高生产力，重振区域中小企业，通过结构性改革创造需求，以及为人力资源、制造业、金融、技术和管理五个基本领域改

---

① 苟尤钊，吕琳媛. 创新生态视角下中小企业问题探析——日本的启示 [J]. 科学与管理，2014，34（5）：38-45.

善基础设施。在科技管理体制上，日本建立了以集中协调为理念，由内阁和国会作为科技政策的决策机构的科技管理体系。日本于 2011 年部署了改良版的"科技政策学"项目，提出要实施重大政策转向，从技术政策转向基于生态概念的创新政策，强调将创新生态作为日本维持今后持续的创新能力的根基所在。

在日本的创新经济中，中小企业逐渐表现出新的优势，成为创新活动的主要力量。但从生态系统的视角来看，作为新生物种的创新型中小企业在日本缺乏适宜的制度环境和必需的"营养"供给，日本大企业集团所占据的资源和力量太过强盛，导致日本创新生态的某种失衡。为了激活异质性参与者之间的共同进化，日本应该将其传统的刻板机构转变为具有灵活的社会经济体系和不同参与者的多样化机构。这对于确保有效地探索和利用潜在的创新资源至关重要。① 尽管如此，日本创新生态系统仍然具有值得借鉴学习之处。其生态系统中的官产学研协同机制与日本独特的创新文化使创新生态系统可以克服新旧创新主体交替过程中的不适与创新能量交换循环中的异质排斥，发挥日本创新生态系统中调节器与连接架的作用。

（二）以官产学研协同为特征的日本创新生态系统

为了刺激 GDP 增长，日本努力从竞争对手那里学习和吸收先进的技术和系统，包括学习和吸收美国将大学和工业联系起来的举措，并在 21 世纪初强化了日本大学的作用。在约 20 年间，日本不断实施不同层次的官产学研协同创新计划，包括不同产业领域、不同区域的官产学研协同计划，致力于官产学研创新平台的建立，优化协同创新环境，提高创新效率。2016 年开始面向大学、科研机构和企业协同创新推出创新生态系统建设计划，该计划原则上需由大学等科研机构和所在地区的政府共同申报。② 通过专项建设和战略促进计划的实施，日本的官产学研协同在创新平台建设、创新共同体交融以及创新生态系统人才培养等方面发挥了重要作用，成为创新生态系统要素形成与要素间互相关联作用机制形成的基础模板，对日本创新生态系统

---

① Kayano Fukuda, Chihiro Watanabeb. Japanese and US Perspectives on the National Innovation Ecosystem [J]. Technology in Society, 2008 (30): 49 – 63.

② 孙艳艳，张红，吕志坚. 日本首都圈产学官协同创新生态系统建设研究 [J]. 情报工程，2017, 3 (5): 102 – 111.

形成的促进作用不可替代。

日本的产学研合作是由政府主导的，从而形成了官产学研的模式。1961年，日本政府颁布了《工程研究协会法》，推动了政府、大学和工业界之间的研发合作。此后，日本政府先后制定了《科学技术基本法》《大学技术转移促进法》《产业活力再生特别措施法》等一系列有利于产学研合作的法律制度。这些法律规范极大地释放了大学进行创新并实现技术成果转化的潜能，调动了科研人员的积极性，大大提高了大学科技成果的转化率。[①] 立法也为大学研究人员与企业的合作提供了法律环境，为创新生态系统的建立打下基础。通过立法设置管理机构，为中小企业和大学科研机构出资，建设创新与技术转化的平台。日本政府还通过设立综合科学技术会议、合并日本科技厅与文部省等一系列行政体制改革，建立产学研合作的行政保障体系，落实产学研合作的政策措施。同时，日本政府还推行产学官合作协调员制度，由政府出资选聘"协调员"，协调大学与企业在技术开发、技术转化过程中的问题。由于是政府选聘的人员，"协调员"比社会上一般的技术中介服务人员更让企业和大学等合作各方信任。协调员制度使企业和大学之间的合作具有一定的安全性，成功的概率也更大。这样的产学研合作推进模式对于解决日本在模仿创新中遭遇的创新力不足的问题大有裨益，可以提高其"突破性创新"的能力与产出贡献。[②] 由于日本忠于国家、忠于集体的文化传统，在这些法律和政策的推行过程中，国家以创新系统中主体的角色引导、参与创新活动，所起到的培养日本社会整体的知识产权意识和创新文化的作用显而易见。

在日本政府的推动和指导下，日本大学和企业的合作非常紧密。大学和企业合作主要采取共同研究和合作研究的方式。共同研究是指日本国立大学接受企业研究经费的资助，与企业的研究人员共同研究课题，进行技术研发。委托研究是指政府部门和企业等委托大学实施研究活动，双方权利义务基于委托合同，由委托者出经费，受委托者进行研究活动。共同研究和委托研究在许多方面存在差异，因而两者可以互补，弥补研究机制的空白。[③] 共

① 马忠法. 创新型国家建设背景下的科技成果转化法律制度研究 [M]. 上海：上海人民出版社，2013：173–175.
② 邓元慧. 日本产学研的合作推进与评估 [J]. 科技导报，2016，34（4）：81–84.
③ 马忠法. 创新型国家建设背景下的科技成果转化法律制度研究 [M]. 上海：上海人民出版社，2013：178.

同研究的实施主体是企业与大学，委托研究的实施主体则是政府与大学，两者在研究领域有差异。共同研究主要以新产品开发和应用的研究为主题，而委托开发主要以基础研究、公益项目研究为内容。这种合作给日本创新系统带来两大好处。第一，日本企业在经济泡沫破灭后，研发能力明显不足，而同时信息技术时代的到来又让日本企业必须有快速的突破性创新，单靠日本企业自身的研发能力难以应对，而与大学研究机构的并肩合作可以帮企业渡过这一难关。第二，企业与大学研究机构的深入长期合作为创新生态系统的形成提供经验与范式。企业与大学都是创新生态系统的主体要素，两者的合作正好是创新生态系统资源共享，是合作共赢特征的体现。同时，企业与大学的合作中有日本政府的参与，为政府在创新生态系统中的角色担当积累了丰富经验。

二、日本创新生态系统中的知识产权文化

（一）日本企业的创新文化

日本企业重视集体的作用，建立在儒家思想基础上的顺从、忠诚和团队主义是日本企业组织结构准则的主要特质。日本企业的经营管理者普遍认为：知识的出发点虽然在个人，但是集体的知识将超越个人的知识，深化个人的知识与集体的知识之间的相互作用，使之一体化是重要的工作内容。[①] 在日本，提高创新积极性的问题由集体而非个人解决。日本企业在新员工上岗后一段较长时间内向他们强调横向的团队合作和对企业的承诺。一个注重集体的社会比一个高度个人主义的社会更容易引领人们投身于某个共同目标。日本企业对员工进行有力的教化，而员工不仅接受企业的教化而且表示欢迎。对创新而言，对行为（积极性）的控制比对成果（取得重要进展、控制成本、良好的中期成果）的控制更为重要。[②] 在强调集体主义的社会环境下，这种模式会形成安全感和强烈的团队凝聚力，每个人都会因此尽最大

---

① ［日］常盘文克. 创新之道：日本制造业的创新文化［M］. 董旻静，译. 北京：知识产权出版社，2007：86.

② 柏林科学技术研究院. 文化 vs 技术创新［M］. 吴金希，等，译. 钟宁，樊勋，校译. 北京：知识产权出版社，2006：9－10.

努力。① 员工的忠诚与坚持使企业的创新能够持续，创新项目通常不会因为实施中途员工跳槽而夭折，在获得知识产权之前，也很少发生员工泄露技术秘密而与知识产权失之交臂。同时，因为员工较为紧密的联系，交流频繁，从而碰撞出创新的火花。又基于集体利益的统一认识，容易将方案付诸实施，产生创新成果。但集体主义也使日本公众的创新能力遭遇瓶颈。技术迭代高速发生的今天，创新已不再是单个的组织的封闭活动，创新主体与其他创新相关者的共享交流成为必要。而日本的集体主义文化限制了这种交流，局限了创新的范围。尤其是创新的范式发展为生态系统之后，要求创新资源、人才、信息在不同组织间流动，创新成为多个主体相互发生关联作用的结果，日本的集体主义文化显现出与创新生态系统环境不相融合的一面。

日本企业文化价值的一个重要特征是以消费者为导向。对日本消费者而言，产品的创新性和优质性比产品的价格更为重要。这样的消费趋向使日本企业视产品质量为第一生命，并且倾其全力对已有产品进行创新改进。日本社会达成一种共识，认为向顾客出售不完美的产品是对顾客的侮辱，那么，以顾客为导向意味着向顾客提供完美的产品，质量本身是一种伦理价值，不允许任何瑕疵。这就是顾客导向上升到文化价值的含义。在不同的企业文化背景下，与顾客的冲突会得到不同的处理。日本企业善于利用现时、现地、现物对产品和服务进行改善，对已有技术进行模仿改进，精益求精，在企业利润与改善之间保持一种平衡，从而提高公司的生产力和竞争力。②

（二）日本创新创业教育

日本跻身为创新国家的成功得益于国内创新教育。日本在 20 世纪 50 年代就先后制定了《产业教育振兴法》《理科教育振兴法》，试图通过产业教育、理科教育培养具有创新能力的人才。日本已有多位诺贝尔奖获得者，与他们在大学接受过系统的创新教育与科研训练有很大关系。日本国立大学有着高层次创新人才培养生态系统。在招生环节，注重选拔具有创新潜质的学

---

① ［日］常盘文克. 创新之道：日本制造业的创新文化 ［M］. 董旻静，译. 北京：知识产权出版社，2007：78.

② ［日］今井正明. 改善：日本企业成功的奥秘 ［M］. 周亮，战风梅，译. 北京：机械工业出版社，2010：203 - 204.

生；在人才培养环节，注重建立学科融合团队；在人才输出环节，注重创新应用的就业。① 日本的创新创业教育从中学到大学到社会具有紧密的连续性。如存在于高中与大学之间的合作研究组织——创新创业教育研究小组，这个小组的活动跨越高中、大学与毕业后。从高中开始培养学生的创业精神和能力，常有诸如商务创业大赛之类的学习与培养方式；大学生经过选拔，组成创业先锋班，学生先修完本专业课程，随后会根据社会动向来学习企业经营管理等实践类课程；学生毕业后仍常参加创业培训，并与在校学生进行交流创业经验。②

（三）日本的知识产权人才培养

日本一贯重视知识产权专门人才的培养。《日本知识产权战略大纲》中明确将培养知识产权人才和提高国民知识产权意识作为战略内容。在培养专业人才的目标中，日本政府提出三项措施：第一，在法学研究生院加强以知识财产为主的商业领域相关法律教育；第二，供给深刻理解商业的技术背景人才；第三，充实知识产权代理人等专业人才及加强其功能。③ 日本以培养高级专业人才为目标，在法学研究生院开设以知识财产法为主的与商业相关各种法律领域课程，培养擅长知识财产的实务人员，各法学研究生院通过自己的培养方案确定能发挥独特性、多样性的设置标准。一方面，高校等人才培养机构在研讨新司法考试制度时，关注社会对大量司法实务人员的需要。另一方面，实务部门举办知识财产制度的商业领域应用讲座，加强培养具有知识产权专业知识的技术经营人才。在培养方式上，大学等教育机构和产业界共同投入，特别强化技术类大学生的商务教育和法律教育，致力于培养既具有知识产权知识，又能够对知识产权进行商业转化的复合型技术人才。这种人才培养方向与模式很好适应了创新生态系统中基于创新复杂链条而生的人才需要特征，使创新成果产生与价值实现的各环节通过创造者与应用者的联结而通畅，有利于日本创新生态系统的运行。高质量知识产权人才的培养

① 黄维海，张晓可，陈娜. 日本国立大学研究生创新培养生态系统的特点与启示［J］. 中国农业教育，2021，22（4）：90-98.
② 贾建锋，赵若男，朱珠. 高校创新创业教育生态系统的构建——基于美国、英国、日本高校的多案例研究［J］. 管理案例研究与评论，2021，14（3）：309-324.
③ 杨和义. 日本知识产权法［M］. 北京：北京大学出版社，2014：533-535.

与充实为日本创新生态系统输送了创新成果的保护、转化、管理与服务者，为激励与保护创新、优化创新要素组合、实现创新相关主体和谐共进提供了人才保障。同时，知识产权人才的教育与培养强化了日本社会的知识产权意识与创新文化，为创新生态系统营造了良好的文化环境。

第三节　德国知识产权文化与创新生态系统

德国创新生态系统为"工业4.0"计划目标提供了环境与保障。围绕着企业这个创新主体和创新生态中的主角，创新生态系统的发展具有组建技术联盟、尖端集群竞争等特点。德国创新生态系统的文化基础得益于马丁·路德（Martin Luther）的宗教改革和横扫欧洲的启蒙运动，以及伊曼努尔·康德（Immanuel Kant）、黑格尔等思想家对科学方法的总结和传播，也得益于歌德、席勒等人领导的浪漫主义运动。学院文化注入创新要素的模式成为德国创新生态系统重要的文化土壤。

一、德国创新生态系统

德国的技术进步之路同其知识产权发展同样经历了后来崛起的过程。在19世纪以前，德国一直是一个四分五裂的落后农业国家，直到1871年德国统一后，工业技术开始迅速发展，一度成为世界科技的中心。即使在受到两次世界大战的重创后，德国仍然在较短时间内迅速恢复科技发展，现今已成为欧洲最强创新大国。其创新之路在近20年又经历由工业制造强国到信息技术发达国家的转变。德国政府先后出台了一系列促进创新的战略方案，确定了重点发展领域的创新政策与实施途径。德国政府在创新生态系统中的作用毋庸置疑，但其具体扮演的角色却不同于日本的直接干预型，而是通过制定、推进创新战略，通过资助科研机构以及发展"双元教育体制"间接对创新生态系统的整体发展、资金投入与创新人才培养等方面进行调控与管理。

（一）创新战略的不断推进

德国在进入21世纪以来，不断推出促进信息技术发展和高科技创新的战略计划和政策。2006 年，德国联邦政府推出《德国高科技战略》（2006 – 2009 年），2010 年 7 月正式通过了《思想·创新·增长——德国 2020 高技术战略》，对德国未来的发展部署新的战略方案。新规划挑选了气候和能源、健康和食品、交通工具、安全和通信等五大领域作为战略的核心。[①] 德国政府的高技术战略自 2006 年实施以来，已让德国成为为数不多的提前实现《欧洲 2020 战略》确立的增长目标的欧盟成员国之一。2013 年 4 月，德国推出了具有重大影响力的"德国工业 4.0 战略"，重点研究生产智能化，同时提出"促进创新网络计划"和"主题研发计划"，通过将市场企业和国家公共研究机构组合成产学研联合体，以促进技术和产业转移。[②] 2018 年，德国提出了"高技术战略 2025"，旨在解决德国如何用研究与创新塑造未来的问题，主导思想概括为"从发明家国度到创新国家：未来视角下的发展史"。[③] 以未来高科技发展为核心的创新战略目标需要德国不仅着眼于前沿科技领先发展，还重视与未来科技发展相匹配的人才与教育支持，继续营造开放的创新文化氛围，积极构建创新友好型社会。

（二）德国政府在创新投入上的主辅作为

从德国科技政策的基本原则"科学自由、科研自治、国家干预为辅以及联邦分权管理"可以看出，德国政府在创新体系中的作用是总体规划、辅助管理。除了制定并推进创新战略，德国政府在创新投入中也有所为、有所不为。作为德国政府研究和创新政策智库的德国研究和创新专家委员会自2007 年以来，每年向德国联邦政府提交一份评估报告，就完善政府研究与创新政策并制定行动措施提出科学合理建议。基于德国创新战略，参考这些科学建议，德国政府在创新生态系统中的作为理性而高效。

首先，政府进行科研创新所必需的基础设施和公共条件建设，主要为基础研究提供资金投入。联邦和各州政府主要负责资助具有重大意义的、跨地

---

① 史世伟. 开放性、专属性与信息不对称：创新合作中的市场失灵与政府作用——以德国集群政策为例 [J]. 学海，2014 (4)：64 – 72.

② 张海娜，曾刚，朱贻文. 德国创新政策及其对区域发展的影响研究 [J]. 世界地理研究，2019，28 (3)：104 – 112.

③ 德国"高科技战略 2025"内容概要. [EB/OL]. http：//de. mofcom. gov. cn/article/ztdy/201901/20190102828287. shtml [2019 – 01 – 18].

区的研究机构和计划；德国 2018 年"高技术战略 2025"中明确政府主要为人类需求领域的研究和创新活动提供资助，其中包括的"健康与护理""可持续、气候保护与能源""交通出行""城市和乡村""安全"以及"经济和工业 4.0"。

其次，政府在对应用研究经费投入与管理上扮演辅助角色。德国政府投入的支持应用型研发经费占国家研发经费总量的比例较低，研发经费主要来自企业。德国政府在提供研究和创新资金资助时往往不是直接介入，而是通过半官方或利益攸关方的组织机构来执行。这些中介机构更了解所负责的相关领域的情况，能够更好地发挥专家的作用，更有效地实现官民合作，提高政府资金的利用效率。① 在政府科技投入的管理方面，德国采用两级管理模式，政府首先以机构基金和项目基金的形式将科研经费分配到各研究机构，然后，各研究机构再依据各自的模式将科研经费分配到各研究所。基金会是国家资助主渠道的重要补充，除私人出资的基金会以外，德国还有一批以政府为主要出资方的基金会，为大学生和博士生提供奖学金，资助外国顶尖年轻科学家在德国以及德国年轻科学家到国外开展科研。欧盟研究框架计划也是德国研发活动的重要资助渠道之一，马普学会、弗劳恩霍夫协会、亥姆霍兹联合会等德国重要科研机构是政府资助的主要对象。政府对其经费配置与使用进行定期评估，并将评估结果作为国家对机构经费进行宏观调控的依据之一。②

随着创新生态系统建设的推进，德国政府也进一步加大对应用型创新的资助，尤其是帮助那些能给市场带来革命性变化、具有重大社会效益的"开拓性点子"转化为应用。2018 年，联邦内阁决定新设跨越式创新促进署，隶属联邦教研部和经济能源部，主要行使跨越式创新技术的定义与项目资助之职。在 2022 年前的启动阶段，政府将投资 1.51 亿欧元，举办 10 项创新竞赛，启动 10 个"尖端项目"，2029 年前计划总投入约 10 亿欧元。德国政府通过卓越计划和战略，促进德国大学尖端研究，通过长期资助持续加强德国科研环境建设。联邦与州计划每年投入 5.33 亿欧元用于此战略，其

① 史世伟. 从国家创新系统角度看集群的创新作用——以德国为例 [J]. 欧洲研究, 2011, 29 (6): 5, 64-83.

② 梁洪力, 王海燕. 关于德国创新系统的若干思考 [J]. 科学学与科学技术管理, 2013, 34 (6): 52-57.

中 75% 的资金来自联邦层面。① 从以上德国政府科研经费投入方向可以看到,其特点是有的放矢、集中投入,这与德国政府在创新生态系统中的角色定位是相一致的,即战略制定,宏观把控,重点干预。

(三) 德国研、学体系及产学研合作

首先,德国有层次清晰的科研体系。弗劳恩霍夫协会、亥姆霍兹研究联合会、马普学会、莱布尼茨学会是德国科研系统中最重要的 4 家大型科研机构。德国研究联合会是最重要的科研资助机构。联邦和州与这 5 家机构在 2005 年共同通过了研究与创新协定,并将机会公平、培养青年科研人员、国际合作列为研究政策性目标。政府为 5 家机构提供了相应财政保障。德国公共科研体系由四大非营利科研机构、公立科研院所、大学等构成,各机构分工有序、特色鲜明。四大科研机构的研究重点有所不同:海尔姆霍茨研究中心是德国最大的非营利性研究机构,主要负责德国战略性基础研究工作。② 马普学会主要定位于基础研究项目以及学科交叉的边缘性基础研究。德国莱布尼茨学会是一所综合学科研究机构,侧重于多学科应用型研究,并积极与大学、产业界、政府各方进行合作。弗朗霍夫协会是德国应用型技术研究的中坚力量,是联结科学研究与成果应用的桥梁,是促进德国科研成果向产业界转化的重要机构。2020 年成立的弗劳恩霍夫技术转化基金旨在促进其所属的 72 个研究所和研究机构的知识产权进行市场转化,弥补高技术在初期商业化的资金缺口,促进更多的德国乃至欧洲高技术初创企业的发展。这些机构实现了德国从基础研究与应用研究并重、技术研究与成果转化衔接的不同层次的布局,使科研体系沉稳而又具有方向性与高效能。

其次,双轨制的教育机制。德国的教育制度是其技术创新取得成功的关键。普通大学与职业学校双轨制为技术创新培养了研究与应用人才。学校教学模式中的"双元教学"使学校与企业的合作普遍化,来自学校的教师与来自企业的工程师形成了优秀的师资组合。使大学尤其是工科大学的学生能够接触到企业的生产实践,将学习的理论知识在实习环节得以应用。职业教

---

① 德国科技创新简报 (总第 29 期) [EB/OL]. https://www.fmprc.gov.cn/ce/cede/chn/kjcx/dgkjcxjb/t1783748.htm [2019 - 12 - 15].

② http://www.hammacherschlemmerinstitute.org/ [2022 - 12 - 03].

育与企业的联系更为紧密，职业教育不仅仅可以在学校开展，也可以在企业进行，可以说是将学校教育与工作实践一体化。大学老师在教学中与企业的联系也使他们的研究以商业应用为导向，避免与工业应用相脱节的无意义的研究。高校、弗劳恩霍夫研究所和企业伙伴通过签署合作协议来规定三方的权利与义务，并各自负责合作项目的相关部分。该项目的优势是让企业伙伴有可能尽早介入创新研究过程，而弗劳恩霍夫研究所的专家则向企业伙伴提供将项目成果转化为工业应用的服务。

再次，科技和产业结合的政策与措施。德国政府极其重视技术成果的转化，一方面表现在对科研成果的评价上，不以大学论文发表的数量作为科研成果评价标准，而是看科研成果的实际应用效果。另一方面表现为对科技成果转化的资助。德国政府对科技成果转化资助制定战略计划，长期对符合条件的大学进行资助。自2018年起，联邦与州在10年间为创新高校计划提供5.5亿欧元，用于支持创意与科技成果转化。其中，联邦层面承担90%的资金，其余10%由高校所在州政府承担。转化与创新是高校除了研究、教学之外的第三大任务。联邦政府希望通过这一计划帮助高校在成果转化中获利，增强其在地区创新系统中的战略作用。第一轮评选共有48所高校在2018年初获得资助，其中不仅有理工科院校，也有一所师范学校、一所行政大学和一所艺术音乐学院，它们将在未来几年间扩大自身与经济界、文化界、社会的合作。德国政府对科技成果转化应用的资助还通过民间科学自治组织来实施。德国科学基金会是资助产学研项目的重要组织，其经费绝大部分来源于联邦政府与州政府，该组织资助符合申请条件的科研与成果转化项目，其下有不同的资助项目，同时还与弗劳恩霍夫应用研究促进会联合共同资助由产学研三方共同参与的合作项目，将前期已获德国科学基金会资助的高校基础研究成果转化成工业应用。德国科学基金会和弗劳恩霍夫应用研究促进会将各自发挥其高校基础研究以及与企业关系紧密的特长，联合用户单位或工业界，加速科研成果的转化。双方的合作模式是：在德国科学基金会资助大学科研项目成果的基础上，由其物色合适的用户单位或感兴趣的工业伙伴，共同设立三方合作项目，通过合作协议确定各方权利与义务，申请参与合作的工业伙伴必须在相关领域具有一定的知名度，并对三方合作项目有一定的贡献。三方合作项目由弗劳恩霍夫应用研究促进会牵头，参与的高校按固定比例分享成果转换收益。①

最后，创新服务组织的桥梁作用。德国非常重视创新集群的构建，科技中介组织发挥了创新集群的桥梁组织作用，对于激活技术扩散与创新活动的贡献突出。德国的中介机构种类众多，业务范围覆盖较广，主要包括对政府资助的科技项目的立项进行评估和监督管理、为企业的创立和发展提供信息咨询和职业培训服务，以及从知识和技术的供给方向需求方进行技术转移等。德国商会、协会主要为中小企业提供如下服务：一是充当企业和政府沟通的桥梁；二是帮助政府有效地解决中小企业融资中信息不对称的问题；三是对中小企业进行高级管理人员进修、职业资格教育和专业技能等职业培训；四是为企业的创立和发展提供政策咨询和经济、金融、科技、管理、出口、专利申请以及新产品市场规划等信息咨询服务。② 史太白基金会是德国著名的技术转移中心之一，完全采用市场化运作模式，由私人出资。已在国际国内有多个分支机构，提供技术咨询、研发人员培训、企业运营管理等服务，对接大学与企业，为大学、科研机构的发明专利、技术成果找到适合的企业进行技术成果转化与应用。20 世纪 60 年代成立的弗劳恩霍夫协会拥有遍及德国各地的 80 多个研究机构，是欧洲最大的应用研究联合体，具有半官方、半企业背景，致力于应用研究领域的技术开发，为中小企业及政府部门提供合同式的科研服务。它是一般性研究基础设施（科学院、大学）和企业研发之间重要的制度化桥梁。

二、德国良好的知识产权文化生态

（一）多元的知识产权侵权共治体系

德国有着完备的多层次的知识产权立法体系，实行严格的知识产权保护制度。德国立法不仅对智力创造成果进行保护，而且非常重视对与知识产权有关的市场竞争秩序的保护，德国将反不正当竞争法纳入私法体系内调整与

---

① 德国科技创新简报（总第 29 期）［EB/OL］. https：//www. fmprc. gov. cn/ce/cede/chn/kjcx/dgkjcxjb/t1783748. htm ［2019－12－15］.

② 梁洪力，王海燕. 关于德国创新系统的若干思考［J］. 科学学与科学技术管理，2013，34（6）：52－57.

知识产权有关的市场竞争行为正是德国对知识产权强保护在立法体系上的体现。由于知识产权市场竞争规则的长期确立与实践，德国国内企业通常具备较强的知识产权保护意识与公平有序的知识产权市场竞争意识，企业明确并且自觉遵守知识产权权利及市场利益边界，对于专利侵权与仿冒产品等行为十分排斥，这成为德国国内企业之间的侵权案件相对较少的原因之一。

德国有全面的知识产权司法诉讼及其他替代性纠纷解决机制，尽管德国知识产权诉讼体系完整且高效，但大部分的知识产权侵权纠纷还是通过调解、仲裁等非诉讼方式得到解决。与法院诉讼相比，仲裁和调解具有明显的经济性和时效性优势，节省了大量的司法成本和行政资源。德国严格的展会维权方式使权利人能够及时制止侵权行为，从警告信、临时禁令、起诉和判决，到海关扣押以及刑事调查是德国制止展会知识产权侵权可能启动的系列法律程序。尤其是法院发布的临时禁令直接高效，使侵权者不寒而栗。只要法院感到侵权的可能性超过50%，那么就会按照申请人的请求颁发诉前禁令。法院裁决时一般是不经庭审直接裁决，被申请人因而没有机会在颁发诉前禁令之前做庭审答辩。① 这种维权方式在德国展会中应用非常广泛，其特点是成本低、见效快。

此外，德国知识产权自治组织，如德国音乐作品演出权与机械复制权协会、德国电影版权协会等，都是非营利组织，都会向会员提供培训、咨询等各类服务，代表会员权利人维权，发出诉前警告、申请禁令，乃至进行诉讼、仲裁等维权行为。社会自治组织在知识产权维权中的成果，对德国民众形成普遍的尊重知识产权意识，摒弃知识产权侵权的价值观塑造具有积极的彰示效果。发达的社会自治组织、便捷的司法诉讼和替代性纠纷解决途径、严格的维权方式，形成打击侵权假冒社会共治体系。②

德国数百年来积累的人文环境较好，国民普遍受教育程度较高，对知识产权法律制度的理解能力较强，对他人智力创造成果的尊重意识较强，也使知识产权文化比较容易地渗入德国社会文化，成为德国公民自觉的追求，使德国具有良好的知识产权文化生态环境。

---

① 德国展会知识产权纠纷常见法律程序及应对［EB/OL］. http：//ipr. mofcom. gov. cn/zhuanti/expo/tf_Ger_02. html［2022 - 12 - 15］.

② 刘涛. 从 YouTube 版权纠纷案看德国打击侵权假冒社会共治体系及启示［J］. 中国检察官，2020（16）：77 - 80.

（二）执着的创新文化

德国的学院文化在百年来德国文化发展中占有重要地位，对于德国创新系统中所需要的创新精神的培养起到重要作用。德国的学院文化注重独立思考、学术自由的精神，培养大批专注于学术研究和技术开发的人才。在德国实施创新战略后，严谨治学的传统加上扎实的专业基础、批判性的思维使德国的大学很容易具备适应情势需求的科研创新能力。科研成果的产生只是技术创新过程的一个阶段，实现创新效能还取决于能否顺利将技术成果转化。在精神层面，"工匠精神"发挥了支持作用。工匠精神是在传统工匠技艺传承中产生的对工艺追求精湛、对质量追求完美、对集体热爱奉献的精神。德国人严谨细致、精益求精的工作态度使其将稳健优质放在第一位，看似牺牲效率的节奏实际上却使产品更加优良而给德国企业带来了市场与竞争力。德国的企业家奉行技术工艺和产品品质至上，至于利润，是排在后位的事。对工匠精神的推崇还让德国极其重视职业教育和知识技艺的传承。尽管当今德国已经少见传统的学徒模式，但在创新系统中，对技术的孜孜追求，对质量的严苛把关，仍然是德国企业、政府、大学及科研机构等创新系统参与者共同的理念。工匠精神成为德国创新生态系统中独特而和谐的文化符号。

德国在研发与实施创新中以创新团队的严谨、执着为精神特质，但也重视对个人创新热情的激发。如"好奇心研究者奖"的设置，旨在奖励那些开展研究、富有奇思妙想、做出过卓越的原创性贡献且其创新成果能推动德国经济可持续发展的杰出青年科研人员。

（三）成功的人才培养机制

德国创新系统同样离不开创新人才。德国的成功经验来自其教育目标和教育体系。德国教育的基本目标是帮助每个人充分开发他的技能和能力，并确定他们在社会中的方向，这种个人主义传统构成了德国教育体系的主干。德国的教育体系十分完备，大体可以分为四大类：基础教育、职业教育、高等教育和进修教育。对德国创新人才培养具有重要意义的是后三类。

大学人才培养目标的区分，使德国人才培养的路径得以明确。学术研究与技术应用的两个方向，促使大批青年人直接投身于适合自己的科学研究和技术创新职业生涯。可以说，德国国家对创新人才的培养路径是与个人职业发展规划相一致的，这使得从事科学研究和技术创新的人员能够有环境、有条件从一而终，科研的精神又与德国民族的"执着"性格相契合，有利于科研工作的持续和创新成果的产生。

德国专门的知识产权人才培养分为本科阶段法科大学生的培养与硕士阶段高层次知识产权人才的培养。法科大学培养知识产权人才的特别方式是以知识产权研究所为培养单位，如德国慕尼黑大学以工业产权与著作权法研究所为培养知识产权人才的单位，且与"马普所"连接，"马普所"的研究员同时作为慕尼黑大学的教授，执教于研究所。德国高校知识产权法课程授课方式主要为讲授课和专题研讨课。德国大学教育中联合聘用的方式对于科学研究和创新非常重要。它以特殊的方式，将大学与校外研究机构合作共赢和协同发展变为可能。① 慕尼黑知识产权法研究中心培养高层次知识产权人才，其在课程设置方面有两大特点：一是课堂教学与实务教学并重。课堂教学采用多样化教学模式，着重加强学生逻辑思维能力和表达能力。例如通过模拟法庭、辩论赛、专题讲座汇报以及小组讨论等方式深化对理论知识的理解，同时训练法律运用能力；实务教学与课堂教学在学时分配与学分构成上同等重要，形式上有律所实务教学、法院实务教学以及知识产权中介机构实务教学，涵盖知识产权许可、诉讼、代理、谈判、授权、评估、管理等全部领域。二是知识产权课堂教学精细化。课堂教学时间只安排一年，只集中学习知识产权相关知识，有别于我国在知识产权硕士生的授课中仍有法理学、民法学等基础课程的学习。在必修课程中针对传统知识产权理论（版权、专利权、商标权）进行详细讲解，同时对知识产权转化进行教授，包括从知识产权申请、许可、代理到转化、运用等相关环节知识与操作的学习。②

职业教育在德国教育体系中占有重要地位。在德国，社会技能比技术技能更受重视，职业培训与普通教育具有同样的地位，职业培训的双轨制是德国职业培训的典型特征。学生在职业学校里接受专业知识和文化知识教育，同时在与学校对接的企业里接受相关的技能培训。这种半工半学的方式让学生尽早地接触工作实践，提高了学生的动手能力，也培养了德国工人爱岗敬

---

① 石凌子. 德国大学与校外科研机构联合聘用模式探析 [J]. 中国大学教学，2020（10）：92 - 96.

② 邱洪华，赵明亮. 德国慕尼黑知识产权法中心硕士课程体系及其启示 [J]. 石家庄学院学报，2020，22（5）：49 - 54，107.

业、严谨求实的职业精神。从任何一所学校的初中或高中毕业后就可以开始学徒生涯。德国工业的竞争力归因于德国产品的高质量，产品的高质量又归因于学徒系统提供优秀的职业培训。① 德国的继续教育在某种程度上也是国家的职责。国家资助公共机构以及由全国手工业协会和商会举办的培训，目标是对商业和工业从业者进行技术和管理方面的培训，在他们的岗位专业领域里对他们进行再教育，大部分继续教育是由企业资助的。除了内部培训，德国还存在一些不同形式的教育协作，许多非营利机构为感兴趣的企业提供课程。大企业则建立一种机构（管理学校），为它们的雇员和非会员企业提供继续教育。②

德国知识产权文化的良好生态为创新生态系统提供了良好的文化土壤。严密完整的知识产权保护机制，严格有力的知识产权社会共治体系，普遍自觉的知识产权公众意识，严谨执着的创新精神，多层次的知识产权人才与创新人才培养方式，这些文化因素共同使德国创新生态系统具备协同、合作、优质、高效的价值观基础与行为指南，也使创新生态系统的人才供给源源不断，且具有对技术更迭、创新应用极强的适应力。德国创新生态系统呈现的是与其精神特质相一致的稳健、求实、精益等特征。德国创新力一直稳居世界排名前列，德国产品在全球的竞争力也体现了其创新生态系统的竞争力。

第四节 总结与启示

美国、日本、德国均为创新型国家，在创新生态系统的建设上有诸多相同点，如都以创新战略推进作为创新生态系统建设进程的总动力。三国政府都积极制定并实施创新战略，这个过程中，知识产权战略的制定与实施几乎是以并行的状态同步于创新战略。这三个创新型国家都重视知识产权与创新的密切联系，在成为创新大国的同时无一例外也是知识产权大国。知识产权保护对创新的正向促进作用，对创新生态系统建立健康发展的保障功能是

---

① 方阳春，黄太钢，薛希鹏，李帮彬. 国际创新型企业科技人才系统培养经验借鉴——基于美国、德国、韩国的研究［J］. 科研管理，2013，34（1）：230－235.

② 柏林科学技术研究院. 文化 vs 技术创新［M］. 吴金希，等，译. 钟宁，樊勋，校译. 北京：知识产权出版社，2006：288－290.

三国在战略与创新实践中的共识。中国、美国、德国、日本四国专利情况可以一定程度地反映其知识产权实力（见表4-1），专利数量也是创新型国家重视知识产权的一个证明。

表4-1　中国、美国、德国、日本四国专利申请情况（2018~2021年）

项目			中国	美国	德国	日本
居民专利申请量（件）	2018年	数量	1 393 815	285 095	73 333	253 630
		世界排名	1	2	5	3
	2019年	数量	1 243 568	285 113	73 448	245 372
		世界排名	1	2	5	3
	2020年	数量	1 344 817	269 586	68 214	227 348
		世界排名	1	2	5	3
	2021年	数量	1 426 644	262 244	65 757	222 452
		世界排名	1	2	5	3
居民专利授权量（件）	2018年	数量	345 959	144 413	31 583	152 440
		世界排名	1	3	5	2
	2019年	数量	360 919	167 115	32 959	140 865
		世界排名	1	2	5	3
	2020年	数量	440 691	164 562	31 139	140 329
		世界排名	1	2	5	3
	2021年	数量	584 891	149 538	29 347	141 853
		世界排名	1	2	5	3
居民专利合作条约申请量（件）	2018年	数量	53 463	56 160	19 758	49 704
		世界排名	2	1	4	3
	2019年	数量	59 187	57 443	19 346	52 702
		世界排名	1	2	4	3
	2020年	数量	68 934	58 431	18 491	50 582
		世界排名	1	2	4	3
	2021年	数量	69 582	59 406	17 268	50 276
		世界排名	1	2	5	3

资料来源：世界知识产权组织网站（https://www.wipo.int/ipstats/zh/statistics/country_profile/〔2023-03-06〕）。

一、美国、德国、日本的知识产权强保护

（一）重视知识产权权属制度

知识产权权属确定是激励创新的前提，权属的正当边界与利益合理分配是最大限度激发各方相关利益主体创新能动性的保证。既激励技术研究人员的创新热情，又有利于技术成果转化是美国、德国、日本三国的知识产权权属制度追求的两个具体目标。以职务发明的权属制度为例，虽然在立法上三国的具体规定有差异，但都从本国的私权文化传统出发，充分考虑创新经济的需要，不断进行完善，共同的特点是"归属制度重雇主原则"与"奖酬制度重雇员原则"。美国立法上规定职务发明的财产权利首先归于发明人，但其《发明法案》中同时对雇员将发明义务让渡给雇主的情形作出规定，明显有利于雇主。美国判例规则认为，雇员完成工作任务的职务发明专利权归雇主。在雇主提供物质技术条件下的非研发雇员的发明，则专利权归属雇员，雇主享有免费普通实施许可；德国的《雇员发明法》规定，雇员发明在双方没有约定情形下，推定权利人为雇主；而日本也将持续了将近一个世纪的职务发明原始归属于创造发明者的原则修改为"尊重企业同雇员间对专利权归属的合同约定"，这样实际上倾向于使职务发明的专利权从产生之始即归企业所有。① 专利权属上重雇主原则对于专利的顺利转化、提高商业应用效能具有积极意义。而与此同时，美国、德国、日本三国的发明法律制度也平衡了技术研发者的利益，规定了有利于雇员的发明奖酬制度，由市场决定对职务发明雇员的额外报酬的多少与给付形式，但法院有权认定显失公平的报酬协议无效。法律干预额外报酬具有一定的正当性理由在于，既然专利权是法定权利，企业通过新技术垄断所获得的"知识产权租金"是依靠政府公权力对自由模仿的强行限制而获得的，那么法律有理由通过干预知识产权租金的分配来保证其政策初衷的实现。②

---

① 俞风雷. 日本职务发明的贡献度问题研究［J］. 知识产权，2015（6）：94 - 98.
② 和育东. 美、德职务发明制度中的"厚雇主主义"趋势及其借鉴［J］. 知识产权，2015（11）：115 - 121.

（二）重视知识产权转化制度

知识产权的转化是创新成果价值实现的关键环节，除以立法确定对于职务发明专利申请权归属企业的方式以促进知识产权的转化外，美国、德国、日本三国都通过制定促进知识产权转化以及运用的配套性制度政策来提升创新成果的转化效率。美国的拜杜法案被称为最能促进大学技术成果转化的法律，它让美国大学科技成果转化率大大提高。除此之外，《联邦技术转移法》《技术转让商业化法案》等构成美国技术转化法律体系。德国并无专门的技术转移促进法，对技术转化的立法规定散见于知识产权相关法律规范中，且德国以各种具体政策的制定和实施来促进中小企业的技术创新与转化、强化产学研的合作。相比德国，日本制定了数量相对较多的促进技术转化的法律，《促进大学等技术研究成果向民间经营者转移法》（2011 年修订）、《制造品基础技术振兴基本法》《重整产业活力和革新产业活动的特别措施法》《加强产业技术能力法》等法律对于推进企业和大学、高校的合作，培养人才、促进大学的技术成果向民间经营者转移、加强产业技术能力都起到重要作用。

（三）加强对侵权行为的制止与打击

美国、德国、日本三国对知识产权侵权行为都实行零容忍制度。美国是实行知识产权惩罚性赔偿制度的先行国家，德国虽然未建立惩罚性赔偿制度，但通过合理许可费、诉前侵权警告和公诉制度等很好地实现了全面赔偿。[①] 日本没有明确的知识产权惩罚性赔偿制度，但建立了知识产权诉前禁令制度，明确侵权民事赔偿数额的计算，并规定严重侵犯知识产权的行为、欺诈获得知识产权的行为需承担刑事责任。值得注意的是，日本著作权法中将侵犯作者、表演者人格权的行为，逃避技术保护措施的行为，假冒作者署名的行为都规定为可能构成刑事犯罪的行为。[②] 日本立法对知识产权侵权行为的追责严厉程度可见一斑。知识产权的严格保护使美国、德国、日本三国

---

① 胡海容，石冰琪. 德国知识产权侵权救济对惩罚性赔偿的扬弃分析 [J]. 重庆理工大学学报（社会科学版），2021，35（4）：139 – 146.

② 日本知识产权法 [M]. 杨和义，译. 北京：北京大学出版社，2014：82 – 83.

形成了良好的公众知识产权保护意识，法律的长期践行使尊重他人知识产权内化为公民的自觉行为，公众对知识产权侵权深以为耻。这反倒使社会打击侵权的成本降低，同时更有利于创新生态系统和谐关系的维持与发展。

二、优质的知识产权教育

（一）多层次的知识产权教育阶段

美国、德国、日本三国的知识产权人才培养都不限于大学教育，从中小学的知识产权教育课程到大学、研究生阶段的知识产权专业学习，再到就业后的知识产权职业培训，知识产权教育几乎成为一种终身教育。当然，不同阶段的知识产权教育特征与目标不同。中小学的知识产权教育重在启蒙培养知识产权保护意识，并引导青少年创新精神的培养。大学知识产权教育分为通识化教育与精英化教育，其中，通识化知识产权课程面向法科学生与部分工科学生，是一种入门教育，目标是使法科学生与工科学生具有基本的知识产权知识，并在入门学习后决定是否有兴趣、有能力成为知识产权专业人才而继续接受知识产权精英教育，成为知识产权高层次人才。美国、德国、日本三国都很重视与知识产权相关的职业教育，有政府组织的知识产权职业深造，有企业内部开展的知识产权培训，还有行业协会等举办的知识产权继续教育课程。多形式的知识产权职业教育提升了美国、德国、日本三国社会整体的知识产权运用能力，促进了知识产权的运用与转化。

（二）系统化、全方位的实践育人培养模式

在知识产权课程设置与人才培养模式上，美国、德国、日本三国都重视实践教学，知识产权课程的授课教授有相当比例是来自从事知识产权实务的兼职教授，课程设置上，实践课程的学分往往占到总修学分的一半，即使是课堂教学，也有案例教学、讨论等培养应用能力的环节。高校非常重视创新创业教育的实践，注重应用导向和产学研结合。以培养复合型人才为目标，致力于工科与知识产权法学学科教育的融合、教学与科研的结合、课堂与职业教育的结合，着重培养学生创新思维与应用能力。

三、美国、德国、日本三国知识产权文化对创新生态系统的影响效果

美国、德国、日本三国在文化上的差异是显而易见的。美国文化的精髓被称为"不屈不挠的个人主义",教育的目标为最全面地提高和开发学生的才智和能力,一再强调增强学生的自信心,发展学生的个性创造力,以及使学生获得应对各种任务的能力。同时教育学生要包容他人的不足,"没有一个人是完美的"。创新活动中,个体和组织目标往往不一致,美国企业员工的流动性非常强,美国企业对雇员行动的自由度较高。而在德国,教育注重精英化,且目标分层很明确,执着是创新取得成功的一个决定性因素,它根植于德国理性主义文化。创新行为被认为是可管理的,与美国不同,冒险主义在德国不可能被完全发挥。在以集体主义为文化最大特征的日本,美国式的个人主义与冒险精神不被社会接受,创新的动力来自对国家、企业、集体利益的贡献,创新活动以集体创新团队名义进行,在团队中,个体是以工作小组的形式一起工作的,因此个体在集体中的创新贡献不易辨别。在政府发挥的作用中,日本政府扮演了管理人的角色,

美国、德国、日本三国的文化差异及由此在创新教育、创新组织上的不同从效果层面上并未影响到其创新生态系统的建立,无论是美国的个人主义,还是德国的执着精神,或是日本的集体主义,都在各自国家的文化体系中发挥了促进创新的作用,并使各自创新生态系统中各主体间协同共进关系具备共同的价值观基础。我们认为产生这种结果有两个原因。

一是文化对创新生态的适应性。一个国家创新生态系统需要的文化一定是以这个国家固有文化为基础的,对于创新主体来说,创新的个性不能脱离其社会环境而独立存在,而是深深扎根于个人的社会定位和行为方式中的。因此,个人的创新个性和社会是一个统一体。只有固有文化,才可以将创新生态系统中各创新主体与创新要素间形成统一的思想意识基础,才能够克服外来的排异现象。一个社会的固有文化对创新生态系统起到了一定的价值观标准与行为准则的基础作用,所以,与创新生态系统相适应的文化恰恰不是"舶来"的新文化,而是与创新生态系统所在国家或区域相一致的传统文化。那么,固守传统文化会不会阻碍创新呢?如美国的极端个人主义会影响

创新的合作而致使创新完成的效能减少，如日本的集体主义会忽略个人的创造力与创新贡献的差别而影响创新热情。德国人的执着也会给创新协同合作带来负面影响。

各国创新生态系统如何克服传统文化的不利影响呢？这就是第二个原因，即知识产权文化对创新生态系统作用的共通性。我们认为，知识产权文化弥补了传统文化中的这些不利因素。一国的知识产权与其传统文化有着千丝万缕的关系，但包含了知识产权制度、知识产权教育、知识产权意识与创新精神的知识产权文化具有在传统文化基础上与时俱进的先进特质。美国、德国、日本三国都根据创新系统的发展需要不断完善自己的知识产权法律制度，使本国知识产权法律制度能够发挥确定创新主体间利益关系、调整创新成果收益分配，从而激励创新的功能。优质的知识产权教育为美国、德国、日本三国创新生态系统培养创新人才以及将创新成果转化运用的知识产权人才。从创新过程来看，创新行为是创新生态系统的"主线"，但从创新机制上来讲，确定创新成果法律权益的知识产权才是创新行为、创新主体关系与创新成果利益分配的联结点。知识产权文化中的知识产权意识与创新精神与美国、德国、日本三国中的传统文化也并不相悖，个人主义与集体主义的差别在对知识与创新的认知上只表现为知识创造与技术创新途径上的不同，并无文化意识上的本质差别，可以说殊途同归。

四、对我国的启示

关于中国传统文化对知识产权文化的影响，学者们认为"传统文化心态和思维模式就是一个重要的障碍性因素"。[①] 但通过知识产权制度的建立与践行，知识产权教育的普及与深化，知识产权意识与创新精神的宣传与提倡，知识产权文化完全可以按符合我国创新生态发展需要的路径发展。从美国、德国、日本知识产权文化的形成过程及其在创新生态系统中的作用表现来看，一国的知识产权文化完全可以对传统文化中的利弊部分进行选择扬弃。任何一个国家的传统文化都不可能是完全有利于创新生态系统发展的，关键是如何整理与重构，让其合理部分发挥文化土壤作用。知识产权文化的

[①] 吴汉东.知识产权精要［M］.北京：法律出版社，2017：116.

核心理念可以成为传统文化在创新生态系统要求下发扬或改造的方向。如传统伦理中的"仁、义、礼、智、信"与知识产权文化要求中的"诚信守法"相契合，也呼应了创新生态系统关于合作协同关系的基本要求。而传统文化中已有的崇尚创新的闪光点虽然非传统文化的核心内容，但我们可以扩大挖掘，赋予其在创新生态系统中的重要思想地位。尊重知识、尊师重教是我国传统文化已有的认识，在创新生态系统发展的需要中，只需要将这些认识内化为人们的权利意识，即知识产权意识。随着我国知识产权制度的建立与完善、国家知识产权战略的实施，传统文化中的这些合理部分已成为知识产权文化在我国普遍形成并发挥作用的意识来源。对于传统文化中"因循守旧、小富即安"的行为方式，与创新行为相悖，可以对其进行改造，以知识产权带来的市场经济利益为驱动对传统行为方式进行影响和转变。总而言之，通过观察美国、德国、日本等国家创新生态系统中文化的作用轨迹，可以对我国创新生态系统建立发展需要的文化因子充满信心，也对知识产权文化发展路径及其对我国创新生态系统的作用机制有相当启发。

在明确了创新生态系统中的基本文化进路之后，借鉴美国、德国、日本具体的知识产权文化建设措施则有了具体目标与方法。美国、德国、日本三国都极其重视知识产权法律制度建设，强化知识产权保护。近年来，我国知识产权法律制度已全面修改，知识产权惩罚性赔偿制度已全面建立。从已产生的社会效果来看，制止、打击了知识产权侵权行为，增强了公众知识产权保护意识，也一定程度地激励了创新行为。知识产权制度在社会生活中产生思想意识、精神理念彻底转变的影响只是时间问题。教育会使思想观念由内及外自发转变。知识产权教育也是我国知识产权战略内容，我国已经分批开展中小学知识产权教育活动，加大知识产权专业人才培养，但具体如何将教学与实践相结合，仍有必要探索完善。美国、德国、日本在知识产权教育中以激发学生的创造力、培养学生知识应用能力为目标的做法很值得我国学习。在创新生态系统中，政府的角色定位问题在美国、德国、日本三国有所不同，美国政府的宏观管理人角色、德国政府的辅助人角色、日本政府的主导者角色都产生了与本国创新体系相一致的效果。可见，政府在创新生态系统中的角色承担并无统一模式，而是由一国文化传统与创新机制决定的。从文化传统来看，我国与日本更为接近，都有强调国家、集体利益高于个人利益的文化传统。日本进行技术追赶、成为创新型国家的过程亦与我国现阶段科技强国的战略实施有一定相似性。因此，日本政府在创新生态系统中的主导作用更值得我国借鉴。尤其是在我国处于知识产权文化建设阶段，在普遍的知识产权文化尚未建立之前，在对创新行为的激励、对创新成果的保护等都还没有成为公众自觉行为之前，政府的全面主导是创新生态系统正常运行的保障。

第五章

区域创新生态系统下的知识产权文化

第一节　知识产权文化对区域创新生态系统的影响分析

一、知识产权文化对区域创新生态系统的作用机理

区域创新生态系统根植于特定地区，是地区内多主体要进行交互性创新的有机功能体，是各种因创新活动而联结的主体间交互关系作用的系统。与传统的区域创新发展系统相比，区域创新生态系统更加强调关系交互的广度、关系互动的深度、关系互动的密度。[①] 区域内各主体相互关联的范围更广，相互合作竞争、共生共进的关系更为复杂，相互间活动也更为频繁，创新要素间依赖、流动、共享的关系也与创新主体的活动步调相一致，更为活跃。区域创新生态系统生成的内在依据是创新群落与创新环境间的关系，根本动力是人与人之间的社会关系，关系在区域创新生态系统中的作用尤为重要，而机制是指构成事物系统的各个部分以及各部分之间的相互关系和运行方式。因此，机制的建构是区域创新生态系统内各部分相互关系与运行的外化形式，为区域创新生态系统的实现提供了条件与基础。美国硅谷成为世界最成功的区域创新生态系统，根本原因在于其成功实现了各要素之间的组合与融合互补。

---

① 丁容余，等. 创新力场：江苏创新生态系统的提升之道 [M]. 南京：江苏人民出版社，2018：136.

有学者把区域创新生态系统的本质解释为雨林生态系统。① 根据现有的研究，区域创新生态系统的构成可以概括为两个方面，一个是区域创新生态系统生成的必要基础，可以称之为"硬件"，创新群落和创新环境、创新要素间的流动存在于两者之间；另一个是使区域创新生态系统得以存活、可持续发展的"软件"，即能够激发人们去进行创新的文化，主要包括多样化、超理性动机、社会规则、社会关系网络和反馈机制等。这些要素以正确的方式组合即可生成区域创新生态系统，那么这种组合方式就应该是"热带雨林"式的创新群落与创新环境的共生进化的关系中，创新媒介作为"流动的链接"对区域创新生态系统的生成起着至关重要的作用，共同构成区域创新生态系统生成的内在依据交流，是区域创新生态系统生成的内生动力。

文化对于区域创新生态系统的重要意义来源于区域文化与区域经济发展的共通性：一方面，一个地区的文化发生与历史传承，积淀成一种有异于他区的特色文化，该区域的文化就具有了地方性。一个地区的经济发展和经济类型有别于他区，也同样具有了地方性。② 在传统经济发展模式中，地域文化在生产交易模式与习惯、消费心理与偏好等方面影响地区产业结构与经济特色。在创新生态经济中，文化则是通过对创新行为的激励与对创新关系的调和，进而影响创新效能，最终产生对经济的作用力。研究表明，文化、经济、创新是三个具有内生关系的范畴。区域创新发展水平与区域人均 GDP 总体呈现正相关关系，③ 区域创新生态系统的终极目标仍然是经济发展，区域创新能力本身就是指一个区域在一定发展环境和条件下，从事科学发现、技术发明并将创新成果商业化和获取经济回报的能力。④ 文化对于创新生态系统的直接意义在于，促进区域内创新活动，鼓励区域内企业充分利用地域范围内的社会关系、规范、价值和交互作用等来形成特殊形式的资本（社会资本）以增强区域创新能力和竞争优势，终极意义是对经济发展的影响作用。文化作用于创新生态系统是直接显性的，成为区域创新生态系统的要素之一。正如有学者认为的，区域创新共性要素包括人才、文化、技术标准，其中区域性文化具有区域依赖性，难以流动，离开了一定区域，文化要

---

① 张敏，段进军. 区域创新生态系统：生成的合理性逻辑与实现路径［J］. 管理现代化，2018，38（1）：36–38.

② 陈锋. 区域文化史与区域经济史的研究理路［J］. 湖南社会科学，2020（1）：110–116.

③④ 穆荣平. 中国区域创新发展报告［M］. 北京：科学出版社，2019：27，42.

素将不复存在。①

区域创新生态系统的发展和优化对区域空间要素、区域内外协调、区域创新媒介与交流以及区域内创新动力内化机制都有着不同于国家创新生态系统的要求和特征。区域创新生态系统的空间要素是指对区域创新生态系统起到区别作用的要素，即因这些要素及其组合方式的不同而构成了不同的区域创新生态系统，包括区域经济发展特色与产业特征、区域发展政策环境、区域创新资源构成、区域创新相关主体关系、区域文化环境。基于区域经济发展特征而制定的区域发展政策是区域创新生态系统运行发展的政策依据，其中，知识产权发展战略与知识产权发展规划是重要的区域发展政策。区域资源的吸收与利用、创新主体创新能动性的发挥，相关主体协同关系的形成，都与区域政策、制度、文化环境密切相关。基于前文对知识产权文化与创新生态系统内生逻辑关系的结论，知识产权文化在区域创新生态系统中的作用可以概括为：助力区域创新生态系统中外来资源的区域本土内化，为区域创新发展命运共同体的建立提供价值观和精神基础，激励以促进区域发展为目标的创新行为和创新成果的交流与共享。

二、知识产权文化促进创新生态区域内生和外生协调发展

对于任何一个创新区域而言，都要进行区域内发展与区域外连接，任何区域创新生态系统都无法自我孤立存在。在与创新有关的制度、政策的实施方面，区域创新生态系统通常要遵从国家统一的法律制度，但区域内在法律制度的执行与政策实施方面有一定的基于地域经济、文化特征而形成的空间。知识产权文化包含的制度、政策、观念意识充分体现了区域创新生态系统内外的连接点与差异点。国家统一的知识产权法律制度为区域创新生态系统建立与外部区域共同的创新法律行为准则、创新法律利益归属制度，是区域创新生态系统与外部制度体系的联结。而不同区域创新生态系统又由于知识产权观念意识的差别，产生不同知识产权政策及执行力度，成为区域创新生态系统的区别特征。创新绩效影响地区知识产权文化的形成，反过来，文

---

① 吴金希．创新生态体系的内涵、特征及其政策含义［J］．科学学研究，2014，32（1）：44 - 51，91．

化又促进创新绩效。从地区生态系统的建立与成熟度来看，创新与知识产权文化呈正向促进关系。① 创新生态系统的区域性层次与知识产权文化的地域性特征相生相促。知识产权文化不仅促成了创新生态系统内外制度政策上的连接，而且对于区域内外信息、人才、资金等资源的整合共享也有积极意义。知识产权文化中倡导的尊重、共享、开放、创新、诚信理念使区域创新生态系统与外部创新区域的交流合作更为顺畅，也增强创新生态系统吸收区域资源能力，实现区域内外人才互通、资源共享、互融互生。

三、知识产权文化助力区域创新生态系统形成创新关系链

创新链仍然是区域创新生态系统最重要关系链，无论是创新产业链还是创新服务链，协同创新对区域内创新生态具有重要意义，但实现起来比企业创新生态系统要难。区域协同创新的主体具有异质性，来自不同企业与研究机构的创新主体有各自的创新想法与方式，要形成协同融合，需要有连接介质。知识产权观念文化与制度文化会使异质的创新主体以及相关主体产生彼此认同的创新价值观乃至创新行为方式，形成强大的磁场效应，从而愿意沟通合作。区域创新生态系统中，区域政府与自治型组织对于发挥知识产权文化的连接作用都可以有所作为。如通过区域知识产权战略的实施，建立知识产权信息平台、举办创新大赛、举办知识产权讲座等方式激励、启发、引导创新组织交流互通，形成区域社会的创新认同，降低创新交易成本，使得拥有不同资源的创新主体形成利益共同体。

尽管产学研只是区域创新生态系统关系链条的其中一环，但其对创新链、产业链、成果转化链的形成都有关系。产学研链条的形成与良好循环当然需要区域相关政策、平台的支持，但不可忽视的是文化认知要素。来自不同工作组织或学科领域、采取不同工作方式的人群须有共同的信念与行为逻辑，才能增进互信沟通，建立良好合作创新网络。文化认知要素对产学嵌入性关系起到正向作用，对组织间合作关系的发展有重要影响。② 知识产权的

---

① 赵程程. 区域创新生态系统适宜度评价及比较研究：上海、北京和深圳［M］. 上海：同济大学出版社，2017.

② 王凯，徐军伟，林上洪. 区域制度环境对产学嵌入性关系的实证研究［J］. 宁波大学学报（教育科学版），2019，41（6）：72–77.

获得与利益分配是产学研合作追求的直接效果，产学研合作产生的创新成果以知识产权的形式被法律确认，是确定各方基于创新成果及其转化而产生的法定权益的最明确方式。因此，对知识产权的认知会使产学研各方产生共同的目标与合作的愿景。对获得知识产权及法律利益的预期会提升相互信任度和降低投机行为可能性。合作目标的一致性与沟通介质的存在，会提高产学研各方资源共享与交流合作效率。

第二节　样本的启示

一、美国硅谷

（一）创新要素间的组合与互补

美国硅谷已成为世界公认的区域创新生态系统的标杆与旗帜。在硅谷系统中，创新要素的完备是系统成功的基础。政府是创新生态环境培育者，负责扶持基础研究、制定和实施创新相关法律、建设基础设施；以斯坦福大学为中心的高校科研能量圈是创新人才培养和输出的基地，负责培养各梯级的人才；风险投资体系则是硅谷创新资本要素的保障，各类风险投资人是连接企业与科研、企业与市场，企业与企业间的有效整合者，并对企业提供金钱、战略、管理各方面的帮助；还有完善的创新服务系统、创新信息服务平台与高质量的创新服务人员与组织。

然而，硅谷的成功绝不仅是因为创新要素完备，而更在于各要素之间的组合与融合互补。有学者将硅谷创新的成功与芝加哥比较，芝加哥具备了许多技术创新与企业成功的相同元素，具有与硅谷几乎一样的法律和商业结构，也具有同样培养并提供各种人才的教育机构，但芝加哥却没有发展出成功的区域创新生态。搜索引擎的最早发明者高赫夫妇创建的公司失败的例子表明，像芝加哥拥有全部正确的元素，也不一定能够产生成功的创新，原因在于创新生态系统需要的是各种要素可以在这个创新系统中以正确方式组合在一起。^① 且这种组合并非简单的连接叠加，而是生态性的有机组合。政府等公共机构创造有利于创新要素交换、共享、组合的环境，包括制度制定、基础设施建设以及文化培育，这些要素恰如生态系统中的种子、空气、雨水和土壤。企业、高校及科研机构是位于不同创新链条的创新主体，它们的活动与成长以连接组合为必要，这种组合不是固定的，而是因系统生态位的变化而经常变化的动态组合。竞争对手与合作者的组合常常被打破、再组合。组合发生的过程中，媒介的作用不可忽略。在硅谷，创业资本的治理结构与创新人才的高度流动性具有互补性。^② 这种互补性是对创新要素动态组合产生的效果。硅谷的风投公司与创新服务提供者为各种要素的组合提供资金、信息、策略、评估、法律服务，在这些创新媒介的帮助下，要素组合变得高效精准起来。而这些对于一个优质的区域创新生态系统来说还不完全，硅谷的经验告诉我们，文化对于系统内各要素的组合的重要性无可替代。

（二）文化在硅谷的作用

硅谷的独特之处是其生态系统成员基于相互关系所形成的网络效应及硅谷的创业文化，这些都是在硅谷发展历史中慢慢建立起来的。^③ 创新生态系统与以前的创新系统相比较而言最大的区别在于系统的生态性，它强调创新系统的自组织能力、多样平衡性及主体间的共生共荣。硅谷良好的创新文化环境、体制机制的再创新、多样化的市场层次、人才的层出不穷，使美国在高新技术产业领域再次燃起了生命力。^④

1. 硅谷的创业文化

硅谷的创业文化有两大精神：一是平等精神，二是冒险精神。硅谷的创业者多数是年轻人，且成功的也多是年轻人。硅谷对创业者有着平等宽松的

---

① ［美］维克多·黄，格雷格·霍洛维茨. 硅谷生态圈：创新的雨林法则［M］. 诸葛越，等，译. 北京：机械工业出版社，2017：5 - 8.

② ［日］青木昌彦. 硅谷模式的信息与治理结构［J］. 经济社会体制比较，2000（1）：18 - 27，35.

③ ［美］谢德荪. 重新定义创新——转型期的中国企业智造之道［M］. 北京：中信出版社，2016：219.

④ 张贵，温科，宋新平，等. 创新生态系统：理论与实践［M］. 北京：经济管理出版社，2018：59 - 60.

环境，包括政策上的鼓励与精神上的认同，不因年轻创业者缺乏经验而缺少机会，经验和资历带给创业者的价值在硅谷败给了创意与创新的激情。创业者拥有平等的机会，无论是创业的新人，还是创业的失败者，都有施展才能的天地。在硅谷，一个创业失败的工程师也可以找到新的就业机会，他可以重新创业，可以在另一个新的企业担任经理，可以担任创业公司或投资公司的顾问，或在当地大学教授管理课程。无论这些企业家创业成功或失败，他都可以从中学到带领一个新的企业走向成功的要领。这种对创业失败的包容孕育了具有冒险精神的独特的硅谷文化。① 对于平等与冒险精神在创新创业中作用的发挥，是依托于硅谷一整套创新激励机制而显现的。其中，知识产权是对平等与冒险精神最明确的激励，最终知识产权的取得是创新成功的衡量标准之一，也是通往市场优势地位的路径。对于发明、软件、商业秘密、商业模式的知识产权保护，建立了所有人都能通过创新创业平等获得成功的机制，也使创新创业风险承担有了专有权的回报。硅谷创新成功的典范无一不是知识产权的世界巨头。美国的知识产权制度体系有统一的联邦制度与州制度，联邦与加州的知识产权制度为硅谷的创新创业建立了良好的制度体系。良好的制度体系可以复制，但文化环境无法复制。文化不是凭空产生的，也不能孤立发生作用，知识产权制度与硅谷特有文化结合形成了独特的硅谷知识产权文化（如果从广义的知识产权文化角度来看），或者说本地文化与知识产权文化的深度融合给硅谷带来了勃勃生机。

2. 硅谷的风投文化

一个地区的风投生态系统，是当地风投公司在一段时间内经过多次尝试，并在帮助创业公司成长的过程中形成的。这种生态系统结构会成为一种文化，它会影响未来能找到的创新项目，也影响当地将来的发展。② 这种文化表现为风投公司与创新组织一致的愿景与共同的风险偏好。硅谷的风投生态系统正是基于投资公司与创新组织对于风险承担的价值认同，以及在认同基础上的信任。一方面是对创新人才价值的认同，一个项目的前途质量通常与创新发起人以及其他创新者密切相关，人才的因素是对项目进行投资的一

---

① ［美］维克多·黄，格雷格·霍洛维茨．硅谷生态圈：创新的雨林法则［M］．诸葛越，等，译．北京：机械工业出版社，2017：221.

② ［美］谢德荪．重新定义创新——转型期的中国企业智造之道［M］．北京：中信出版社，2016：245.

个重要评估指标。另一方面是对资本风险承担的价值认同，承担风险是为了创新，产生创新成果并取得知识产权，最终获得投资回报。风投公司基于这两方面的认同和信任与创新组织合作，完成创新投资过程。显然，知识产权文化贯穿了这一过程。从共同目标到项目实施，到最终获得投资回报，彼此的诚信、对创新的共同追求以及对知识产权的重视使硅谷的风险投资公司与创新组织建立了稳定密切的关系。这些文化特征还影响了风投公司之间以及风投公司与大学、科研机构、创新服务平台的良好关系的建立，为优质投资项目的产生创造了条件。由此，在硅谷形成由风投连接的创新网络，产生以风投为中心的金融投资生态系统。

二、德国柏林

柏林被称为"欧洲创新之都"，大量的移民创新人才汇聚于柏林，使柏林同样具有开放包容的多元文化。政府与协会在创新生态系统中恰当的角色分担奠定了柏林创新的物质基础系统，密集的大学与科研机构使柏林成为创新人才聚集的高地，优质的创业扶持政策和"工业4.0"定制服务孵化器成为柏林创新生态系统的生物媒介。这些要素的相互作用构成柏林创新生态系统并使之良好运行，也成为德国工业4.0计划实现的重要组成部分。①

（一）政府与协会共同为企业创新提供支持

德国政府制定创新战略，投入创新公共设施建设，但政府在创新生态系统中的角色更多是通过对协会、组织的支持而间接实现的。德国创新、技术和商业孵化中心协会（German Association of Innovation，Technology and Business Incubation Centers，BVIZ）成立于1988年，如今有150个创新区和相关商业区，拥有5 800多家公司和46 000多名员工，支持德国各地区中小型创新企业的发展和创新的结构变革，其对于柏林发展区域创新生态系统起到战略制定、连接创新主体、调节创新要素等全方位的重要作用。②

---

① 顾乡. 德国柏林如何叫板美国硅谷——创新文化、启动资金和创业成本助力柏林成欧洲创新之都 [J]. 中国中小企业，2015（11）：72-73.

② BVIZ—German Association of Innovation，Technology and Business Incubation Centres [EB/OL]. https：//www. innovationszentren. de/41-0-English-Information. html [2022-04-02].

BVIZ 的目标是促进技术转让和创新以及创业和企业的发展，致力于制定长期战略，以促进和发展该中心，同时与相关部门和工业利益相关者建立联系和工作关系。这一战略包括设计和采用积极的促销和销售政策，旨在将该区域带到其潜在未来"消费者"的门口。例如，定期参加相关的协商、贸易展览和类似的活动，以及创建或参与特定主题领域的相关协会或"集群"，鼓励企业前来投资。具体的激励措施包括对购买土地的补贴、贡献特定类型基础设施的发展费用。在创新资金投入上，柏林阿德勒舍夫创业园运行模式是由德国维斯塔管理有限公司统一经营管理，用于投资（即用于发展各种研究和创新基础设施）的资金来自公共和私人。投资大约30%来自州政府（即柏林－勃兰登堡州），30%来自德国联邦政府，30%来自欧盟，10%为自有资金。就公共部门和私营部门在这一投资中的贡献百分比而言，趋势对私营部门有利。①

（二）产学研协同体系

柏林是德国大学和研究机构最密集的地区。作为欧洲的科学中心之一，柏林有11所公立大学、2所宗教大学和约30所国家承认的私立大学，柏林洪堡大学、柏林工业大学、柏林科学院、亥姆霍兹柏林材料与能源中心等全球著名的研究型高校和科研院所，拥有深厚的跨学科研究和产业经济合作基础，同时也为柏林提供了大量高科技人才。柏林科学与创新城是成功的创新生态系统基础设施的一个例子，它为初创企业、成熟公司以及年轻企业家提供了一系列支持功能。以具备较强研究实力的研究型大学或科研机构为核心，并围绕这一核心形成完整的产学研联动链条，"捆绑"具有类似性质的实体，以便更快地创造必要的"临界质量"条件。在阿德勒舍夫创新园中，一所大学和30~40家活跃的初创企业合作通常被认为是必要的。大学建立关于研究项目的数据库，企业可以对感兴趣的项目进行对接协商，使研究从大学到企业、技术从开发到转化，都有了快速通道。转化合作的另一通道是大学的科技园，加速技术由实验室走向市场。科技园直接由大学、研究机

① George A Giannopoulos, John F Munro. The Accelerating Transport Innovation Revolution. [M]. Copyright：Elsevier Inc, 2019. See Case Study I-Germany—The Berlin/Adlershof Science and Innovation City：A Case Study of the Structure and Operation in a Major Innovation Ecosystem Element.

构、企业参股成立，实现产学研合作无障碍模式。

（三）多样化的创新服务机构

柏林是初创公司的理想城市，为初创公司提供设施、支持和激励措施。在所有的支持中，柏林高效的创新服务机构功不可没，主要包括在区域内提供的创新指导和加速器服务，以及具有孵化功能和条件的办公空间，组织培训和教育研讨会或讲习班，组织会议和其他模拟活动等。阿德勒舍夫创新园的成功同样得益于出色的创新服务机构。园区由维斯塔公司专业管理，由创新创业中心和国际创业中心根据企业的不同需求提供创新创业服务。由柏林伙伴发起创立的柏林创业者联盟机构，利用身处欧洲三大中心的绝佳优势，帮助有意开拓新市场、寻找国际合作伙伴的初创企业实现快速的国际化规模化发展，为其免费提供在合作城市（包括伦敦、巴黎、纽约、维也纳、迪拜、特拉维夫等世界十大新创公司聚集地）的创业生态环境考察，探索市场进入可能性，并与当地加速器、风投、创业公司首席执行官和其他高级行业专家建立联系的宝贵机会。[1]

（四）活力创业文化

柏林吸引着来自世界各地的高素质的年轻创业者。柏林有着包容开放的国际环境，柏林政府为来自世界各地的国外创业者提供特殊便捷的移民签证与落户政策，柏林较低的办公费用、相对较低的生活成本以及较高品质的生活也成为吸引国外创业者聚集的一个重要物质因素。各种私人初创培训机构、共享办公室、天使投资和风险投资人以及创业者纷纷涌入柏林。另外，深厚的文化科研基础、丰富的展会活动、媒体平台也为创新创业注入了文化活力。柏林的职业继续教育非常活跃。政府资助公共机构和商会举办的培训、企业为雇员提供的继续教育机会，为柏林创新文化的提升提供了持续支持。

---

[1] George A Giannopoulos, John F Munro. The Accelerating Transport Innovation Revolution. ［M］. Copyright：Elsevier Inc, 2019. See Case Study I-Germany—The Berlin/Adlershof Science and Innovation City：A Case Study of the Structure and Operation in a Major Innovation Ecosystem Element.

三、中国深圳

2008 年，随着中国国家知识产权战略的实施，深圳被确定为中国第一个"国家创新型城市"试点城市。此后，深圳逐步发展成为全国的科技创新中心，并建立起自己的区域创新生态系统。深圳形成了较为完善的创新政策法规体系；发展了创新链顶尖企业群；建设了一批有质有量的创新服务平台，打造了竞争与合作共生的创新链。[①]

在创新生态系统的建设中，深圳市知识产权创造数量及质量均取得出色成绩。2019~2021 年，全市专利申请量、授权量、授权量增速、有效发明专利五年以上维持率、PCT 国际专利申请量、每万人口发明专利拥有量、商标申请量和注册量等多项核心指标保持全国领先态势。创新环境进一步优化，知识产权创造、保护和运用指标在 2020 年中国营商环境评价中获全国城市第一。[②] 深圳创新生态系统的建立过程具有中国这一时期制度改革、文化培育的时代背景特征，创新环境的形成成为深圳区域创新生态系统形成的最重要原因。

（一）制度环境因素的保障作用

自实施知识产权战略以来，深圳市出台了一系列促进创新与知识产权保护的地方条例。2008 年，深圳市颁布实施了《特区加强知识产权保护工作若干规定》，从司法、行政、民事等领域完善了知识产权保护体系，并从法律层面提供了保障；此后，深圳市政府积极推进成果转化立法工作，于2013 年出台了《深圳经济特区技术转移条例》，指出政府要加大扶持力度、鼓励社会资本注入、拓宽融资渠道，并以条例成文的形式明确了转移方式及奖励的分配比例。2014 年修订的《深圳经济特区科技创新促进条例》对创新发展战略、目标、投入、关键技术与重大专项、政策措施、奖惩措施等内容作了明确规定，充分调动各类创新主体的积极性，增强了人们建设更高水

---

① 郝英杰，潘杰义，龙昀光. 区域创新生态系统知识能力要素协同性评价——以深圳市为例 [J]. 科技进步与对策，2020，37（7）：130-137.

② 深圳市知识产权白皮书（2019 年、2020 年、2021 年）[EB/OL]. http://amr. sz. gov. cn/ xxgk/qt/ztlm/zscqcjybh/zscqbps/content/post_8804216. html [2023-03-08].

平的国家自主创新示范区和现代化国际化创新型城市的使命感。[①]

2018 年制定《深圳经济特区知识产权保护条例》，并于 2020 年修订。该条例推动建立知识产权合规性承诺制度，建立健全知识产权信用评价、诚信公示和失信联合惩戒机制，将自然人、法人和非法人组织的下列知识产权失信违法信息纳入公共信用信息系统，体现了知识产权文化建设中的诚信要求。在政府采购中，要求企业做出未侵犯知识产权的书面承诺，并且鼓励合同签订双方在合同中做出知识产权合法合规的承诺并承担相应的违约责任的约定。这些规定对于引导民事主体形成尊重与保护知识产权、诚实信用的知识产权文化意识与行为方式具有很好的引导意义。

2020 年，深圳市出台《深圳经济特区科技创新条例》，创新性提出包括知识产权价值评估、知识产权资本化、知识产权质押融资和证券化等内容，以推动创新成果流通转化，实现知识产权的价值。

立法与政策的推动是形成良好创新环境的最直接手段。在中国统一法律制度下，地方政府依据区域经济文化发展特征，制定符合区域创新发展需求的政策措施，需要理性、胆识与智慧。深圳市地方政策在促进创新、保障创新生态系统的要素方面发挥了以下作用：首先，保障创新资源配置效率，让市场决定创新资源的流动与配置，政府只是规范与引导市场行为，搭建创新平台，调动创新主体的积极性，为协同创新提供服务；其次，完善创新成果的利益分配机制，降低创新交易成本，营造公平、包容、有序的竞争环境；最后，加强创新成果的知识产权保护，落实激励创新的制度效果，努力营造有利于民营企业生存和发展的环境，确保民营企业获得平等分享创新政策的机会，解决民营企业创新的痛点难点问题，充分激发民营企业的创新活力。[②]

（二）知识产权文化建设

1. 崇尚创新，开放包容的城市文化

2020 年，深圳凝练概括了"敢闯敢试、开放包容、务实尚法、追求卓越"的新时代深圳精神。从深圳的城市精神可以看到，崇尚创新、开放包

---

① 耿喆. 深圳市创新生态环境解析 [J]. 全球科技经济瞭望，2017，32（2）：66 - 69.
② 周振江，何悦，刘毅. 深圳科技创新政策体系的演进历程与效果分析 [J]. 科技管理研究，2020，40（3）：27 - 31.

容的文化一直蕴含在深圳的城市精神中，融合、凝炼为深圳的主流文化。①
有学者通过对上海和深圳两市比较分析发现，以企业为创新主体、较高的市
场化水平、包容性的文化环境、以民营企业为主体的企业性质是深圳市具有
较高科技创新产出的关键影响因子。由于外来人口占深圳市常住人口的绝大
多数，其文化的包容性催生了各种创新观念和理念。②

深圳创新生态系统形成过程中，城市文化形成了浓厚的创新创业氛围。
首先是对人才的吸引与使用机制。深圳本地高校数量不多，因此推出一系列
人才吸引政策来解决创新系统中的人才问题。通过提高物质待遇、解决住房
及子女入学等措施，吸引留住人才；依托各种人才计划吸引海外高层次人才
到深圳创业。深圳对于国内外人才的吸引力并不只是物质层面的，更重要的
是创业环境。由于政府制度上的大胆创新，深圳的创业条件也走在了全国前
列，这里汇聚了优质的创新型企业，形成鲜活生命力的深圳创新模式。深圳
创新模式具有以企业为创新主体的"四个90%"的鲜明特征，即90%以上
研发人员集中在企业、90%以上研发资金来源于企业、90%以上研发机构设
立在企业、90%以上职务发明专利生产于企业。③ 创新生态系统的主体在深
圳强而有力，其他要素围绕创新型企业良好建设运转就成为可能。政府的一
系列创新政策的实施更助力创新企业发展与创新资源配置，如税收优惠、地
租降低、创新创业的奖励以及对创新活动的引导、扶持。深圳的开拓创新、
诚信实干的精神，减少了深圳创新系统的内耗，提高了创新效率，这从本质
上与硅谷文化有相似之处。城市具有共同的价值观，有利于合作、协同关系
的形成，减少因不信任或目标差异而产生的消耗，同时，也使深圳较少产生
如内地一些城市所有的裙带关系文化，创新主体的活动、创新要素的流动，
靠的是合作各方的一致目标与创新主体的努力奋斗，这也是"深圳速度"
形成的一个文化上的原因。

---

① 深圳新闻网2021年4月25日讯. 奋力跑出提升城市文化软实力的"加速度"——深圳文
化建设创新成果丰硕［EB/OL］. http：//www. sznews. com/news/content/mb/2021 – 04/25/content_
24161214［2021 – 04 – 25］.
② 张永凯，薛波. 上海与深圳城市科技创新能力差异及创新模式比较分析［J］. 科技管理研
究，2017，37（11）：71 – 77.
③ 栾惠，吕拉昌，黄茹. 从腾讯公司的成长看深圳创新型城市建设路径［J］. 特区经济，
2019（2）：31 – 36.

2. 促进知识产权文化建设的多种措施

在知识产权文化建设的具体措施上，深圳所采用的形式与方法也是非常值得全国其他地方学习的。深圳各级人民法院都会发布"司法保护状况白皮书"。法院录制法治节目，普及知识产权司法保护知识，采用示范庭审直播、以案释法，营造知识产权保护浓厚氛围。法院为企业和法律服务机构举办专题讲座、推出知识产权专刊《以案说法》，以微课堂形式进行知识产权案例直播，刊发报道、推送微信等。

除这些直接措施之外，深圳不断加强知识产权保护与运用的措施，客观上促进了知识产权文化氛围的形成。市场经济越发达的地方，对知识产权的保护越到位，区域内知识产权意识就越强烈。这体现了经济发展、知识产权保护水平与知识产权文化之间相互促进、相辅相成的关系。深圳在创新发展中将知识产权的保护放在战略地位，加强知识产权保护的经济特区立法与执法。如在全国首先实行知识产权的惩罚性赔偿制度，成立全国首只知识产权维权投资基金，为中小微企业境内外的知识产权维权进行成本垫付，实行零成本、零风险、全过程、全流程、全方位知识产权保护。在促进知识产权运营方面，政府出台了《深圳市知识产权运营服务体系建设方案》，建立知识产权运营中心，建成国内首家知识产权互联网综合服务云平台——创荟网，完善知识产权质押融资风险补偿体系，积极发展知识产权市场，推动专利等知识产权实施技术转化。[1]

四、总结与启示

尽管本章三个区域创新生态系统的样本因所在国家地域、所处的文化背景、所遇的经济发展阶段不同，系统形成的过程与要素间相互作用的机制与效果会有差异，但这些区域都具备了成熟稳定的创新生态系统的一般要素，反映了区域创新生态系统的共同特征。

（一）政府在区域创新生态系统中的角色担当

美国联邦与加州政府通过制定创新法案与相关的知识产权法律制度，增

---

① 张敬伟. 知识产权福利催化深圳创新［N］. 深圳特区报，2016 – 04 – 22：A02.

加创新基础设施与研发投入，制定有利于吸引人才的移民政策、有利于激励创新的税收与分配制度，建设创新服务平台，注重创新教育与培训。尽管政府在美国硅谷、德国柏林、中国深圳三个区域创新生态系统中作用的发挥方式有所不同，但政府在创新生态系统中都积极营造公平、诚信的创新环境，通过搭建平台为创新主体提供创新机会，通过制度政策形成对创新的激励保障机制。区域差异客观存在，这是由区域所在的国家经济发展水平、政府管理体制以及文化传统决定的。美国政府给创新主体最大限度的自由度，任由市场决定创新的选择并承受结果；德国政府则通过协会、技术中心等机构实现对创新资源配置的间接引导；深圳市在中国统一立法制度下，适度灵活采取符合区域创新发展需求的政策，体现了政府放手创新企业、顺应市场调节的管理智慧。综上，政府在区域创新生态系统中的角色担当有两个层次：首先是基于该区域所在国家的政府角色，依据该国的战略、规划、法律制度，以促进创新、重视知识产权为目标，提倡的社会文化也应是尊重知识、崇尚创新的文化；其次是担当该区域的政府角色，需要在国家的创新环境下研究本区域发展路径与资源优势、文化特点，营造最大可能激发区域创新能力，协同区域创新发展的创新生态环境。

（二）产学研协同体系在区域创新生态系统中的链条功能

美国硅谷与德国柏林的创新生态系统中，大学科研机构与企业的合作成为系统创新的典型模式，产学研协同成为整个区域创新生态系统协同创新的核心链条，带动系统共生共进。前文已介绍过，在美国硅谷，以斯坦福大学城为核心发展起来的创新区域，产学研合作为创新系统供给人才、点燃创新火花，激发创新行为，并实现创新成果产业化。这样的过程又形成无数良性循环，造就了区域创新生态系统的形成。德国柏林的创新生态系统也具备这样的特征，柏林洪堡大学、弗劳恩霍夫存储技术研究所和洪堡大学信息与数学研究所、莱布尼茨催化研究所等实力雄厚的大学产学研协同使柏林创新系统稳定健康，有序联动。深圳的大学较少，但正在形成国际化开放式创新型高等教育体系，建设以深圳大学、南方科技大学为中心的高校创新科研圈，与深圳创新型企业形成产学研协同体系。

（三）创新领军型企业的带动作用

区域创新生态系统中不乏从事科技前沿产业的企业。如美国硅谷的苹果、谷歌，德国拜耳，深圳的华为、腾讯，这些企业成为该区域的创新领跑者。因此，培养创新生态系统中被称为顶级掠食者的企业群是区域创新生态系统建成的一个战略性目标，围绕科技前沿高端产业进行研发并形成一定数量规模的创新领军型企业群是区域创新生态系统的一个重要发展路径。

（四）创新服务机构的助力条件

丰富的创新创业服务机构有力地推动了区域创新经济的发展，为大量企业集聚形成创新生态系统提供了良好基础，并为创新资源在各主体之间高效流动创造了有利条件。无论是美国硅谷的斯坦福科技园，还是德国柏林的阿德勒斯霍夫高科技产业园以及柏林分子生物创新基地，或是深圳首个国家级制造业创新中心——国家高性能医疗器械创新中心，都成为助力区域创新腾飞的引擎。依附于大学的实验室和孵化中心、互联网创业平台、技术转化中心、创业投资机构等多样化的创新服务机构则为区域创新生态系统中各创新主体联结合作、创新要素组合流通提供网络化条件。

（五）知识产权文化的浸润效果

本章三个区域创新生态系统样本都具有较为鲜明的区域文化特征，与创新环境形成有关的文化形态表现为开放包容的移民文化、开拓冒险的创业文化，以及尊重知识、崇尚创新、诚信守法的知识产权文化。区域内形成了与创新有关的共同价值观与行为准则。三个样本地区的经验表明，创新主体间的价值认同与信任会极大地促进创新的产生与实现，而集体信念可以通过共同努力和分担风险来破坏失败的风险倾向。① 完善的知识产权文化制度规则体系、共同的知识产权价值观信念以及与知识产权归属、交易、商业化等有关的合理行为方式是区域创新生态系统必须具备的要素，如同生态雨林中的

---

① Gabriel Plata, Sebastian Aparicio, Stephanie Scott. The Sum of Its Parts: Examining the Institutional Effects on Entrepreneurial Nodes in Extensive Innovation Ecosystems [J]. Industrial Marketing Managemen, 2021 (99): 136 – 152.

雨水一样。

基于以上区域创新生态系统样本共同特征与要素的考察与总结，我们认为所有要素组合作用、所有特征趋向相同，都是基于网络化是区域创新生态系统生命力的核心。企业、政府、大学、研究机构、服务机构、平台等主体形成相互关联作用的网络，资本、设施、人才、信息等资源形成互通有无的网络，才可以使区域创新生态系统具备协同共进、良好发展的能力。因此，政府有所为、有所不为地落实标准，在创新生态系统的建立与发展中应以是否有利于创新系统网络的形成为重要参考。同时，区域制度环境对形塑特定领域的独特性质和创新主体间的交互式学习以及知识协同创新都具有非常重要的作用。① 因此，考量区域差异，探究制度的统一性与政策的差异性在中国区域创新生态系统建设实践中的关系维度，对于正确建造区域内外的创新关系网络非常重要。

---

① 邹晓东，王凯. 区域创新生态系统情境下的产学知识协同创新：现实问题、理论背景与研究议题［J］. 浙江大学学报（人文社会科学版），2016，46（6）：5–18.

第六章

企业创新生态系统下的知识产权文化

第一节　知识产权文化对企业创新
生态系统的影响分析

学者吴金希在论著中以诺基亚的衰败历史为例分析了创新生态系统对企业生存发展的重要性，即企业的成败越来越依赖于它们所在的生态系统。企业间的竞争演变为生态系统之争，而生态系统之争不仅是单个企业产品的质量及竞争力的问题，其背后生态体系整体的竞争态势在很大程度上决定了单个企业的此消彼长。[①] 知识产权文化对企业创新频度和规模的影响正是通过对企业创新生态系统整体环境与氛围的营造而发生作用的，而知识产权文化的各个维度作用于创新力的点与面又有所不同。

一、知识产权文化对企业创新生态系统的作用机理

企业技术创新的频度与规模依赖于企业组织结构与文化氛围。[②] 这种依赖，在创新生态系统中更为深刻，且扩展至企业技术创新的效能，对企业创新的内驱与外策形成精神合力。创新生态系统的特征使企业的活动无时无刻不处于与外部环境发生连接的关系中，因此适应外部环境要求、与外部条件协调是企业进行技术创新并获得创新利益的前提条件。外部文化环境是国家

① 张贵，温科，宋新平等．创新生态系统：理论与实践［M］．北京：经济管理出版社，2018：5.

② 陈劲．创业创新生态系统论［M］．北京：科学出版社，2017：59.

的或区域的创新生态系统中的知识产权文化，企业的开放式、交互式、整体性、动态演进都需与企业所在社会、区域的整体文化相一致。同时，对于企业内部而言，知识产权文化也是有利于企业内部合作创新的文化，形成企业内部统一的行为准则。知识产权文化也具有与企业创新生态系统特征相契合的表现。

企业创新生态系统的第一个特征是开放式创新，强调企业要有目的地吸收或输出知识以加速自身的创新，并扩展外部市场对该创新的利用。企业不能仅关注自身内部能力，必须同时考虑到生态系统其他生态伙伴的特征和需求，并且构建以企业自身为中心的动态、开放式的商业生态系统。知识产权文化是一种开放式的文化，其在我国的发展路径即是在传统文化基础上开放吸收外来知识产权文化的过程。兼收并蓄是知识产权文化自我完善与发展的途径。

企业创新生态系统的第二大特征是交互性。企业创新系统是一个包含了多元行为主体的交互过程，是一种由客户、供应商、主要生产商、投资商、贸易伙伴、标准制定机构、工会、政府、社会服务机构和其他利益相关者等具有一定利益关系的组织或群体构成的相互作用的结构系统。知识产权文化包含公众尊重知识的共识，对创新的认可与追求成为创新生态系统多元行为主体联结相互间行为关系的主观纽带，也使行为主体有趋于统一的创新相关行为准则。

企业创新生态系统的第三个特征是其整体性。企业创新系统是企业内部创新核心要素与支持要素的协同，是企业内部创新主体与外部各类异质性利益攸关主体的协同，也是企业同政府、企业、高校、科研机构、中介组织、金融服务机构等异质性成员的协同创新。毫无疑问，良好的合作关系与协同行为一定是建立在共同价值观基础上的，知识产权文化形成于企业内外以尊重他人创造性劳动、崇尚创新、诚实信用为核心的共同价值观和行为准则，为企业内部高效合作与外部良好协同产生认同前提与信任基础。

企业创新生态系统第四个特征为动态演进性。企业生长在进化动态演进的环境，相关企业共生进化，共同创新。知识产权文化的生命力正在于其能应和时代与经济发展需要，以创新实践的变化为自我调整的依据。以知识产权制度为自我完善的工具，为企业创新生态系统的动态演进提供隐形动力。

创新型企业独特的文化环境至关重要。如果将企业比作创新生态系统中的植物，那么知识产权文化就是创新环境中的雨水，而没有文化环境的创新型企业，就像生长在沙漠中的植物，注定死亡。搜索引擎的最早发明者高赫夫妇创建的公司失败的例子证明了企业文化环境的重要性。该公司的总部在美国堪萨斯州的劳伦斯，一个安静的小镇，这里距离美国的人才中心、资本市场中心都很远，地理上的距离带来文化的壁垒，公司难以找到相互信任的合作伙伴，从而失败。与之相比，雅虎公司的成功恰恰是因为其得天独厚的文化环境，其位于以斯坦福大学为中心，有着丰富创新人才资源和优质风投公司，其更容易在与外部沟通、合作中建立有利于创新的企业文化，而这种文化通常是在与外部环境基本特征一致基础上反映企业自身需求与特点的文化。

创新型企业通常具有的文化特征有尊重知识、崇尚创新、注重信任与合作等。① 有学者对高成长企业进行研究，发现企业的高速成长的一个重要因素是与组织环境变化的和谐程度，而对于变化的适应恰恰是稳定的企业文化起作用的结果。② 企业的统一行动，决定于企业内部成员的统一认识、统一的行动特点。而这正是企业组织文化的功能和作用。③ 企业文化规定了一种行为规范体系，这一体系用于保证企业创新目标实现的持续精神动力，协调企业内部协作，有利于企业内部的消耗成本的最小化。企业文化对企业经营业绩有着重大的影响。好的企业文化对企业采用必要的新经营策略或经营战术有助推作用，而不好的企业文化则起到负面抵触作用。④ 每个企业所需要和具有的好文化可以有所不同，但有一个共性，即企业的文化应与所在的社会主流的伦理道德、思想观念等文化需求相一致。所谓"天人合一""与时俱进"。

在信息技术时代背景下，在知识产权强国战略下，知识产权文化成为整个社会倡导的主流文化之一，企业的知识产权文化成为其发展中的必要文化特征。企业想要在知识经济中获得良好发展，必须尊重知识产权以及培养实现知识产权价值的意识和行为。知识产权文化来自创新过程、发明者的影响

---

① ［美］维克多·黄，格雷格·霍洛维茨. 硅谷生态圈：创新的雨林法则［M］.诸葛越，等，译. 北京：机械工业出版社，2017：26 - 27.
②③④ 陈春花，赵曙明. 高成长企业组织与文化创新［M］.北京：机械工业出版社，2016：24 - 36，120，122.

或者是科学创造的热情。^① 企业知识产权文化是控制和防止无形资产流失的内在要求。企业有必要构建知识产权文化，珍惜无形资产这一关键性财产，防止被不法企业剽窃或侵权。

二、知识产权意识对企业创新的影响

企业创新行为与创新成果同知识产权有着天然联系。知识产权制度为激励创新而生，现代社会企业无疑是最主要的创新主体。企业知识产权价值观来源于企业对知识财产的理解、行为习惯以及创造与交流。员工通过对企业知识产权价值观的认知形成一种保护知识产权的潜意识，并通过外在行为将这种潜意识表现出来。现今的知名创新企业无一例外都是知识产权优势企业。尤其是专利系统对企业的创新活动至关重要，在没有专利权的情况下经济获得快速发展的例子几乎不存在。企业的创新意识与创新热情是企业创新行为的原动力，而知识产权保护意识是企业将创新成果转化为收益的法律保障。知识产权为企业创新活动的持久性提供了可能性。现代企业往往大量申请专利或注册商标，客观上形成了某一领域产品的专利或商标壁垒，形成市场竞争优势。

三、创新精神对企业创新的影响

知识产权文化中的创新精神具有鲜明的指向性。创新一词在当前具有广泛的含义与适用的场合。对于企业不同层次的管理人员与员工而言，创新很多时候不可避免地成为一个泛泛的、难以落实的概念甚至是口号。而知识产权文化下的创新含义明确，将创新活动指向获得知识产权的目标方向，使得企业不再将"创新的精神"与物力人力浪费在寻找创新的目标上，突破已有知识产权的技术壁垒或其他知识产品的范围覆盖。获得新的自己的知识产权成为企业创新的直接目标，这是企业获得竞争力的核心。而对于企业的基

① Durst S, Poutanen P. Success Factors of Innovation Ecosystems—Initial from a Literature Review [A]//Smeds R, Irrmann O. Co – Designing in Innovation [C]. Aalto University Publication, 2013: 27 – 38.

层来讲，真正了解企业的知识产权战略目标，培养共同的知识产权创新价值观，是企业创新精神的普遍化和具体化。

四、诚信文化对企业创新的影响

在创新生态系统中，创新主体间需要建立更宽广、更有活力的系统连接。连接的主观基础是互相信任。在创意产生之初，创新主体间基于信任才交换创新的信息与知识，由此产生创新的火花。人们相处得越好，创新越多。在创新进行过程中，信任有利于合作方的沟通，促成各方主体的顺利合作，缩短创新环节，减少创新的成本。普遍的诚信文化对创新生态系统中的企业间合作以及企业内部协同都有着积极作用。在创新成果产生后，企业拥有知识产权，仍然应遵守诚信，不能只考虑企业的利润而滥用知识产权，而应当承担起社会责任。由于创新生态系统中创新行为的完成以及对创新成果的受益都需要不同创新主体的合作与整个创新网络的支持，企业的诚信与责任担当有利于创新生态系统要素良性循环，正如生态系统中的空气，是实现创新生态系统健康发展的条件。

五、合作精神对企业创新的影响

创新是知识创造活动，而知识与人性不可分割。人正是通过"爱""信赖"或者"精神""意志"这些东西，才产生了彼此之间知识的共鸣，从而使知识得以成长和发展。① 在《日本制造业的创新文化》一书里，作者将企业里员工的合作所形成的力量比作蜈蚣，单看蜈蚣的每条腿，毫无章法凌乱地动着，但作为整体的蜈蚣却能够向着目标平稳前进。一个企业在人员素质上差距不会很大，但各个企业的创造力与竞争力却差别很大。这是因为企业文化差异下运行中的组织形式和工作方式不同。企业成员间相互的信赖感和集体主义精神，会融合成一股巨大的力量。

基于企业创新生态系统的共性特征，将企业创新生态系统所应有的知识

① ［日］常盤文克. 创新之道：日本制造业的创新文化［M］. 董旻静，译. 北京：知识产权出版社，2007：84.

产权文化的一般内容描述为尊重知识、崇尚创新、诚信守法、公平竞争。但每个创新生态系统又有自己特有的难以被复制的文化，即具体的创业文化和组织文化，并且文化表现方式也会不同。例如可以从苹果公司的成功中找到其文化的产生原因，却无法复制，因为知识产权文化是在各种复杂因素、各种不同的环境影响下逐渐形成的文化氛围。硅谷企业的文化是成功的，但并非成功的唯一样本。知识产权文化为企业文化的形成与发展提供一种方向，具体的模式与内容因企业所处的环境以及企业自身气质特征而不同。对不同企业创新生态系统的考察将有助于我们发现成功样本的共性与个性特征，从而对企业创新生态系统的建设与运行经验进行全面总结与借鉴。

第二节 样本的启示

一、华为公司的创新生态系统与知识产权文化①

华为成为众多企业无法企及的目标，一个重要原因在于华为已建立起一个创新的生态系统。华为采用的"纵横战略"：数十年如一日地深耕信息与通信技术（information & communication technology，ICT）行业，在 ICT 领域形成无可比拟的技术优势以及"端管云"的基础构架，这是华为的"一纵"。华为的"一横"则是将 ICT 技术与各个行业深度结合，在"端管云"的基础构架下建立各个行业的生态系统。

（一）建立利益共同体，进行联合开放式创新

华为的利益共同体的形成经历了从国内到国外、从客户到竞争对手的过程。20 世纪 90 年代初，华为即通过政府的大力支持，与全国各地邮电系统组建股份公司，让邮电职工集资入股，企业利润惠及普通邮电员工。形成利益均沾，打通市场销售、厂商供应、高效运作的模式，取得了企业利润与社会认可的双赢。随着华为业务范围与区域的不断扩展，其利益共同体范围也随之扩大，逐渐形成了一个生机勃勃的生态系统，包括政府、客户、研究中

---

① 王民盛. 华为崛起［M］. 北京：台海出版社，2019.

心、联营伙伴、金融机构甚至竞争对手。

在国内，随着工业互联网项目数量迅速增长，华为与其他企业在基础设施与服务、工业平台与服务、物联网等领域深入合作，联合创新，打造工业app，为其他企业提供高效敏捷的软件开发服务、工业 AI 服务。为解决融资问题，华为向招商银行总行申请，由对方提供华为客户的买房信贷，签署"买房信贷协议"，使银行、企业、客户三方形成利益共同体。华为的工业互联网合作伙伴包括石化、汽车、冶金、工程机械、电力、电子制造、设备制造等各行各业，在全国各地推动工业互联网落地与实践。① 在华为的创新生态系统中，设备、生产线、工厂、供应商、产品和客户紧密地连接起来，形成跨设备、跨系统、跨厂区、跨地区的互联互通，使华为内部研发、制造、销售体系智能化与高效化，外部能够与其他创新相关主体融通发展，共享创新资源。华为同政府、竞争对手、合作伙伴打造联合创新中心，孵化智慧企业、数字化工场等。华为从 20 世纪末开始在全球范围内发展创新合作伙伴，先是与美国国际商用机器公司（IBM）联合对其产品开发体系进行了变革，之后，华为在世界各地建立研究所，与欧洲运营商创建联合创新中心。在成为专利巨企之后，华为开始通过转让或交叉授权等技术互利的方式进行专利管理，同时进行服务外包，自身专注核心领域的研发，交易逻辑趋于复杂，合作伙伴的空间分布呈现出基于产业链的集群式分布，伙伴类型扩展到包括顾客、供应商等利益相关者。②

华为建立了与地区紧密结合的拉网式全球化业务机构，包括建立在全球各地的研究中心、培训部门、生产销售分支机构，这种网状布局，一方面使华为深入掌握当地消费需求信息，从而立足于当地消费市场，为消费者提供高质量的产品和服务；另一方面，也掌握供应商、竞争对手等市场相关者的信息，从而提高与其合作或竞争的能力。

华为与竞争对手的关系理念是"和而不同"，和谐以共生共长，不同以相辅相成。华为先后与美国 3Com 公司、欧洲的西门子公司合作，与日本、欧美的其他公司成立了合资公司，进而让产品进军欧美市场，增强了技术实

① 王民盛. 华为崛起［M］. 北京：台海出版社，2019.
② 杨磊，刘海兵. 创新情境视角下的开放式创新路径演化［J］. 科研管理，2022，43（2）：9-17.

力。即使在华为被美国列入"实体清单"以后，华为仍然理性地将美国企业与美国政府区分开，没有指责美国企业对其断供的行为，积极维护同美国供货商的关系。华为在互联网领域通过协作、合资、合作等产业链整合的方式，有效地对抗了其劲敌思科公司，通过商业上的纵横联合，形成了"反思科包围网"。①

（二）华为知识产权文化

在华为创新生态系统的建立过程中，企业的知识产权文化应创新发展需求而形成，反过来又为公司创新发展与共生共赢生态圈的形成提供意识导航与精神供给。

1. 使命感

华为公司员工尤其是高层主管的使命责任感是公司文化的重要精神统领。使命感让华为打开人才困局，正是华为公司高层身上那种家国情怀、企业家的远大理想抱负以及真诚使华为在作为不起眼的小公司时网罗到重量级人才。使命感、责任感使华为高层与员工对公司生存与发展具有坚定的信仰，也为华为的海外市场拓展的实现提供精神支持，在公司困难时能够不离不弃，同心协力让公司在艰难时期能走出逆境，渡过难关。在海外非常艰苦的环境下，甚至冒着流血牺牲的危险，华为员工仍然执着坚守。只有使命驱动，才可能汇聚如此巨大的合力。②

2. 包容失败，崇尚创新

华为成为创新帝国的原因不仅仅是创新的人才与资金投入，创新文化对于华为的创新之路起着非常重要的作用。和世界上许多强大企业类似，华为的发展史中贯穿着允许失败、敢于承担风险、崇尚创新的文化。华为的用人制度、组织制度与激励制度都体现了这一文化。

华为内部组织制度最大特点就是强调以能力和业绩为标准，每个员工都从基层做起，靠自己的能力获得提升和发展的空间，但项目承担又以团队组织为单位，各部门协同合作完成。技术创新的探索性和复杂性需要团队集体

---

① 王民盛. 华为崛起［M］. 北京：台海出版社，2019：27.

② 华为 2019 年报［EB/OL］. https：//www.huawei.com/cn/annual－report/2019？ic_medium＝hwdc&ic_source＝corp_banner1_annual－report［2022－10－04］.

的共智共力,但带领人物的作用发挥也非常必要,工作能力强、业绩突出的员工能迅速获得晋升。华为"以客户为中心,以奋斗者为本"的文化内核,使企业有坚定统一的信念,从而形成强有力的一致行动力。但同时华为也融汇多元文化、求同存异。这种包容性为其积聚世界科研资源,在全球战略资源聚集地设立多个研究所提供了文化基础。华为的激励制度是其取得创新成功的重要因素。激励的方式有物质激励、组织激励与精神激励。物质激励有薪酬激励与股权激励。华为内部实行灵活工资制,完成重要项目任务、工作突出的员工加薪的频率非常快。华为摸索出来的"全员持股"制度,对于处于初期发展的中小企业来说,是凝聚人财物的不可多得的法宝。持股对象均为企业的核心员工,主要的发放依据是员工的工作年限和对公司的贡献度。员工享有的股份不能转让,享有股票分红和增值获益的权利。华为股权激励制度是一种主动式激励,为企业创新发展提供内在动力,大多数企业员工通过持股获得资本激励,同时,享有股权也是对员工努力工作的精神激励,两者并存,使员工的获得感与企业发展紧密相连,成为命运共同体,有效激励员工长期奋斗,求实创新。①

3. 诚信担当

《华为基本法》中写道:我们以产业报国,以科教兴国为己任,以公司的发展为所在社区作出贡献。为伟大祖国的繁荣昌盛,为中华民族的振兴,为自己和家人的幸福而不懈努力。长期以来,这条信念成为华为的理想,统领华为精神,也为华为在国家、社会中的角色担当提出了最高要求。在这一精神信念下,华为实现"利出一孔",进而凝聚所有人的合力,实现"力出一孔""以天下之财利天下之人"。② 华为的诚信担当表现在三个方面:首先是对客户与消费者的诚信。"以客户为中心"是华为文化的核心,华为艰苦奋斗的文化被拔高到了一个服务客户的层次,被拔高到了服务社会的崇高理念上。③ 华为的经营目的是合理赚取利润,帮助客户实现自身需求,实现共同成长。其次表现在对合作伙伴和竞争对手态度上。华为与合作伙伴签署反贿赂的诚信守法协议,对损害消费者利益的供货商坚决断绝合作。华为重视

---

① 张翔. 华为与阿里巴巴股权激励制度比较研究 [J]. 商场现代化,2021 (15):113 – 115.

② 王民盛. 华为崛起 [M]. 北京:台海出版社,2019:121.

③ 黄继伟. 华为精神 [M]. 北京:中国友谊出版公司,2019:101 – 105.

并持续营造诚信文化，不仅将诚信经营作为企业管理的核心理念，而且建立了完备的企业合规管理体系，设置了具体管理流程，要求每一位员工遵守商业行为准则。① 在 2018 年国内最大的竞争对手中兴遭遇困境时，华为不仅没有对中兴落井下石，还善意保护中兴，体现了华为的民族大义和责任担当。最后，华为的诚信担当表现在为社会培养创新人才的责任承担上。华为一直倡导构建开放、共享、共赢的 ICT 人才生态体系，每年都投入数亿元用于中国的 ICT 人才生态建设。举办"华为中国区大学生 ICT 大赛"，构建 ICT 人才培养的平台，让学生、院校能够通过这样一个平台提升自身的技能，提前与社会对 ICT 的人才需求接轨。在 ICT 人才生态这个维度上，华为一直是无私而又积极的。随着华为业务的全球化，华为也将自己的责任担当遍布全球，华为 ICT 学院覆盖 72 个国家和地区的 938 所高校，与东非联合国教科文组织签署合作备忘录，让数字技能和 AI 能力普惠非洲。华为与合作伙伴一起践行四大领域的社会责任承担，包括平等优质教育，保护脆弱环境，促进健康福祉，推进均衡发展。② 面对新冠疫情，华为在保障网络安全稳定运行的同时，也向近 90 个国家进行科技援助，与当地社区共同抗疫。③

4. 重视知识产权的保护与运用

华为很早就设有知识产权部，但对于专利的重要性以及如何运营专利、如何利用专利在商业竞争中发挥作用，认识上突破是在与思科的专利诉讼中反思后形成的。华为在与思科的专利诉讼实战中涉险过关，痛定思痛，大力加强知识产权的建设。此后华为的专利申请逐年递增，发展成世界专利企业巨头，依据世界知识产权组织发布的信息，2020 年，华为公司以 5 464 件已公布国际专利 PCT 申请量连续第四年成为最大的申请人。华为积极构建专利发展战略，进行有意识的专利布局、专利运营、专利许可、交叉授权、围绕专利的商业谈判及侵权诉讼。华为近年与韩国三星关于专利侵权诉讼的几次交锋，都以华为胜利告终，其背后是华为强大的专利技术和过硬的知识产权保护能力。华为在积累专利诉讼的经验后，扭转了过去一再被美国企业利

---

①③ 华为 2020 年报 ［EB/OL］. https：//www. huawei. com/cn/annual – report/2020 ［2022 – 10 – 04］.

② 华为 2019 年报 ［EB/OL］. https：//www. huawei. com/cn/annual – report/2019 ［2022 – 10 – 04］.

用知识产权打压的境况，对美国企业开始主动出击，近几年针对多家美国企业提出专利侵权赔偿诉讼。针对知识产权索赔"师夷长技以制夷"的做法不但实现了对美国断供芯片的反击，而且让世界看到了美国的双重标准，是对美国知识产权体系的有效打击。[①]

二、西门子的企业文化与知识产权战略

西门子（SIEMENS）股份公司是享誉全球的电气电子公司，企业的伟大声誉不仅来自其强大的遍及全球的业务，还源自其经久不衰的历史传奇。在 170 多年的漫漫历程中，公司秉承创始人维尔纳·冯·西门子（Ernst Wernervon Siemens）"为实践而创新"的理念，建立了创新技术管理、创新组织管理、创新人才管理等一系列完善的管理机制，不断提升企业核心竞争力。在德国以"工业 4.0"为战略核心的创新生态系统中，西门子公司凭借其超强的创新能力又一次扮演了重要角色。在智能制造的时代，西门子仍然熠熠生辉，成为世界制造业的不老传奇。企业传奇的书写通常需要很多条件，其中持久发生作用、使企业与众不同的就是企业文化。

（一）西门子的企业文化

1. 员工职业理想 + 高福利待遇

西门子公司同样对人才相当重视，但与很多企业不同的是，西门子更注重人才个体价值的实现。通常，多数企业对招揽来的人才委以重任象征着对人才的重视，但西门子觅得贤才后不仅仅是将其任用，而且主动根据每名员工的实际情况，为其精心设计综合发展计划，扬长避短，精心培育，赋予重任，帮助每一名员工实现职业理想。员工在西门子工作的过程是个人能力不断成长的过程，也是个人价值不断实现的过程。这一过程给员工带来精神上的极大满足，使员工热爱工作，热爱公司。公司企业职工委员会定期安排法律部门员工下班后为公司员工提供一小时的法律咨询，帮助解决员工后顾之

---

① 徐济宽，马治国. 科技法迭代视域下芯片国产化的法律规制与引导——也谈"华为"如何破局 [J]. 科技进步与对策，2022，39（6）：112-120.

忧，体现了企业对员工高度的人文关怀，也将西门子的全球员工锻造成为一个团结而高效的团队。这个先进团队又吸引着来自世界各国的自强不息、志向高远的人士来加入，如此形成了西门子优质的人才供给体系。在注重员工精神满足的同时，西门子也给予员工高福利待遇以激励员工的积极性。西门子创始人维尔纳有句名言经常被引用："如果我不能给予忠诚的助手们期盼的份额，挣的钱拿在手里，会像灼热的烙铁一样烫手。"① 在这种思维理念下，许多超前的社会福利制度在西门子公司产生。1872 年公司设立养老金，将工人们更紧密地与企业捆绑在一起，成为德国乃至全球养老金制度的先河。② 1866 年开始实施利润分享方案，对员工实行股权分红。同时，创始人也非常重视人才培养和发展，从西门子公司成立之初到现在，为人才提供精神家园和物质激励是西门子公司人才制度一直并重的两个方面。如在激励创新的人才发展机制中，在整体的"顶尖"计划中开展了一项由多个部分构成的创新动议，其中也包括简单直接的奖赏机制，但仅有金钱刺激是不够的，还必须为创新型员工开辟自由空间，清除发展道路上的障碍。创新需要环境条件，发明家精神则需要土壤。西门子始终是参与研究与开发过程的天才们的美好家园。

2. "有益于人类社会"的创新文化理念

企业道德责任在西门子公司的发展历程中成为最重要的精神理念。这一理念引领西门子公司的创新目标与行动，成为西门子公司进行商业活动的行为准则，也成为西门子内部制度建设与和谐发展的切入点。维尔纳提出"有益于人类社会"的创新文化理念，他说："绝不为短期利益牺牲未来"，这句话铭刻在西门子公司中国总部的墙上，也铭刻在西门子人的心中。③ "服务于技术进步和公众利益的创新"并不只存在于公司的创立初期，而是贯穿于西门子公司的各项活动，这也是西门子的核心优势。由于创立者的创新精神，西门子公司才得以建立，无论是过去还是现在，创新使得西门子公司屹立不倒。在世界进入新经济时代，西门子公司在企业经营理念上强调"以市场为导向，以满足人类需要，保护、改善环境和开发全球一流技术为追求目标"，形成了适应时代发展要求的创新理念。以满足用户需求的市场

① ② ③ ［德］约翰尼斯·贝尔. 西门子传：一个发明巨人和国际企业家的人生历程［M］. 朱刘华，译. 北京：中译出版社，2018：2，251，253.

观念进行技术创新，因而实现了创造良好的可持续发展目标。

正如维尔纳一直以来的座右铭一样："技巧并不等同于蛮干，而是找出问题的解决方法。"创新为西门子公司持续不断地注入生命活力。西门子公司长盛不衰的直接原因在于其把握时代需求的超强能力，通过不断创新、持续研发、迎合市场推出创新产品获得强大的市场竞争力。德国的工匠精神并没有使西门子公司技术创新的速度减缓，而是跟随世界经济一体化与数字化经济发展需要，及时提高技术迭代与产品更新的能力与速度，在一百多年的发展历程中始终走在工业技术革新的前沿。一是为全球提供独一无二的自动化技术、工业控制和驱动技术以及工业软件，二是设立研发中心、技术创新中心。维尔纳执掌公司时，就资助国家自然科学研究，捐赠建设德国联邦物理技术研究所，以及柏林自然博物馆等。维尔纳坚信，作为企业家，他之所以能成功，要归功于科学，他想有所回报，同时为国家的未来做出一份贡献。① 创始人的这些思想成为西门子发展的指向标。西门子在总公司设立联合技术体，承担最高层级的科研活动，主要开发对企业未来业务具有战略意义的技术，包括积极参加国家资助的科研项目，通过参与国家项目所获得的技术成果为发展增添后劲，并设有专门部门负责对相关技术的专利保护，在有分公司的国家或地区设立科技创新中心和研发中心。

一直以来，西门子公司在多个国家致力于推动当地经济与技术发展。因此，在实践勇担责任时，西门子公司常常助力社会，并努力改善人们的生活。无论在哪里，西门子公司都将自己视为当地社区一分子，在世界广建培训中心，培养西门子学徒。在多地捐赠建设高校实验中心，建设儿童福利院、生态公园，捐赠助听设备给听力障碍儿童。② 西门子中国公司的表现是其全球责任担当的例证。至2018年，"西门子爱绿教育计划——中国大学生社会实践项目"已经累计支持来自全国18所高校的880名大学生志愿者出色地执行实践任务，将2232"爱绿"课时覆盖到全国27个省份的60个地区，使上万名乡村学生和教师受益。2021年12月6日，西门子公司凭借"爱绿教育计划——中国大学生社会实践项目"的出色表现，在第五届CSR

① [德]约翰尼斯·贝尔.西门子传：一个发明巨人和国际企业家的人生历程[M].朱刘华，译.北京：中译出版社，2018：430.
② [德]冯必乐.创新成就卓越：西门子总裁冯必乐回忆录[M].周方，黄孝谦，译.南京：译林出版社，2015：177.

中国教育奖评选中，一举荣获了"年度最佳责任企业品牌""年度最佳战略""'美丽中国'年度优秀生态文明项目"和"'青年影响力'年度优秀大学生项目"四项大奖。西门子公司在第十届中国公益节上荣膺"2020 年度公益推动力大奖"。该奖项是对西门子公司持之以恒履行企业社会责任并积极推动中国社会公益事业发展的充分认可。这也是西门子连续第六年在中国公益节上获得表彰。①

西门子公司以对消费者、客户诚信、尊重的态度来履行企业的道德责任。作为德国制造业的中流砥柱，德国"工匠精神"为西门子所承袭发扬，西门子对客户的坦诚也为其赢得了交易机会。例如，西门子公司总裁冯必乐在其回忆录里记述了曾经在与客户的谈判中明确告知客户可能存在的风险，反而得到客户的信任，进而拿到订单，体现了西门子诚信至上的经营理念，也是其成功之道。

在德国以工业 4.0 为主导的创新生态系统中，西门子数字化工业集团成为自动化和数字化领域的创新领袖。西门子数字化工业集团与合作伙伴和客户一起，为各类规模的企业提供可以集成在整个价值链的端到端产品、解决方案和服务，并实现数字化，帮助客户提升生产效率和灵活性。数字化工业集团持续创新，将前沿科技不断融入产品。无论是传统电气产品制造，还是数字化产品创新，西门子都以消费者和客户需求为中心，精益求精，长期屹立于不败之地。

（二）西门子的知识产权战略与管理

知识经济时代，知识产权当然成为西门子公司保有战斗力的法宝。2020年西门子 PCT 申请量 1 202 件，排名全球第 18 位，在世界企业 500 强中居第 70 位。② 对西门子公司而言，哪里有创新，哪里就有知识产权支持。西门子采取了知识产权集中管理，机构分散设置、信息内部共享的模式，公司集团设立统一的知识产权总部，负责统一管理全球各分子公司知识产权事务。同时在世界研发集中区域设立知识产权办事机构，配备知识产权专家，

---

① 荣誉与奖项 | 企业社会责任 [EB/OL]. https：//new. siemens. com/cn/zh/company/sustainability/corporate – responsibility/honors – and – awards. html [2022 – 10 – 04].

② http：//de. mofcom. gov. cn/article/ztdy/202106/20210603067438. shtml [2021 – 06 – 03].

负责实施总部制定的知识产权战略计划，在当地进行知识产权诉讼、谈判等。这种集中管理的组织体系，有利于跨国企业的知识产权战略在世界各地得以统一实施，有利于合理利用各种资源，也有利于避免重复研发、重复注册商标。

1. 制定并实施知识产权战略

西门子的创新战略目标是要成为各业务领域的趋势引领者，公司知识产权战略依据对未来引领技术趋势的分析和判断而制定。具体细化为要开发哪些产品、突破哪些技术、获得哪些客户。根据这些判断，在知识产权战略中确定专利发展重点，甄选可以获得一般专利的技术和特别有潜力获得标准专利的技术，确定一般研发项目和重点研发项目，并确定实施计划。为了保持站在发展领域的尖端，西门子在知识产权管理部内专门设立公司信息研究中心，约30位专家负责收集来自经济、科学、技术等方面的信息，监测各业务领域的市场发展态势，撰写科技趋势、市场动态等方面的研究报告，为西门子的技术创新提供强有力的决策信息支撑。该机构通过专利研究，密切关注竞争者的科技发展动态，将竞争者的专利组合和技术状态进行分析，了解竞争者在做什么、已经取得了什么样的进展，如果发现竞争者在某一技术领域比西门子申请了更多的专利，则分析公司面临的潜在技术竞争风险，为西门子的知识产权战略制定提供决策依据。知识产权战略的制定为西门子在尖端技术领域获得足够知识产权、掌握知识产权竞争力做好策略上的准备。知识产权战略由总部集中统一部署推动，由分布在世界各地的业务部门与知识产权办事机构因地制宜，依据当地业务发展情况来具体实施。这一过程中又制定了具体的实施方案，确定西门子在当地的知识产权发展重点，为创新成果提供最适当的知识产权保护，指导合理配置创新资源。①

2. 知识产权运用

西门子公司将知识产权作为公司的战略性资源加以重视与运用。西门子公司在专利申请前已经做好市场调研，选准核心技术领域与技术研发方向，因此西门子公司申请获准的专利具有市场前瞻性，西门子对专利的质量看重

① 西门子中国研究院知产部［EB/OL］. https：//www. siemens. com/global/en/company/innovation. html［2022－10－04］.

甚于专利申请数量，专利的优质让西门子通常不会对已有专利束之高阁，专利的转化率与精确应用程度较高。西门子在知识产权与运营部内建立了专门的标准化与法规部门，由 20 多位熟悉国际标准制定规则的专家负责开展标准化工作。积极加入国际标准化组织，参与标准制定，为掌握标准必要专利创造条件，累积知识产权优势。[①] 西门子的知识产权优势不仅在于致力于标准的制定，还在于能够灵活地优化组合专利。西门子内部有固定的专利评估机构，负责判断员工提交的技术方案是否适合于申请专利，并对每个技术方案进行审查评估，对新提交的技术方案进行改进与组合，形成最优专利申请。除了专利申请环节的精细化操作，西门子对已有专利也实行动态评估，主动放弃那些成本高于收益的专利，而强化实施那些具有市场优势的专利，优化那些具有市场潜能的专利，围绕核心专利，持续增加外围专利，形成具有竞争力的专利布局。西门子公司通过知识产权转让、许可等措施，既为公司产生巨额利润，又推广了技术应用。[②] 西门子积极开展产、学、研的合作，促进知识产权成果的应用及产业化和市场化。对于科研机构取得专利的技术成果，凡具有市场潜在价值的，就果断向科研机构购买专利技术或专利许可，尽快将专利成果转化为现实生产力。

3. 知识产权管理

西门子公司内部建立了知识产权共享机制，无论是知识产权总部，还是各地区的知识产权办事机构，或是各个业务部门，都可以免费使用公司知识产权及相关的技术信息。知识产权的共享实质是知识与信息的共享，这种共享模式消除了利益分割，加速了知识流动与整合转化的时间，有效提升了知识产权商业应用的效能发挥。由于西门子知识产权总部中央研究院与地方知识产权办事机构分工不同，产生的专利成果领域不同。总部的专利，较多是基础性的共性技术，同一项专利往往可以在多个业务领域或事业部使用，通过集团共享无疑有助于加速知识成果的有效转化。而地方知识产权机构接近工厂与市场，有利于收集创新与市场信息并反馈给总部。因此，无论是基础性共性技术，还是应用性特征技术，在西门子公司内部都能很好地被共享利

---

① 石书德. 西门子的知识产权管理 [J]. 企业管理，2012（10）：50 – 51.
② 袁方洁. 组织理论视角下高新技术企业知识产权战略的实施——以铜陵有色、兖矿集团、西门子公司为例 [J]. 黄金，2016，37（5）：1 – 6.

用。内部共享促进西门子各业务领域知识产权形成一个整体，实现知识在集团内最大范围的自由分享和利用，提升了知识产权对公司竞争力的增强作用，为公司知识产权战略的实施提供了良好的内部机制环境。①

三、启示

中国华为与德国西门子在发展历史和发展领域都有所不同，前者的历史只有短短三十几年时间，是新兴 ICT 行业的佼佼者，后者是具有一百多年历史的制造业领航者。但毫无疑问，两者都是创新型企业。华为的创新爆发力与西门子的创新持久力使这两个世界顶尖企业具有旺盛的生命力。在对这两个公司形成企业创新生态系统的过程进行分析比较后发现，两者都具有能够凝聚公司力量、驱动公司创新的企业文化，而其中知识产权文化的重视与沉淀既为公司统一了价值认同和奋斗目标，又带来了经济利益与社会效益。知识产权文化成为华为与西门子企业生态系统各要素聚合协同的精神联结。具体而言，华为与西门子公司的知识产权文化及在创新生态系统中的作用具有以下共同特征。

（一）知识共享、创新进取、诚信担当

华为与西门子都在世界范围内广招贤才，不仅以高薪吸引人才，而且通过与著名科研机构或者大学合作，投资共创实验室或培训机构，为企业培养优质人才。华为与西门子公司的人才使用制度则让人才实现了职业理想，两个公司都做到了因才委任、因能施奖，形成良好的人才激励机制。人才是创造智力成果的主体，但创新生态系统中创新成果的高效产出需要各个创新要素的组合共进，知识共享、协同合作成为必要。华为和西门子做到了这些要求。公司内部知识与成果共享，不仅有利于内部信息的获取与资源的整合利用，同时公司也通过产学研合作机制，通过对大学的资助对接活动，有选择地共享知识与信息。公司中个人和团队创新取得成功的重要原因之一是对公司的信息库的利用，企业也从这样的共享模式中获益，一方面有益于企业优质人才输入，另一方面也从共享者那里获得对等重要的信息与资源。人才、

---

① 顾晓月. 西门子知识产权管理工作研究初探［N］. 中国知识产权报，2014-11-01（008）.

知识和信息都是创新生态系统的基本要素，创新组织使用创新要素完成创新行为以及将创新成果最终转化为商业利润是一个艰难而漫长的过程，创新动力、创新价值观对这一过程起着目标引领与精神支撑的作用。创造力和积极性是提高企业创造绩效的两个重要因素，在不同的企业文化背景下，研究人员与研究团队在创新组织中自主空间的大小不同。[①] 从创新绩效结果来看，华为与西门子的企业文化都很好地给予创新人员适宜的自主空间，很好地激发了员工的创造力与积极性。华为与西门子的这种文化深入企业骨髓，为企业带来了战胜困难、不断进取的精神动力。

在华为与西门子的创新系统中，领导者的精神对企业整体文化环境的形成起到重要作用。美国风险资本家和红杉资本的创始人唐纳德·瓦伦丁（Don Valentine）就企业家个人在创新中的意义作出结论："太多的人认为创新环境中的关键是钱，对我来说，环境的关键在于个人企业家，个人在造成组织行为显著差异方面的作用以及创新和获取市场份额的内在能力至关重要。"[②] 当企业或有远见的领导转向传统导向（官僚）领导时，会导致企业明显转变。华为的领导者任正非在华为初创时，经营策略上，坚持"压强原则"，瞄准目标，集中人力、物力、财力、实现重点突破。[③] 任正非的名言"烧不死的鸟就是凤凰"成为华为员工战胜困难的座右铭，在 2022 年公司的内部杂志《华为人》第一期的最后一页上写着与这句话一样道理的文字："没有退路就是胜利之路"。[④] 任正非爱惜人才，宽容失败，敢于承担风险的精神也一直贯穿于华为公司的发展史，成为华为企业文化的重要特征，使华为集聚了人才，凝聚了所有人的合力，激发了极大的创新能量，理顺了内外众多利益关系，实现了创新资源的良性循环，使华为走向成功。对于西门子而言，领导者精神引领和凝聚了企业的核心文化，创始人西门子永远是企业的精神丰碑。

---

① ［德］柏林科学技术研究院. 文化 VS 技术创新［M］. 吴金希，等，译. 钟宁，樊勋，校译. 北京：知识产权出版社，2006：8 - 9.

② George A Giannopoulos，John F Munro. The Accelerating Transport Innovation Revolution ［M］. See Case Study Ⅸ - US—The Role of Individuals in the Creation and Sustainability of Innovation Ecosystems. Copyright：Elsevier Inc. 2019.

③ 王民盛. 华为崛起［M］. 北京：台海出版社，2019：155.

④ https：//www - file. huawei. com/ - /media/corp2020/pdf/publications/hw - people/hwp - 358 - cn. pdf ［2022 - 10 - 04］.

（二）把知识产权放在发展的战略高度，将知识产权列为核心竞争力

华为与西门子公司的专利申请量与专利合作协定申请数量都连续多年居世界前列。截至 2021 年底，华为在全球共持有有效授权专利 4.5 万余族（超 11 万件），90% 以上专利为发明专利，华为在中国国家知识产权局和欧洲专利局 2021 年度专利授权量均排名第一位，在美国专利商标局 2021 年度专利授权量位居第五。① 2021 年华为以 6 952 件 PCT 申请量第五次成为全球最大的申请人。② 华为与西门子成为知识产权世界强企的初始原因在于它们全方位看待知识产权。在对知识产权与其他竞争优势关系的认识上，它们都将知识产权列为企业核心竞争力；在对知识产权进行衡量时，是以市场损益的角度，而非以研发成本的角度；在对知识产权的效能认识上，两者都认为长远目标重于短期利益。知识产权是企业的核心能力，华为高度重视技术创新与研究与对创新成果的知识产权保护，以保持参与市场竞争所必需的知识产权能力。

第一，实施标准必要专利战略，积极参与国际标准的制定。现今世界一流企业都是掌握标准必要专利的企业，华为与西门子也不例外。标准必要专利是企业占领世界某一技术领域高地的利器，华为与西门子都尽力推动自有技术方案纳入标准，以取得技术实施、许可以及专利保护的坚实后盾。持续参与并贡献产业与学术组织。华为积极融入各类产业和学术组织，共同探讨产业难题，促进基础研究、标准制定和产业合作。截止到 2020 年，华为在全球 600 多个标准组织、产业联盟、开源社区、学术组织中担任超过 400 个重要职位，累计提交标准提案超过 65 000 篇，参与产业联盟项目 30 多个，加大基础软件领域开源创新并持续贡献主流开源社区，积极投入学术活动并发表 590 多篇论文。③

第二，遵守和运用国际知识产权规则，积极与其他企业合作，依照国际

---

① 华为 2021 年年报［EB/OL］. https：//www. huawei. com/cn/annual－report/2021 ［2022－10－4］.

② 国家知识产权局，https：//www. cnipa. gov. cn/art/2022/2/10/art_53_173154. html ［2022－05－04］.

③ https：//www－file. huawei. com/－/media/corp2020/pdf/publications/hw－people/hwp－358－cn. pdf ［2022－10－04］.

惯例处理知识产权事务与交叉许可商业合作等，通过多种途径解决知识产权问题，消除由于知识产权垄断而形成的企业竞争壁垒。华为与全世界主要ICT企业达成了专利交叉许可，并积极通过自身实践致力于行业和国家的创新以及知识产权环境的完善。

第三，加强知识产权保护，积极进行专利诉讼。华为与西门子都有部署严密的全球知识产权保护系统，有知识产权总部与分布在世界各地的分支部门，并在工作任务上有合理分工，通过制定知识产权计划，进行知识产权布局，进行知识产权转让、许可、诉讼，为公司保有知识产权带来的市场竞争力保驾护航。华为先后与摩托罗拉、三星、思科等国际商业巨头公司发生知识产权侵权诉讼，华为积极应诉，并找准对方专利瑕疵提起反诉，变被动为主动。尤其在与思科的斗争中，华为表现出不畏强权的气势，据理力争，展现出了一家企业应有的维权勇气和坚定立场。不仅维护了自己的利益，也给我国IT企业应对国际知识产权侵权纠纷树立了榜样。华为靠有组织有规划的专利战略，正确的专利处理方法，恰当的应对措施，在防范竞争对手侵犯的同时，维护了自己的权益，保障了企业的快速发展。

（三）结论

不同企业的创新过程不同，但文化因素对创新的影响是相似的。文化对企业创新提供内驱力与持续力。在企业初期发展阶段，企业精神主要激发企业创造力，在企业发展稳定阶段，文化环境更多地起到凝聚、协调的作用。创新型企业应培育尊重知识、崇尚创新、诚信守法的知识产权文化，这三个方面涵盖了不同企业共同的文化建设目标，是概括的内容，具体措施可由企业结合所在地域的文化环境进行适应变通。企业无论如何都不能忽视企业文化的重要作用。为此，应努力提高文化软激励对创新的作用程度，尽量制造宽松的组织环境，减少"硬性规定"对员工创造力的约束。企业管理者应具备自身精神激励的知识和技能，提高企业精神激励供给，不断优化激励结构，提高激励总效用，同时，团队领导应加强与员工的交流和沟通，建立良好的非正式关系。①

---

① 张毅，闫强. 企业核心技术创新的激励结构分析 [J]. 科学学研究，2022，40（5）：938 - 949.

在企业的知识产权文化建设中，集体主义与个人主义孰优孰劣成为一个可关注的问题。在众多创新型企业的创新文化中，都存在影响创新的两种文化要素：一种是强调集体的智慧与力量，重视团体的合作与协同。前者如华为"利出一孔""力出一孔"，后者如苹果公司的"精英文化"。两种理念都成为激励创新的文化支撑。集体主义与个人主义在创新过程中的作用并无简单的优劣之分，而是要与企业所处的社会文化环境相适应。日本的创新型企业大多崇尚集体至上，注重团队的力量，强调个人发展是与企业发展共进退的发展，当个人发展与集体利益相冲突时，必然是以整体为重，这与日本社会整体的文化理念相一致。个人主义之所以给苹果公司带来巨大的创新动力，原因也在于个人主义、英雄主义是美国主流的知识产权文化的理念基础。西门子公司的巨大成功也与历史悠久厚重的德国文化一脉相承。所以我国企业的知识产权文化也应与我国社会文化环境相适应，不能抛开传统文化，但并非完全遵循传统文化，应甄别传统文化中促进和阻碍创新的意识和理念。另外，文化是发展的，某些传统文化与现代经济发展、科技创新格格不入，在当今甚至已经为大多数公众所摒弃，那么不应让其成为创新道路上的绊脚石。

第七章

中国国家创新生态系统
建设中的知识产权文化

　　从前文对国家、地区、企业三个层面的创新生态系统的研究中，从理论与实践的证实中，可以得出结论：知识产权文化对各层面的创新生态系统的构建与运行都起着不可或缺的作用，已然内化为各个层次创新生态系统的要素组成，规范、引导、创新生态系统中相关主体的行为模式，并对创新行为产生正面的激励作用。当下对我国创新生态系统下知识产权文化的建设一定是考虑创新生态系统特征、适应创新生态系统需求的知识产权文化。所有的构建与完善均应以问题为导向，知识产权文化亦不例外，一切需要在对我国知识产权文化现状考察并总结问题的基础上有所作为。

第一节　中国知识产权文化建设现状

一、国家知识产权战略的实施

　　知识产权战略，是国家为了加快建设和提高知识产权的创造、管理、运用和保护能力，加快建设和完善现代知识产权制度，加快培养高素质知识产权人才队伍，而就知识产权工作作出的重大性、全局性的总体谋划。知识产权文化建设是国家发展计划与国家知识产权战略的一个重要内容，但事实上，由于文化的形成受多种因素的影响，知识产权战略对知识产权文化的形成不仅起直接建设的作用，还体现在对其他政策和措施实施的影响上。①

（一）知识产权制度体系的完善

知识产权制度运行实践成为知识产权文化形成发展的动因，法律制度作为法律文化的认知、评价客体，其产生与变革必然引发法律文化内部的调适，有了制度的推行与实践，知识产权文化才能形成与发展。知识产权文化只有立足于本国先进的知识产权制度基础上，才能具有强大的支撑力，进而与制度乃至整个社会发展需要相适应。在知识产权战略实施后到现在，知识产权单行立法不断修改完善，同时，在民法典、刑法以及其他部门法的制定和修改过程中，也补充完善了与知识产权相关的内容。知识产权制度体系更加科学、完备，知识产权制度内容更加适应实践需求，对知识产权文化的形成与发展起到极大的推动作用。最明显的两个方面是强化产权保护与激励创新的立法，对尊重知识、崇尚创新的知识产权文化形成的推动作用是毋庸置疑的。

1. 加大知识产权保护力度

第一，扩大知识产权保护范围。细化保护规定，延长保护期限。2013年修改商标法，扩大受保护的商标标志范围，明确可以申请注册声音商标；2019年修改反不正当竞争法，完善商业秘密保护范围规定，细化侵犯商业秘密的行为类型；2020年修改专利法，明确局部外观设计受法律保护；2020年修改著作权法，对作品类型作出开放性规定，为将来可能出现的新类型留出空间；同时调整广播权的内容，将有线无线的传播方式都纳入广播权的保护范围。修改专利法，延长外观设计专利的保护期限，增加专利权期限补偿制度。

第二，降低知识产权获得的难度。2010年修改的专利法实施细则减少了有关收费项目，取消了申请维持费、中止程序请求费、强制许可请求费、强制许可使用费的裁决请求费等四项收费项目，减轻当事人的负担。同时放宽了当事人享有优先权的限制，增加了外观设计的国内优先权，放宽了优先权文件的提交期限。

---

① 曹新明，梅术文. 知识产权保护战略研究［M］. 北京：知识产权出版社，2009：32；韦铁. 知识产权文化概论［M］. 北京：科学出版社，2015：188.

第三，建立知识产权侵权行为的惩罚制度。加大对侵犯知识产权行为的打击力度，完善证据规则，为权利人维权提供法律支撑。修改后的专利法、商标法、著作权法对侵权行为规定了 1 ~ 5 倍的惩罚性赔偿；将法定赔偿数额上限提高到 500 万元；为解决"举证难"问题，明确法院可以责令侵权人提供与侵权行为相关的账簿、资料等，不提供的将承担不利后果。此外，刑法修正案加大了知识产权犯罪的刑事处罚力度，进一步完善知识产权侵权的刑事责任制度。

2. 鼓励创新，促进知识产权的实施和运用

第一，完善职务发明制度。2020 年修改的专利法中新增单位可以依法处置职务发明相关权利、国家鼓励被授予专利权的单位实行产权激励的规定，进一步鼓励发明创造，促进推广应用。强调了对发明人获得报酬和奖励的权利，鼓励多元化的奖酬方式。职务发明制度的完善是平衡各方利益与激发创新热情并举的立法选择。

第二，强化促进发明创造的应用与转化，新增专利开放实施许可制度。2020 年修改的专利法将"有利于发明创造的推广应用"修改为"推动发明创造的应用"，强化了专利法在促进发明创造应用方面的功能和作用，与"提高创新能力"一脉相承。具有开放性、共享性、公平性、自愿性特点的专利开放许可制度有助于降低交易成本和交易风险，促进供需双方对接，既是鼓励专利转化运用的重大举措，也是促进科技成果转移转化的一项重要制度创新。

（二）健全知识产权保护体系

我国知识产权保护实行司法保护和行政保护双轨制。2008 年国家知识产权战略纲要中将"健全知识产权执法和管理体制"作为战略重点，将"提高知识产权执法水平"作为战略措施。2021 年知识产权强国战略纲要仍然将健全公正高效、管辖科学、权界清晰、系统完备的司法与行政保护体制作为重要目标。

1. 司法保护体系的完善

第一，不断健全知识产权专门化审判体系。知识产权法院是响应《中共中央关于全面深化改革若干重大问题的决定》中所提出的为了加强知识产权运用和保护，健全技术创新激励机制而设立的审判机构。随着知识产权法院和知识产权法庭相继设立，知识产权案件管辖布局不断得到优化，初步探索出一条中国特色知识产权专门化审判道路。2016 年 7 月，最高人民法院将"司法主导、严格保护、分类施策、比例协调"确立为知识产权司法保护的基本政策。2017 年 4 月，最高人民法院首次发布《中国知识产权司法保护纲要（2016－2020）》，确立了知识产权法院体系、证据规则、损害赔偿等八个方面的目标，以及完善管辖制度、完善技术事实查明机制、开展特别程序法研究等 15 项措施。2018 年 2 月，中共中央办公厅、国务院办公厅印发了《关于加强知识产权审判领域改革创新若干问题的意见》，这是中国首个针对特定审判领域改革创新的纲领性文件。知识产权案件审理机制逐步改革，建立了最高人民法院知识产权法庭统一审理全国范围内专利等专业技术性较强的知识产权上诉案件的上诉审机制，进行"三审合一"的审判机制探索。专门化、一体化、专业化、科学化的知识产权审判组织体系趋于完备。

第二，完善知识产权诉讼制度。随着知识产权战略的实施，符合诉讼诚信原则、有利于当事人诉讼举证的知识产权诉讼机制得到完善。加大对于知识产权虚假诉讼、恶意诉讼等行为的规制力度，防止滥用知识产权，推进知识产权诉讼诚信体系建设。2020 年最高人民法院发布《知识产权证据规定》，集中解决知识产权民事诉讼中的权利人"举证难"的问题，对证据保全、司法鉴定、专家辅助人制度等作出详细规定，符合知识产权案件特点的、科学的诉讼证据规则得以建立，提升了知识产权保护效能。

第三，不断加强知识产权审判队伍建设。《中国知识产权司法保护纲要》（2016－2020）提出逐步实现全国法院知识产权法官队伍建设一体化。具体措施包括建立多样的审判人员交流机制，建立从立法工作者、大学教师、律师队伍中选拔审判人员的机制。员额制改革增强了法官的职业化和精英化。以提升审判人员政治素养和职业素养为直接目标，使审判人员的岗前培训和定期轮训等职业培训更具有针对性和有效性。完善技术调查官制度，对于技术调查官的选任条件、工作方式、工作职责、薪酬待遇等进行细化规定，积极发挥技术调查官在知识产权审判中的作用。

2. 知识产权行政保护体系的健全

第一，调整知识产权行政保护机关设置与职能划分。2018 年，根据党的十九届三中全会审议通过的《中共中央关于深化党和国家机构改革的决定》《深化党和国家机构改革方案》和第十三届全国人民代表大会第一次会议批准的《国务院机构改革方案》，国务院发布《国家知识产权局职能配置、内设机构和人员编制规定》，对知识产权行政管理机关的设置进行整合，将管理和保护商标、专利、原产地地理标志、集成电路布图设计等知识产权的行政机关整合为国家知识产权局的分属机构，国家知识产权局是国家市场监督管理总局管理的国家局。整合后的知识产权行政管理机关更有利于资源整合，优化流程，提高管理效率。

第二，提高政府知识产权公共服务水平。知识产权战略的一个重要目标就是培育和发展市场化的知识产权信息服务，满足不同层次知识产权信息需求，并明确鼓励社会投资知识产权信息化建设，鼓励企业参与知识产权信息建设。国家知识产权局发布的《知识产权公共服务"十四五"规划》中对"十三五"期间取得的知识产权公共服务成就进行了总结。知识产权公共服务体系建设扎实推进，立体化、多层级的知识产权信息公共服务体系初步形成，公共服务骨干节点覆盖率持续提升，91%的省（自治区、直辖市）、副省级城市、计划单列市设立知识产权公共服务机构开展专利、商标信息服务，27%的地级市设立综合性知识产权公共服务机构，公共服务主渠道作用日益凸显。广泛动员社会力量参与知识产权公共服务工作，建成51家技术与创新支持中心，为创新主体提供精准化、高质量的知识产权信息服务；建设60家高校国家知识产权信息服务中心，为高校知识产权的创造、运用、保护和管理提供全流程服务。知识产权信息传播利用效能不断提高，基础数据开放力度、信息利用意识和能力持续提升，向全社会开放专利基础数据34种、商标基本信息5 100多万条。知识产权公共服务信息化基础设施立项建设取得实质性进展。国家知识产权公共服务网上线运行，提供各类知识产权业务办理、信息查询、数据下载等一站式服务，初步实现"一网通办"。部署新一代地方专利检索及分析系统，进一步提升各级知识产权管理部门对社会公众和创新主体的信息公共服务能力。①

（三）知识产权人才培养

1. 知识产权的普及教育

2009年颁布的《国家知识产权战略实施推进计划》中指明了在中小学

---

① 国家知识产权局 . 知识产权公共服务"十四五"规划［EB/OL］. https：//www. cnipa. gov. cn/art/2022/1/7/art_65_172688. html［2022 − 10 − 11］.

实施知识产权教育的意义及今后的努力方向。此后，中小学校的知识产权教育工作开始启动，采取由示范学校的知识产权教育逐步过渡到中小学知识产权普及教育的渐进方式。2015年开始，全国多地启动了中、小学知识产权教育试点示范工作，政府指定示范学校，给予示范学校以一定的扶持措施。如提供引导经费、知识产权教育读本、教师培训、资助和奖励中小学生的发明创造及组织师生开展国内外知识产权的教育交流活动。知识产权教育活动在中小学的开展，培育了青少年知识产权意识，激发了学生对科技创新的初始兴趣，对于全社会知识产权文化氛围的形成和国家知识产权人才培养基础的打造都大有裨益。

目前部分省份都已开展中小学知识产权教育，但深度和广度各有差异，中小学知识产权教育的普及且达到培养青少年知识产权意识与创新精神的良好效果，仍需政策的支撑、推行与具体措施的落实。

2. 知识产权的专业教育

2016年《国务院关于新形势下加快知识产权强国建设的若干意见》提出，加强知识产权专业人才队伍建设，加强知识产权相关学科建设，完善产学研联合培养模式，在管理学和经济学中增设知识产权专业，加强知识产权专业学位教育。"十三五"期间，知识产权人才发展体制机制和政策环境进一步优化，全国知识产权人才队伍快速壮大，达到69万人，全国50多所高校建立了知识产权学院。人才结构趋向合理，"五个一批"知识产权急需紧缺人才队伍基本形成，人才能力素质全面提升，人才工程项目实施效果明显，人才评价机制不断完善，国家经济职称系列增设知识产权专业，知识产权人才工作取得了显著进步。[①]

2015年，《中华人民共和国职业分类大典》中增加了"知识产权专业人员"类别，2019年人力资源社会保障部颁发的《关于深化经济专业人员职称制度改革的指导意见》中明确知识产权专业职称，2022年《研究生教育学科专业目录》中新设知识产权专业硕士学位。知识产权专业人才的实践需求与国家政策的推动下，我国知识产权专业人才培养体系已初步形成。高校中培养知识产权专业人才的模式主要有以下四种。第一种，知

---

① 国家知识产权局. 知识产权人才"十四五"规划 [EB/OL]. https：//www. cnipa. gov. cn/art/2022/1/27/art_67_172947. html.

识产权法学本科专业培养。将知识产权专业置于法学学科之下，作为法学二级学科，是当前大学学科设置的普遍做法。开设的课程基本是法学课程目录下的知识产权法课程，培养的人才主要是从事知识产权保护工作的法律人才。① 第二种，知识产权法律硕士。招收对象面向所有专业的本科毕业生，培养方案侧重于知识产权法的实践课程，主要包括专利代理实务和知识产权管理实务课程。培养方式上实行双导师制，既有专业理论导师，也有实务学习导师。法学在知识产权人才的培养方案中占据重要地位，中国政法大学法律硕士学院的经验可供借鉴，该院为理工科背景的学生专设知识产权方向课程组，邀请知识产权法院的法官参与课堂教学，着重开展应用型和复合型知识产权人才培养。② 第三种，知识产权法学第二学位。理工科本科毕业生学生获得第一学位后经考试择优后攻读两年的知识产权法专业课程，取得知识产权第二学位，或者在读第一学位课程的同时，在本校同时学习知识产权第二学位课程，并取得第二学位。第四种，知识产权硕士、博士培养。主要培养知识产权学科研究人才，培养方案主要为知识产权理论研究，培养方向为高校、研究机构的知识产权教学与研究人员。也可由知识产权学院与经管学院联合培养知识产权管理博士，如暨南大学在全国率先推出的工商管理硕士 EMBA（知识产权管理方向）专业学位，以培养企业知识产权高级管理人员。③

多种模式的知识产权专业人才培养使我国高校在较短时期内培养了一批具有专业知识尤其是知识产权法律专业知识的人才，但对于知识产权人才市场来说，人才的数量仍然不够，且缺少知识产权高层次、复合型人才。存在的问题有三个方面：第一，知识产权人才知识结构单一，大部分是知识产权法学人才，缺少知识产权管理、知识产权运用人才；第二，知识产权人才的培养与实务工作联系太少，缺少必要的知识产权实践课程；第三，高层次国际化的知识产权应用人才仍然比较缺乏。

3. 知识产权人才培训

知识产权人才培训是提升知识产权职业人才队伍素质的重要途径。自实

---

① 邓建志. 知识产权专业本科教育问题研究［J］. 知识产权，2017（11）：77－83.
② 陶鑫良，张冬梅. 我国知识产权人才培养与学科建设的沿革回顾与发展建言［J］. 中国发明与专利，2018，15（4）：13－24.
③ 暨南大学新闻网，https：//news. jnu. edu. cn/Item/762. aspx.

施知识产权战略以来，国家和地方知识产权局都将知识产权人才培训作为重要工作任务之一，举办了多层次、多形式的知识产权人才培训，实务研修班，并对培训效果进行评估。设立了国家知识产权培训基地，建立了国家知识产权人才研究中心，加大了对创新人才的培训力度。建立了在政府指导下，以知识产权培训基地为主要依托，以高等学校和科研院所、企业、知识产权服务机构为辅助，以市场为导向的产学研知识产权人才联合培养机制。以培养高水平复合型人才为目标，逐步探索由高校、企业和知识产权服务机构共同参与的知识产权人才产学研培养模式，建立以需求为导向的知识产权人才联合培养机制，初步形成了知识产权人才培养和交流平台。加强知识产权培训计划统筹，创新知识产权培训方式，举办各类知识产权保护相关培训班。培训以面授和网络授课的方式，既有知识产权精品课程，又有知识产权国际培训班，做到人才培养的针对性，既提高已有知识产权工作人员的知识和业务水平，又针对培训国家知识产权强国最急需的知识产权人才，推进知识产权人才培养建设。

二、知识产权文化建设的具体措施

（一）发布知识产权相关报告

发布知识产权相关报告是每年国家知识产权宣传周的必备活动之一。从类型分，有关于知识产权保护总体状况的报告，如国家知识产权局每年发布《中国知识产权保护状况白皮书》《中国知识产权发展状况评价报告》等；有关于知识产权不同保护范围的报告，如《网络版权保护年度报告》《植物新品种保护年度报告》等；有不同知识产权保护部门报告，如《知识产权司法保护状况》《海关知识产权保护状况》等；有知识产权与社会经济发展的相关报告，如《中国版权产业的经济贡献调研报告》《中国知识产权保护与营商环境新进展报告》等；除以上年度报告外，国家知识产权局还发布了知识产权相关年鉴、工作汇编以及发展总结等。地方知识产权局也发布地方知识产权保护状况报告。这些文件是对我国知识产权工作与成绩的必要总结，以公开发布的形式，是公众了解我国知识产权事业发展状况的重要途径，对增强公众对我国知识产权事业发展的信心具有重要意义。

（二）对侵权假冒、盗版行为保持高压打击态势

打击侵权假冒、盗版行为是在全社会建立尊重知识产权氛围，培育知识产权生态系统的必要措施。国家版权局强化网络领域版权监管，打击各类侵权盗版行为，对网络文学、手机软件应用，电商平台，网络广告联盟、私人影院等领域的侵权盗版行为进行专项整治。建立信息共享平台，加强行政执法与刑事司法衔接。成立全国打击侵犯知识产权和制售假冒伪劣商品工作领导小组办公室。实现跨区域协作，推动建立线索通报、案件协查机制。建设知识产权系统信用信息平台，建立知识产权保护社会评价机制，建立知识产权快速维权中心。建立"打击侵犯知识产权犯罪情报研判平台"。探索建立知识产权保护信息化治理机制，推进全国和区域性知识产权侵权假冒线索系统建设。对侵权假冒、盗版行为的高压打击，提升了公众对国家知识产权保护的满意度，强化社会中"以假冒、盗版为耻"的认知，逐渐打消大众对假冒伪劣产品的需求。同时，高压打击侵权假冒与盗版行为，也为良好营商环境的形成清除了障碍，有利于创新热情的激发与创新行为的实施。在对侵权盗版进行严厉打击的同时，国家版权局推进软件正版化工作，积极开展国产软件应用试点，对中央和国家机关软件正版化工作进行全面检查。软件正版化从正面推广尊重知识产权的观念意识，让尊重知识的知识产权文化从国家机关扩散至整个社会面，逐步形成全社会提倡软件正版化、杜绝侵权盗版产品的风气。

（三）多种形式的知识产权文化宣传工作

知识产权宣传工作以前只是在每年的知识产权日等特定时间节点开展进行，没有长效性。近年来，随着网络宣传途径的增加，知识产权宣传逐渐成为工作的常态。知识产权文化宣传工作以多种方式开展，包括官方微博、在线访谈、以案说法、曝光案例、微信推送、微电影手机客户端、法治动漫电影作品征集展播、线上线下知识产权动态展播、制作宣传册，宣传知识产权法规等。知识产权文化宣传工作针对不同的群体开展，如开设面向公众的普法专栏，发布新规释义与典型案例，并在全国开展知识产权宣讲活动；面向全体公众举办与知识产权有关的微视频征集与征文活动；开展全国知识产权公益广告大赛；举办网络版权保护大会；建立知识产权举报投诉与维权援助

服务网络，成立中国互联网企业知识产权保护战略联盟，发布反侵权假冒年度报告与知识产权保护社会满意度调查报告；对青少年加强知识产权宣传教育，举办全国青少年科技创新大赛，举办全国大学生版权征文活动。开展针对在校学生的知识产权讲座、展览等。

三、对公民知识产权文化的调查

自我国 2008 年实施知识产权战略，将建设知识产权文化作为战略内容之一以来，立法上不断完善知识产权法律法规，执法上大力加强对知识产权保护，知识产权宣传不断扩大，知识产权教育不断深化。那么我国公民的知识产权文化有没有得到提升，公民对知识产权的认知与知识产权保护意识是否有所增强，公民对创新的认同与创新精神的培养是否有所表现？为了解我国公民知识产权文化的现状，检视知识产权文化建设中的问题，进而思考并提出解决对策，本书在 2020 年 3 月 1 日至 2022 年 8 月 27 日期间（由于疫情，调查非连续进行），对我国公民知识产权文化状况以纸质问卷形式进行调查，被调查者为 18~65 岁的来自不同行业、不同地区、具有不同教育学历及不同收入的公民，本次调查共收到有效问卷 556 份。问卷从公民知识产权保护意识与创新意识两大部分来设计问题，在这两部分问卷中，又从不同角度对问题分层提出，力求问卷所反映的公民知识产权文化状况全面客观。调查后，课题组用 SPSS 统计软件对调查问卷进行数据分析，用 Excel 软件进行图表处理。

（一）对公民知识产权保护意识的调查

1. 公民对知识产权的概括认知情况

为了解公民对知识产权的认知度情形，本书通过公民对知识产权的概括认知、对知识产权与经济发展关系的认识、对知识产权内容的认知几个方面来考察。概括认知方面，在收到的 556 份有效问卷中，对知识产权表示了解的人数占 27.9%，表示听说过的占 69.6%，表示没听说过的占 2.5%。这表明总体上公民对于知识产权的概括认知度较好，较《中国知识产权报》在 2011 年所做的中国社会公众知识产权认知程度调查报告中"92.31% 的受访者了解或听说过知识产权"的结果，本次调查的受访者了解或听说过知识产权的比例为97.5%，当然，因为本次受访者中本科以上学历的人群比例占77.5%，还是以高学历人群为主，以城镇居民为主（90%以上），所以公众认知度的调查结果比实际情况好一些。但在相同条件下，对比10年前，社会公众对知识产权的认知度仍有明显提升。尽管其中超过2/3的调查对象只是听说过知识产权，但仍可证明知识产权已经普遍进入大众的生活领域内，不再是一个社会大多数人完全陌生的概念。对于完善知识产权制度是否对经济发展有利的问题调查中，有87.4%的受访者认为有利于经济发展，只有8.5%的人觉得关系不大，4.1%的人持否定态度。公众对这个问题的态度与对知识产权的知晓程度是大体一致的，也就是说，认为完善知识产权制度对经济发展有利的人群基本就是对知识产权有所认知的人群。这也印证了知识产权制度作用于生产生活是以知识产权转化为现实生产力为表现方式的。但公民对知识产权的认知只是简单肤浅的，这一表征从公民对国家关于保护知识产权相关政策的了解程度可以得知。只有3.1%的人非常了解国家关于保护知识产权的政策，而24.8%的人完全不知道国家关于保护知识产权的政策，72.1%的人只是知道一点点。这反映出公众对知识产权法律政策仍然缺乏应有的认知。造成认知缺乏的原因有客观上缺少学习获得知识产权法律政策的途径与主观上公众对知识产权法律政策的接受程度。网络时代，公众要获得知识产权法律政策是很容易的，但网络宣传知识产权法律政策的方式只是生硬的法条或是专业的案例，可能会使公众知道并理解知识产权法律政策的可能性大打折扣。对于普通公众而言，知识产权法律政策宣传的方式对于公众的接受程度更为重要。公众需要通过一些喜闻乐见、易于理解的形式来认知并理解知识产权法律政策。

问卷调查区分不同年龄段、不同职业与不同教育学历程度的人群对知识产权的认知状况进行考察。因年龄、职业、受教育程度不同而对知识产权基本认知有显著差别。21～60岁的受访者人群中85%以上都认为知识产权制度对经济发展有利。认为不利于经济发展的约占4%，而认为关系不大的约占10%。就21～30岁；30～40岁；40～50岁；50～60岁这四个区间段来看，30岁以下年龄段的群体了解知识产权的比例最高，达35.3%，反映出知识产权的时代性特征，更容易为年轻人群接受。50岁以上人群普遍对知识产权缺乏了解。从受访人学历与知识产权认知关系来看，本科以下了解知识产权的比例为4.8%，本科为32.2%，硕士为35.0%，博士为72.7%，基本上学历由低到高与知识产权认知度成正比。不同职业群体中，IT/互联网、教育科研从业人员对知识产权了解的比例排在前面，分别为68.2%、30.8%，这些行业工作通常与知识产权保护的客体密切相关。值得注意的是，受访的大学生中，表示对知识产权了解的比例达33.3%，说明这几年在高校中开展的知识产权教育取得一定效果。

从问卷调查情况来看。对于知识产权与经济发展关系的认知度与对国家知识产权政策的了解度，都与学历由高到低呈正相关，与年龄由大到小呈反比关系，由于不同职业对知识产权的密切度而使其员工产生对知识产权不同的认知度。个人收入与知识产权的认知度基本也成正比，收入越高，对知识产权的认知度也越好。反映知识经济时代收入—知识—知识产权的必然联系，内在的互生逻辑关系不仅在国家的经济发展和企业的市场行为中演进，也在社会个体的生活中得到体现。

2. 公众的知识产权保护意识

公众获得知识产权信息的途径：政府发放的宣传单为26.3%，报纸为23.6%，书籍为30.9%；而网络已成为公民获取知识产权信息的最主要途径，达到58.1%，相比于2011年中国知识产权报公布的26.02%的调查结果，[①] 本次调查结果显示网络获得知识产权信息的公众比例大幅提升。这是因为近几年我国网络与智能手机的普及，手机网民数量激增，通过手机网络获得知识产权信息成为公众最便捷的一种方式。中国互联网信息中心2021年发布的《中国互联网络发展状况统计报告》显示，我国网民规模达10.11亿人，互联网普及率达71.6%。[②] 网络宣传具有信息量大、传播速度快等特点，因此，应在网络宣传的具体形式上进行创新，以用更为公众易于接受的形式深入浅出进行知识产权的宣传。

对知识产权保护措施的认识。问卷设计了被调查者对自己的发明创造会采取的行为的假设情形，以考察公众对智力劳动创造成果保护的态度与方式。调查显示，公众对于自己的发明创造，选择申请专利的比例最高，为71.4%，说明公众对于专利的认知状况良好，对专利保护发明创造有着较为

---

① 2011年社会公众知识产权认知程度调查分析报告［N］. 中国知识产权报，2011－04－15（008）.

② 中文互联网数据研究资讯中心. CNNIC：2021年第48次中国互联网络发展状况统计报告［EB/OL］. http：//www.199it.com/archives/1302411.html［2022－04－23］.

普遍的认同。但公众对专利的认识仅是对专利保护客体的概括认识，对于专利权如何保护发明创造、专利权的权属则并不太清楚。受访者关于职务发明的权属问题的回答证明了这一点，87.6%的受访者对职务发明创造的权利归属并不清楚或者认识错误。

在对商标注册受理机关的认知调查中，正确认知的占比为62.6%，但对驰名商标的认知正确程度不高，反映出公众依日常生活经验知晓一点商标权的知识，但知之不多。这也反映在公众对于著作权的保护客体的认知上，法律规定的13种作品，被认为是著作权法所保护的"作品"的认知比例超过50%的仅有4种。这些调查结果表明公众对于专利、商标、著作权等知识产权的认知是非常笼统的，对知识产权具体内容、保护对象的认知尤其不够。这些认知的缺乏一方面会使公众对知识产权保护范围与保护方式产生错误认知，使本应获得知识产权保护的智力创造成果没有成为知识产权。因为除著作权外的知识产权都非自动取得，而是需要特定申请审批程序。同时，对知识产权认知的缺乏，会使知识产权侵权的风险增加。公众在"不知道"的情形下容易实施侵权行为。这两种表现构成对知识产权保护意识的缺乏，成为中国知识产权侵权痼疾在社会大众意识方面的根本原因。

对知识产权管理机关的认识上，就国家知识产权局的职责问题，受访者70%以上认为国家知识产权局具有组织、协调全国知识产权工作，组织知识产权政策的宣传普及工作，以及有关的教育培训、统计工作，制定知识产权法规政策等职能。但对于知识产权局是否对知识产权侵权案件有终局裁判权的认识仍存在很大误区，42.4%的受访者无法区分知识产权局行政管理机关属性，或是根本对司法机关与行政机关的基本职能划分不清，这种认识上的模糊会给权利人维权带来一定困难。

3. 公民对知识产权侵权行为的认知

在对盗版的认识上，此次的问卷调查结果显示，51.3%的受访者曾经购买过盗版书籍、音像制品或电脑软件。其中，购买过盗版书籍的受访者占比42.2%，购买过音像制品的占31.1%，购买过电脑软件的占16.7%。对照2011年中国知识产权报所做的调查，当时73.85%的受访者回答曾经购买过非正版制品。本次调查中购买盗版制品行为的比例明显下降，说明公众对盗版的态度在转变，这十年国家一再加强的知识产权保护，尤其是针对盗版采取的专项执法措施与活动取得了一定成效。但购买盗版制品的行为仍然大量存在，说明两个问题：一是从盗版来源上看，有大量的盗版制品存在，对盗版制品的购买反过来证明盗版制品广泛存在于市场中；二是从购买盗版制品的行为本身来看，反映出购买者对知识产权的认知错误，缺乏尊重与保护知识产权的意识。

公众对于盗版的看法：56.5%的人表示反对盗版，但其中只有24.6%的人表示会举报，更多的人表示不会举报；另有22.8%的人表示盗版侵权不对，但也可以理解盗版行为；20.5%的人表示无所谓，关键看盗版制品的性价比。这里表示反对盗版的人数比例高于曾经购买过盗版制品的人数比例，是因为国家治理盗版的力度在不断加大，软件正版化工作也在大力推进，以及反盗版的宣传教育持续开展，所以现在反对盗版的人群数量多于曾经购买过盗版制品的人数，侧面说明反盗版工作的成效。但不容乐观的是，仍有超过40%的人对盗版的评价持模糊观点，这类人群恰恰构成消费盗版的群体。公众对盗版的具体原因的认识中，认为正版价格太高是导致购买盗版的最主要原因的人数达75.2%，可见消费盗版的动机主要是图价格便宜。而关于正版价格过高的原因调查结果显示：认为个人购买或使用盗版是由于主观上知识产权意识较弱的人数比例占54.7%，认为对盗版侵权打击不够的占48.7%，这是一个主观认识与客观行为发生偏差的结果，也就是说有相当部分的人认为盗版是违法的，应该予以打击，但当自己面对是否购买或使用盗版的具体行为选择时，考虑是实际利益，也就是盗版与正版的价格差及性能差。解决这一问题，除了要不断强化知识产权意识的教育，更为关键的是，加强对盗版的打击，促使正版价格的降低，从而在来源上阻断使用或购买盗版的行为，让购买、使用正版成为一种消费习惯。

对知识产权侵权问题的最好解决方式，33.3%的受访者选择加强知识产权教育，29.7%的群体选择加大处罚力度。这两种方式分别位于第一、第二选择。可见在大众心中，教育与惩罚的目的是一致的，二者相辅相成。反映出公民有接受知识产权教育的自觉愿望，同时对法律制度设定的对知识产权侵权行为的惩罚表示认同。当然，个体有自己最认可的解决方式，但都基本与法律所要实现的功能目标相一致，虽然知识产权制度在我国的确立时间不长，但公民对于侵权行为的处理态度来自普遍的对侵权违法行为的认知，这种认知在较为长久的法制实践中已基本固定形成。这成为治理知识产权侵权行为，加强知识产权保护的良好社会心理基础。

（二）公民创新意识调查

1. 公民对创新的认知

对创新概念的认识上，49.5%的受访者认为创新是尝试他人不敢的事物，55.6%的人认为创新是独特的想法，57.7%的受访者认为创新是对技术有独特的改进，另有28.4%的人认为创新是挑战权威。虽然对创新的认识有一定的片面性与局限性，但这些认知都或多或少涉及了创新的概念内涵，这是国家实施创新战略以来，公民创新意识提高的体现。超过60%的受访者认为创新就是指创新成果，否认创新是一种行为或一种过程，这种认识缺乏对失败的宽容精神。我国社会正是缺少对鼓励冒险、宽容失败的精神的普遍认同，公众大多将创新等同于创新成果，而失败的"创新"不是创新。不允许失败的观念和社会氛围给创新带来了某种程度的障碍，减少了创新的勇气和尝试的机会。

通过问卷调查可知，受访者对创新政策的了解情况不容乐观。非常清楚国家创新政策的仅占比1.8%，知道一点的占69.6%，完全不知道的占28.6%。可见虽然各级政府在大力宣传国家的创新政策，但公众普遍并不知晓。全社会普遍的创新氛围的形成一定是有促进创新的法律政策为依据，而公众也普遍知晓并认可这些法律政策，依据法律政策，去实施创新行为。法律政策是引导公众形成创新观念形成的推动剂，公众缺乏对法律政策的了解，难以形成崇尚创新的社会环境。

2. 公民的创新意识

当被问及是否有过自主创新的想法的问题时，48.9%的受访者回答有过创新的想法，33.5%的受访者说从未有过，16%的受访者曾尝试过但无果，另有1.6%的受访者产生过一定的自主创新成果。从创新想法到创新行动有着很长的距离，从有创新行动到产生创新成果少之又少。但没有创新热情，后面的创新行为与创新成果根本无从谈起，所以对于一个创新社会而言，首先需要的是公众要有创新热情，产生创新想法，社会创造各种帮助公众实现其创新想法的条件与平台。当前，我国公民普遍还是缺乏创新热情，1/3的受访者从未有过创新的想法。注意这种创新并非要求只是技术上的创新，是非常广泛意义上的创新，应该普遍存在于生活中和工作中，但调查结果反映我国公众缺少创新的灵动和火花。这是建立创新社会的思想观念上的障碍。

3. 公民对创新能力培养的认知

培养公民创新创业的因素包括创新环境、社会需求、教育启蒙、科研培养、资金投入等。本次调查中，就关于创新创业培养最欠缺的因素，有28.1%的人认为最欠缺创新环境，12.1%的人认为是社会需求不够，24.1%的人认为最欠缺教育启蒙，17.5%的人归咎于科研培养的问题，还有16.5的人认为是资金投入不够，另有2.2%的人认为是其他因素。可以看出，没有哪一个因素被以特别高的比例人群认为是我国培养公民创新创业中最欠缺因素，相比较而言，认为创新环境与教育启蒙因素是最欠缺因素的比例较高。说明公众首先认可这些因素都对创新创业活动起重要作用，而我国目前这些因素或者条件都有不同程度的欠缺。创新环境因素本身包含平台、制度、氛围等条件，较多的人认识到目前我国的创新环境和国外相比，仍需改善。创新教育启蒙对于公民创新思维的养成非常重要，启蒙教育中没有创新思维的培养与训练，甚至扼杀孩子的好奇心与想象力，会使成年人缺乏创新热情与创新能力。相当数量的公众认识到我国目前中小学教育中对创新教育启蒙的缺乏，并认为这构成对我国创新创业培养的重大障碍。科研培养与资金投入也是影响创新创业的重要因素，过去我们一直非常注重创新人才与资金投入，但现在已经开始认识到创新氛围与创新热情的重要性。

对创新能力培养因素的认识上，28.8%的人认为影响公民创新能力形成及培养的最重要的因素是社会环境因素，27.5%的人认为最主要因素是个人主观因素。认为社会环境因素是最主要因素的人群比例最高，与"最欠缺因素"——创新环境的认知结果基本一致，影响创新能力培养的最主要因素正是我国最欠缺因素。

主观因素包括创新意识与创新热情及创新能力，与创新环境基本同等重要，好的创新环境是能够激发创新热情、释放创新能力的空气土壤。受访者对创新社会环境要素与个人主观因素同等重要性的认识，反映了当前公众对创新要素有着较为全面正确的认识。这种进步得益于我国创新战略的实施，对创新活动的宣传和成效已取得成效。大部分人认为创新是社会需要的，应由哪些要素构成、哪些因素推动，但这只是形成全民创新氛围的第一步，现在需要消除传统固有思维，形成创新意识，激发创新热情，提升创新能力。在影响创新最重要因素的问题调查中，有13.8%的受访者认为国家政策是影响创新的最重要因素，这些受访者中部分是不知晓国家创新政策，部分是认为国家创新政策不够充分完善。有 13.5% 的受访者认为最重要的是高校教育机制因素。高校是培养创新人才的地方，有相当数量的受访者认为我国当前高校的教育机制无法培养出创新人才，应对高校培养机制予以改革。另有 7.9% 的受访者认为家庭教育因素是最重要的因素，家庭教育决定孩子的成长过程，当前中国家庭教育中对孩子的教育多是为适应考试而进行的教育，难以有创造力地培养，这一问题是与中小学教育机制相关的，影响公民创新能力培养的一个重要因素。传统观念因素也有一定影响作用，小富即安，等传统观念影响着教育方式，也阻碍了成年人进行冒险创新的热情与魄力。

第二节　对国家创新生态系统下知识产权文化建设的分析

知识产权环境发展状况主要考量知识产权制度构建、服务水平以及知识产权意识。2010 年以来我国知识产权环境指数连续提高，年均增长率为12.9%，2020 年达到 315.3，我国知识产权环境建设取得明显进步，但在国际比较中，2019 年我国知识产权能力、绩效、环境指数分别处于世界第 5位、第 5 位和第 23 位。①

我国知识产权环境指数明显落后于知识产权能力和绩效的排名。因此，尽管知识产权环境指数增速较快，但由于基础薄弱，仍需大力优化知识产权环境。其中，文化环境的提升最不易实现，既需要使传统文化与知识产权文化相互契合的智慧，又需要使知识产权制度与文化正向促进的方式；既要对知识产权教育中的问题进行改革，又要对知识产权文化实践中的具体措施予以完善。

知识产权文化建设成为各省、自治区、直辖市的工作重点之一。但具体工作内容与措施却繁简不一，例如有的省份所列知识产权文化建设的工作内容只有"加强知识产权宣传"一句话，这反映了各地区对知识产权文化建

---

① 国家知识产权局.《2020 年中国知识产权发展状况评价报告》显示：我国知识产权发展成效显著 [EB/OL]. https：//www. cnipa. gov. cn/art/2021/10/16/art_53_170807. html [2021 - 10 - 06].

设的重视程度和工作内容的差异。① 知识产权文化建设是具有战略性、全局性的工作，应在其重要性及建设路径的认识上达到统一。因此，需要基于创新生态系统的要求和特征，对我国知识产权文化建设中的问题进行检视与分析，从而找到符合创新生态系统需要的知识产权文化建设路径，推动建设与发展不同层次的创新生态系统。

一、对中国传统文化中阻碍知识产权文化形成与发展因素的检视

（一）传统文化中可以选择的内容

关于传统文化对知识产权文化的影响，学者有不同观点。有观点认为，传统文化与知识产权文化内核一致，传统文化中刚健有为、上进、诚信、求实、权变以及天人合一的思想与知识产权文化中尊重知识、崇尚创新、诚信守法的要求是统一的。② 也有学者认为传统文化中"仁治"思想导致国人普遍缺乏科学的批判性、创新性思维。③ 冯友兰先生在《中国哲学简史》里以希腊、英国等海洋国家的商人文化为例，解释了其哲学语言与中国不同的原因，同时也对比分析了中国传统文化中"天道自然"思想对于变化创新的阻碍。他提到"农"的生活方式是顺乎自然的，人们崇尚自然，谴责人为，于其淳朴天真中，很容易满足。人们不想变化，也无从想象变化。冯友兰先生将这些文化作为阻挠中国创造发明的归因。④

知识产权的问题就是文化的问题。知识产权文化的构建必然是在传统文化的包容下进行然而，就中国传统文化而言，它既可能成为中国发展知识产权制度的一个主要障碍，但同时也是中国知识产权法律制度的价值源泉。⑤

---

① 2020 年全国地方知识产权战略暨强国建设实施工作要点汇编 [EB/OL]. http：//www. sipo. gov. cn/.

② 姜海洋. 知识产权文化的本土化建构——以知识产权文化与传统文化关系为研究视角 [J]. 学术论坛，2015，38（9）：125 - 131.

③ 胡充寒，韩学周. 突围垄断：中国知识产权保护之向度把握——以中西方文化传统差异为视角 [J]. 法学杂志，2012，33（5）：27 - 33.

④ 冯友兰. 中国哲学简史 [M]. 北京：北京大学出版社，2013：27.

⑤ 邹彩霞. 后 TRIPS 时代中国知识产权文化的重构 [M]. 北京：法律出版社，2022：115.

传统文化中有与知识产权文化的精神内核相一致的内容，但任何文化在表象上都不可能单一，或者说不同时代文化特质与环境结合而产生不同的情感趋向与观念认同。在小农经济的社会中，传统文化中的"仁义礼智信"的确成为古代中国知识产权制度产生的羁绊，但现代市场经济发展与创新社会形成中，传统文化的许多内容也会在知识产权文化建设中熠熠生辉。传统文化是成为创新生态系统需要的知识产权文化的阻碍，还是成为其形成并健康发展的背景，取决于对传统文化的取舍。也许有人会表示此理不通，因为文化是在民众中固有的思想与理念，如何挑选？我们认为，文化具有时代适应性，传统文化自身也会随着社会经济科技发展呈现不同样态，例如"三纲五常"的传统认识在现代中国社会已经转变为社会崇尚家国情怀、重视婚姻家庭、重视亲情关系的观念。对于选择传统文化中契合知识产权文化的内容加以引导、强化、发展是处理传统文化与知识产权文化关系的正确路径。

中国传统文化中缺乏平等意识和私权理念，这是中国古代社会没有产生知识产权文化和知识产权制度的原因，但传统文化中有许多与知识产权文化要求相契合的内容。前文已有中国传统文化中契合知识产权文化的内容的例证，说明我国现在知识产权文化的逐步形成与发展并非完全脱离于传统文化或与传统文化相悖。相反，传统文化中包含的对知识尊重的思想、求新的理念以及诚信的道德要求都可以在流传隽永的经典文献中找到，且这些经典并不只是少数圣人诸子的思想，而在普通大众的社会生活实践中亦有体现。如中国民众一直坚信的"万般皆下品，唯有读书高"，尽管古代人读书的最终的追求是"学而优则仕"，但对学习过程的肯定、对知识的追求热情是不可否认的。对知识的尊重还体现在尊师重教的传统中。另外，中国传统文化中人文思想也符合知识产权文化中以人为本的理念。中国传统文化中并不缺少尊重知识的思想意识，而是缺少对"知识产品"权利的尊重意识，这根源于私权观念的缺乏。从知识到对知识的权利意识，是对传统文化中尊重知识的思想认识的扩展。我们需要以尊重知识的文化为基础，培育公众对知识产品的权利意识。按照这一路径，我们一方面需要让公众知晓知识产品背后的付出，即在保护好创作、技术秘密的前提下向公众公开揭示知识产品创造过程。我们目前已有的宣传多是对取得成果的赞扬，对于知识产品获得的艰难过程则较少还原给公众。缺乏从知识创造到知识产品到知识产权再到成果运用的链条式的宣传。对大多数公众而言，只是了解一点知识产权法律知识，很难对知识产权这一陌生事物产生思想意识层面的影响。从传统的尊重知识的意识文化到国家创新生态系统所需要的尊重知识产权的文化的发展需要恰当的连接方式。因此，针对已有的增强公民知识产权保护意识的举措，增加公众对知识产品的产生与去向的宣传教育十分必要。

关于创新精神与实践，在中国文化中是矛盾的。曾经让国人引以自豪的中国古代的四大发明，代表了中国创新智慧与能力；现在让我们颇感费解的是中国诺奖得主为何这样少？从实施创新国家战略以来，对创新的重要性认识已普及，但行动上却仍然习惯于按部就班。本书对公众与创新有关的思维习惯的调查发现，妨碍创新思想产生并付诸行动的，正是对新事物的好奇心与对已有结论批判精神的不足导致创新思维习惯的缺乏。例如，在小孩眼里，一棵树就是树，没有探究性、想象性、发散性思维。这与我们的家庭教育与学校教育有关。尽管学校教育的各个阶段都设置了创新课程与创新项目的资助，但创新思维的缺乏让创新课程与创新项目有时沦为学生获得学分的一种方式。因此，我们要培育和改变的，不是对创新重要性的认知，而是创新思维的养成。一种社会思维方式的转变，应首先是教育的改变，因为教育是形成人们科学理性思维的重要途径。对家庭教育，应倡导关注孩子好奇心与个性发展；对学校教育，应注重培养学生批判性思维与实践探究能力。

知识产权文化中的诚信要求与传统道德完全契合，但知识产权文化中的诚信有具体的表现。知识产权是知识产权人享有的法定专有权利，本质上是一种私权，但知识产权又承载着公共利益，因此知识产权文化中的诚信，不仅要求知识产权人在获得、行使、运用知识产权时遵循善良、诚实、信用、公平的原则，不能超出法律设定的权利边界，不能滥用知识产权，而且还要求知识产权人承担起必要的社会责任。只以追求知识产权垄断利润为目标的知识产权人，可能会导致知识产权的异化而损害公共利益。如何增强知识产权人和知识产权企业的社会责任感是知识产权诚信文化在传统诚信道德要求基础上的提升，是传统诚信道德要求在知识产权社会关系中新的表现。以传统诚信道德为基础，在全社会形成技术理性与知识产权正确的价值观，应重点将知识产权企业作为引导对象，培育企业成为具有知识产权社会责任担当的市场主体。

从文化的体现来看，知识产权公平竞争文化与传统文化中的"君子之道"是一致的，但利用知识产权进行市场竞争与其他市场竞争有所不同。

知识产权带给市场主体一定的专有权，进而产生一定限度的专有利益，这很容易产生与公平竞争相悖的垄断。知识产权公平竞争文化要求知识产权主体在运用知识产权进行市场竞争活动时不能贪图一己私利，不择手段，破坏公平的竞争秩序。知识产权主体获得优势市场竞争地位，取得竞争利益必须以合法行使知识产权，公平交易为前提。如果知识产权人利用知识产权获取市场垄断利益，如不公平地选择交易对象，实行价格歧视，进行搭售、强制交易等行为，则被认为是破坏公平竞争的行为，应承担相应的法律责任。目前我国立法对知识产权主体破坏公平竞争的行为进行了规制，但知识产权人普遍对知识产权公平竞争的认识不够，相当多的知识产权人认为知识产权就是可以带来垄断利益的权利，知识产权人完全拥有对自己所享有的知识产权的支配权，只要是在市场体系下的知识产权行使行为，国家都不应干涉。这种认识实质是对知识产权的产生原因及社会性认识的缺乏所导致。因此，应对传统文化中的"君子之道"在知识产权社会实践中予以扩展，对知识产权公平竞争的内涵予以释义，提升公众尤其是企业对知识产权公平竞争的认识水平，消除对知识产权竞争中的观念误区。充分的权利体验是知识产权文化理念得到市场主体认同的首要步骤，而公平竞争相关制度为市场主体的知识产权权利体验提供安定的外部环境。①

（二）传统文化中应予以警惕的内容

传统文化中的确有一些与知识产权文化要求相冲突的内容，需要我们对之予以检视，并寻求化解之法。

知识产权文化的形成与发展受一国经济和科技发展状况的影响，这使我国知识产权文化随着知识产权法律制度的建立及实践而逐步形成。但由于文化反映的是民众普遍的心理、意识、认知及行为方式，这些要素形成的内因之一就是固有的民族性格。传统文化中"内省、克己、慎独"的行为标准对知识创新与成果应用没有益处。强调注重内心的修为会阻碍外向尝试的动力，更会阻断与他人实践合作的机会。在创新成果的产生条件中，好奇心与探索意识首当其冲。在对外部事物尤其是自然物的感官过程中，我们往往产

---

① 宁立志，姚舜禹. 论公平竞争与知识产权文化建设［J］. 中国市场监管研究，2022（1）：22，23–25.

生的是自己情绪的感染或理性的思考，而非对于该事物本身的探究。这可以解释我国为何近代以前以物咏志、由物言情的诗歌等文学作品创作成果的丰硕，而对自然现象的科学发现与创造成果较少的现象。"独善其身"的处世原则让民众缺乏与他人合作的意愿与习惯。固然也有"兼济天下"的胸怀，但往往只是一种政治理想。而在近现代开始注重科技发展，也始终满足于自己的发展需要，绝无向外扩张的野心。内向的民族性格不利于创新动力的激发与创新成果的产生。

即使看到一朵花，考虑的是它是否可以作诗，是否可以装扮，而不去探究花何以为花？这就是实用理性，它与创造知识产品所需要的批判式思维不符。中国传统文化以实用理性的态度对待知识产权，导致的最终结果是我国知识的研究方式与思维常常局限于个别经验事实的总结与归纳，影响了我国基础前沿科目的研究水平。① 实用理性阻碍了创新热情的产生，更减少了对基础研究相关创新的热情，基础研究的不足又使创新缺乏持续能量的积聚和供给。这也可以解释为我国当前专利申请量与授予量世界排名第一，但专利转化率低、专利质量亟待提高的现象。科研机构及科研人员不愿进行研究周期长、成果见效漫长的项目，追求职称评定、科研任务完成等实用目标使大量短期的、效能有限的，甚至是不能被实施的问题专利存在。企业为经济效益就更不愿进行长期且转化应用周期长的研发项目投入了。研发上的"短见"带来技术的"短命"，也缩短了企业的寿命。

传统文化中权利意识的缺乏，使无形的知识产权难以进入民众的法律保护意识中。虽然私权观念随着私法的制度实践已逐步建立，但知识产权保护意识的提高仍需不断加强。国家通过完善法治强化知识产权保护，对公众知识产权保护意识的增强、对知识产权侵权行为后果的预判能力的增强都已取得明显的社会效果。

二、知识产权制度作用于知识产权文化的实践效果分析

文化与法律相伴，知识产权法律是知识产权文化的物化凝结，而知识产

---

① 胡充寒，韩学周．突围垄断：中国知识产权保护之向度把握——以中西方文化传统差异为视角［J］．法学杂志，2012，33（5）：27–33．

权文化则是知识产权法律的思想基础。① 知识产权文化是在社会各种力量的共同推动下，在借鉴中国传统知识产权文化与吸收西方知识产权建设经验的基础上，融合现代科技与管理思维，并与中国社会、经济与政治环境相适应的独特新型文化形态。② 我国的知识产权文化是知识产权制度建立后随着制度实践逐步形成。国家创新生态系统建设中，知识产权制度对于整个系统知识产权文化的统一形成、整合创新生态系统资源配置、协调各方利益关系更具有重大意义。自国家实施知识产权战略以来，有利于知识产权文化形成的制度方面的完善举措有三个方面：一是不断加强的知识产权保护，二是完善激励创新的成果利益分配制度，三是营造公平交易环境的竞争制度。

制度建设的目标与知识产权文化建设的目标是相一致的，制度体系的建设与完善对知识产权文化的培育起到了从观念意识到行为习惯的良好促进作用，但制度的实践尚未达到理想的效果，知识产权制度与文化的契合度还存在现实差距。从产生的原因分析，一方面，我国知识产权制度的建立之初是被动接受移植，导致以近现代人文主义思想为文化基础的西方知识产权制度与传统文化的某些冲突成为必然。这些冲突本身对制度运行造成了障碍，也影响了与知识产权文化制度相契合的文化氛围形成。另一方面，制度对知识产权文化的形成作用是有限的，甚至容易产生与知识产权文化生成的价值目标相背离的作用。法律保护首先强调的是利益的保护，对于知识产权的保护原因我们常常遵循这样一个逻辑——知识产权是为天才之火添上利益之薪。这没有错，但问题在于如果只强调利益驱动的效益结果，忽略了知识产权产生过程，难以让人们形成对知识产权予以尊重的内心认可。由于知识产权的无形性和商业文化利益驱动，人们仅仅看到的是知识产权带来的经济利益，而很少去关注从事智力劳动创造的艰辛。"两句三年得，一吟双泪流"的付出却很难被体会（或体验）。我国经常出现的大量制造、销售侵权产品以及公众大量消费盗版、假冒等侵权产品的"群体性侵权"正是公众知识产权权利尊重意识文化缺乏的表现，③ 政府制止知识产权侵权的政策措施受到部分民众的质疑与排斥。创新生态系统是一个有"生命"活力的创新系统，

---

① ② 吴汉东. 中国知识产权理论体系研究［M］. 北京：商务印书馆，2018：384，407.

③ 杜荣霞，刘冰. 从群体性侵权透视知识产权文化意识的培植［J］. 河北法学，2010，28（6）：160 – 164.

社会群体对知识产权的普遍尊重恰如空气净化，会让整个系统运行更加健康顺畅。找出知识产权文化形成的发力点，有利于我们确定知识产权文化建设的其他路径。对公众知识产权保护意识的提高除了不断提高的知识产权保护水平和保护强度，还应注重提升公众对知识产品创造过程的认知度，让公众对知识产品的创造到知识产权的产生以及利用能够系统性地了解，进而从思想根源上认同对知识产权的法律保护。

知识产权法律制度实践在增强公众知识产权保护意识方面表现乏力。立法修改了知识产权侵权赔偿制度，大幅度提高了侵权赔偿数额，增设了惩罚性赔偿制度。这无疑对侵权违法行为起到震慑作用，也使知识产权人更多地获得了知识产权侵权赔偿，对公众的知识产权保护意识的提高具有一定的促进作用。但这一促进作用的程度还取决于司法实践。然而，自惩罚性赔偿制度首次在商标法规定以来的三年里，其适用情况并不能达到设立该制度的初衷。法院对惩罚性赔偿的适用比例不是很高。由于知识产权侵权赔偿基数难以确定，实践中更倾向于适用法定赔偿。对于可以确定赔偿基数的案件，法院常常以在案件中侵权人的主观恶意和侵权人的侵权情节不符合条件为理由拒绝对惩罚性赔偿予以适用。惩罚性赔偿制度在司法实践中能够真正发挥惩戒侵权人，产生预防侵权与制止侵权的功能，还需要完善惩罚性赔偿制度在知识产权司法实践中适用标准与适用办法，统一适用标准，探索侵权赔偿基数的计算方法，消除惩罚性赔偿制度适用的障碍。由此推动知识产权惩罚性赔偿制度的落实，真正起到增强公众知识产权保护意识的效果。

创新活动中最为关键的动力因素是激发创新热情的利益归属，由此，确定利益归属的法律制度的重要性不言而喻。自国家实施创新战略以来，激励创新的利益分配问题成为制度调整的重点。立法放权于科研机构和高校，确保了其真正拥有技术成果的使用权、处置权和收益权，设置了高校与科研机构科技成果转化收益用于奖励具体技术创造人的比例不低于50%的规则，有些地方政策甚至将这一比例提高到了70%。2020年专利法修改，规定了职务发明单位应当对发明人予以物质奖励与报酬，并且鼓励通过股权、期权、分红等方式实现奖酬支付。这些制度规定一定程度上起到了激励创新的作用，但在制度实践中，仍然存在发明人实际获酬困难或获酬数额与发明贡献不匹配等问题。产生职务发明奖酬支付困难的原因在于立法规定了职务发明奖酬约定优先原则，发明人与单位签订的奖酬合同的公平性往往会受到人事晋升等因素的干扰，而纠纷发生后，发明人对于技术研发过程、自己在研发中的贡献度、技术转化利润等事实也难以举证，难以支持自己的奖酬支付请求。这些问题影响了职务发明奖酬制度的落实，导致发明人利益受损，也影响了发明人的创新热情。因此有必要完善约定优先规则，设定最低奖励金额和报酬，细化以营业利润计算奖酬基数的计算方法，完善职务发明奖酬纠纷中的举证规则。制度的保障与落实可以使发明人心无旁骛地进行创新研发工作，从而激励创新。

限制知识产权滥用的制度对于诚信守法、公平竞争的知识产权文化的形成同样具有引导与保障作用。知识产权滥用是背离公平竞争和公共利益价值目标的行为，知识产权法规定了限制知识产权的期限制度、合理使用与法定许可等制度，防止知识产权破坏公平竞争、损害公共利益。除知识产权法以外，还有反不正当竞争法和反垄断法等法律制度对知识产权滥用行为进行规制。当知识产权人滥用相对优势地位达到显示公平而扰乱市场秩序时，就会受到反不正当竞争法的规制。当知识产权成为市场利益的决定性因素，且不合理地严重破坏公平竞争的时候，它们的行使会受到反垄断法规的禁止。无论何种法律对知识产权滥用的规制，都否定了那些不诚信、不公平的知识产权取得或利用行为，强化了公众对知识产权权利本质及正当行使方式的认识，增强竞争主体运用知识产权作为市场竞争工具的理性意识。

三、知识产权文化实践活动中的问题

（一）知识产权文化实践活动缺乏分层与长效

知识产权文化实践活动因受众群体不同可以分为三个层次。第一，针对从事与知识产权有关的工作或学习群体，包括知识产权法律工作者、企业知识产权相关工作人员、高校、科研机构教师与学生。这类群体在知识产权文化活动中既是宣传者，又是受教者，他们通常会主动关注并参与知识产权文化实践活动。第二，随时会处于知识产权法律关系中，需要知识产权知识的市场主体。知识产权文化实践应该促进市场主体对知识产权的认知与认同，提升市场主体获得并运用知识产权的能力。针对市场主体对知识产权文化的需求，应集中开展知识产权培训、讲座活动。目前由知识产权管理部门组织的对企业的培训宣传活动在逐步增多，但这些活动往往只开展在某一阶段，缺乏长效性。已有的知识产权实践表明，市场主体的知识产权意识与市场竞争能力呈正向关系，应帮助企业建立持续的学习平台，提升企业知识产权认知与管理水平，从而提升创新与市场竞争力。第三，不具有知识产权专业知识，也不从事与知识产权有关的工作的大多数普通群体。这类群体虽然学习、工作与知识产权无关，但也会成为知识产品的消费者，会是潜在的智力成果创新者，他们更需要知识产权的普及教育。但这类群体通常对知识产权知识关注度不高，对知识产权文化实践活动是一种单向被动的接受，不具有主动学习与双向互动的积极性。对这类群体需要的知识产权文化宣传教育活动应是持续双向开展的，而我国知识产权文化实践活动不能满足这种需求。目前的知识产权文化实践活动集中开展于国家知识产权局确定的以世界知识产权日为时间节点的知识产权宣传周，通过集中发布典型案例、在公众媒体发布宣传片以及由各层级知识产权管理机构组织开展的宣传讲座等形式进行宣传。知识产权文化宣传的形式随文化传播方式的多样化而逐年多样，但知识产权文化实践仍存在形式化与实践主体活动单向化的缺陷。每年的知识产权宣传活动都集中在宣传周短短几天中，其他时间的宣传活动很少，缺少公众容易接受认知的长期不间断的知识产权宣传活动。2022年知识产权日出现的短视频宣传，是一种很好地利用公众碎片化时间随时进行知识产权知识普及宣传与教育的形式，这种形式不应只出现在某一天或某一周，而应当持续不间断推出。在具体形式上，知识产权文化实践活动不应只以单向的宣传活动为主，更应尝试双向互动的活动，如定期开展以学校或企业为单位的知识产权知识竞赛，播放从知识产品到知识产权相关的纪录片，制作并发布以家庭生活场景中的知识产品及相关知识产权为主题的情景剧或短视频，加入观众问答互动环节，增强观众的参与性。①

（二）知识产权诚信与公益文化实践活动不足

知识产权的公益思想也是知识产权意识文化中有重要意义的内容。各国的知识产权立法总是力图在智力成果的创造者与公众之间实现利益平衡，我

---

① 刘华，黄金池.文化治理视域下我国知识产权文化政策结构性优化研究［J］.华中师范大学学报（人文社会科学版），2019，58（2）：85－90.

国也不例外。知识产权权利滥用行为与这种平衡精神严重悖逆。如果只强调知识产权的保护，只偏重利益获取，受利益驱动，极易发生知识产权所有人或持有人凭借其知识产权的垄断地位限制竞争、损害社会利益的行为，即知识产权的滥用。民法中的契约精神与商法中的企业社会责任应为知识产权权利行使行为涂上社会防腐剂，但是在我国尚未得到有效落实，而诚实守信原则又被知识产权带来的垄断利益所蒙蔽。这些利用知识产权损害公益的行为虽然可以从制度上惩罚与制约，但付出的成本也是巨大的。知识产权利益平衡原则固然需要制度设计上的保障，但其践行离不开公众对这一原则的理解与知识产权人对自己基于知识产权所承担的社会责任的认知。知识产权公益思想在我国社会中的普遍缺失将会增加知识产权沦为技术垄断工具的风险，从而破坏创新系统中的生态元素与营养结构。只有培育知识产权人尤其是企业的知识产权公益思想，实现知识产权人的经济效益和社会效益的共赢，才能谋求创新生态系统长远发展，真正实现创新生态系统协调共进的目标追求。当前的知识产权文化宣传基本都是关于知识产权的法律性与其价值作用的，很少有关于权利的正当行使以及知识产权人应承担的社会责任的引导与教育。尤其是对于企业而言，如果缺乏对知识产权文化中诚实信用与权利不得滥用原则的认知与遵守，只是将知识产权作为市场竞争的工具，将会使整个社会背离技术理性的生态需求。追求短期内创新成果的激增与知识产权转化利益的获得，会增加整个创新生态平衡被破坏的风险。

（三）知识产权消费文化的不匹配性

创新型社会需要与之匹配的创新型消费文化。一个社会有什么样的消费文化，往往就会形成什么样的创新生态。① 在创新文化的打造过程中，企业要摒弃传统的生产性文化和线性思维，要给创新以空间和时间。创新文化主要体现在知识的创造和生产、知识的应用和商业化、知识的消费和扩散过程之中。吴金希把创新文化分解为发现新知的文化，知识商业化的文化以及新产品、新服务的消费文化。② 从权利属性上看，无论是知识产权还是消费者权益，都具有较强的人权性质。知识产权是人们对其智力成果等享有的排他性权利，强调了精神权利的重要性；相似地，与消费者权益相关的知情权、

①② 吴金希. 创新生态体系论［M］. 北京：清华大学出版社，2015：31，94.

选择权、公平交易权等更是围绕维护消费者有关生命健康的基本人权而设计的。因此，知识产权与消费者权益具有理论上的连接点。

而在实践中，知识产权与消费者权益也息息相关。一方面，知识产权中的商标发挥了识别商品来源的功能，商品名称、包装、装潢也是其对外展示的直接体现，这些都是消费者在判断各色商品质量并从中挑选出心仪产品的重要因素。另一方面，知识产权中的技术创新是商品质量的核心支撑。经营者为了维持和开拓市场竞争优势，往往需要依靠技术创新来提升产品质量，以不断完善消费者的体验感。消费者基于知识产权的保护与创新能够获得更多高质量的产品，其自身权益也因而得到了有力的保障，因此，知识产权与消费者权益同样具有实践上的连接点。经营者与消费者对知识产权文化的一致认同非常重要。经营者崇尚创新，谨守诚信，以提供优质产品或服务为企业生存及获得竞争力的信条；消费者以尊重知识创造，认同原创产品，拒绝盗版仿冒产品为消费理念。双方对知识产权文化的双向奔赴，才可能汇合成整个市场环境的知识产权消费文化。而从市场角度来看，经营者与消费者两方面的问题同时存在。经营者方面，大量的小微企业难以有知识产权的价值认同。小企业获得知识产权的能力有限，在知识产权严格保护的政策下，生存空间被进一步挤压，不惜以侵权来换取分配正义。① 消费者方面，盗版、仿冒带来不差的产品体验与正版、原创产品的高昂价格使其"自然选择"。这样的情境下，知识产权消费文化缺乏成为创新生态系统终端链上的痼疾。

四、知识产权教育中的问题

（一）创新文化培育中创新意识起点的错位

创新意识属于人对现实态度的范畴，表现为善于探索与尝试、富有创造性等特质。有人对诺贝尔生理学或医学奖获得者的成功经历进行分析，发现好奇心、求知欲和兴趣是诺贝尔生理学或医学奖获得者心理层面的科学创新原动力，它们对科学家们的科学活动起着启动作用，在他们进行的科学活动

---

① 刘华，姚舜禹. 促进小微企业知识产权文化认同的政策机制研究［J］. 中国软科学，2020（2）：40 - 48.

中起着推动作用，在他们科学活动的创造性方面起着促动作用。① 激发和鼓励好奇心应成为创新意识培养的起点。然而我国目前的中小学应试教育模式很少以保护和激发孩子的好奇心为目的，家庭教育文化中也是以"听父母的话，走大家都走的路"的训导作为孩子成长的人生信条。创新文化的形成应基于公众对未知世界的探索欲望以及对个人潜能开发的积极追求，缺乏自由的思维和宽容的环境，创新只能沦为口号。

（二）中小学知识产权教育的形式化

各城市的知识产权教育试点学校会开设知识产权课程，通常还有配套的知识产权教材或读本，但并无专门的知识产权教师，也无固定的知识产权课堂。学生学习的形式往往是一学期一两次观看视频或是自己阅读读本，少数有条件的学校会开展一些讲座或是参观活动，然后学生完成一篇"心得体会"，算是完成了知识产权知识学习。显然，这样短时而形式化的知识产权教育无法达到知识产权启蒙的效果。这种状态的深层原因还是我国"唯考试、唯分数论"的教育机制，知识产权知识的学习在中小学并不成为必需，也就不被重视。这里我们不赞同为了中小学生学习知识产权知识而将其设置为课程并纳入考试范围，但应该将知识产权知识的学习列入课外实践活动中，在保证中小学课外实践活动不少于一定时长的前提下，组织开展学生知识产权实践学习活动。具体形式可以是与高校、科研机构、知识产权政府管理机关以及企业建立长期的合作，由高校知识产权法教师到中小学开展讲座，由科研机构的技术人员到中小学指导学生小发明小创新，由政府相关部门工作人员对学生进行知识产权执法的宣传教育等，中小学可以组织学生到科研机构参观实验室、到企业参观产品制作流程等。科学创新思想启蒙的最好方法是让孩子们参与实践，通过动脑动手产生对科学创新的兴趣。对于中小学生知识产权法律知识的灌输，也应采用从实际生活中的知识产权出发，以案说法的生动有趣的方式。

（三）大学知识产权教育的偏差

大学知识产权的普及教育是中小学知识产权教育的延续，但又明显不同

---

① 段志光. 诺贝尔生理学或医学奖成因研究［D］. 武汉：华中科技大学：2005.

于中小学。大学的知识产权课程通常包含知识产权法课程与创新实践课程，旨在培养大学生创新思维，提高知识产权保护与运用意识和能力。虽然知识产权课程并非学生专业必修课，但大学阶段知识产权教育除了会增强在校学生知识产权保护意识外，还会对学生日后职业产生重要影响。一种情况是大学本科非知识产权专业的学生接触到知识产权后，对知识产权产生兴趣，转专业到知识产权方向，通过进一步攻读知识产权硕士、博士研究生，成为具有不同知识背景的复合型知识产权人才。另一种情形是大多数学生没有转向知识产权专业，但大学里学到的知识产权知识无论是对其在校期间的大学生创新项目的知识产权保护，还是其工作后的技术研发、参与的项目成果或其他工作中可能涉及的知识产权问题都有所帮助。知识产权在各个领域、行业的普遍运用，使得大学生具备一定的知识产权知识将几乎等同于具备一种职场素质。可见，大学知识产权课程的开设对于学生非常重要。然而，考察我国高校开设知识产权法课程的情况并非应需而生。综合性大学开设知识产权法公选课程的比例不高，学校也较少组织开展知识产权宣传教育活动。即使在设有法学院的大学，知识产权法课只是作为法科学生的必修课开设，而没有面向全校的知识产权法通修课。这样造成本应是提升社会知识产权文化重要阶段的大学反而被断裂了。没有知识产权基本知识与思想意识的毕业生与创新社会的职业需求不相适应。因此，笔者认为大学知识产权法课程应该被列为必须开设的通选课程。

我国已建立起知识产权专门人才的培养体系，以大学的法学院或知识产权学院为主要培养单位，本科以法学院开设知识产权法专业课程为主要方式，硕士研究生的培养多以法学院民商法专业的一个方向为主要方式，知识产权学院数量不多，培养的知识产权专业人才数量与社会创新需求存在差距。又由于在法学院校培养，知识产权人才多是一直学习法律的人才，少有具备工科与管理学教育背景，知识产权人才的知识结构单一，难以满足创新社会复合型人才需求。另外，高校知识产权人才培养的具体方式也较为单一，多为校内授课方式，缺少与政府、企业、律师事务所等的联合教学、实践教学环节，缺少知识产权运用实务经验的学习与培训，培养的知识产权人才缺乏知识产权运用能力，也缺少与创新主体、创新组织等沟通合作的素质，难以适应创新生态系统对知识产权运用管理人才的需求。因此，大学应注重知识产权人才培养的实践环节，不仅是有关知识产权诉讼实务方面的实习，还应包括知识产权申请代理、转化运用以及企业知识产权管理等各个阶段的实践学习。

第三节　基于中国创新生态系统需求的
知识产权文化建设路径

　　一种文化的建设，必然是从文化环境到法律制度、从教育到消费习惯等全面、长期地培养与增益。我国已开展的知识产权文化建设工作正是沿着这样的方向砥砺前行，公众对知识产权保护满意度的提升、知识产权法律制度的完善、知识产权教育的深入等成效已然成为我国创新生态系统建立和发展的必要环境支持。但在建设路上，我们也看到由于文化基础、制度实践、教育机制以及消费习惯等与创新生态系统需求不相融合之处产生的矛盾与困境，知识产权文化建设本身就是一项长期而艰难的工作，在创新生态系统的要求下，更具有挑战性与复杂性，包含对传统文化与知识产权实践的理解和选择，对创新中合作与竞争的激励和协调，对教育机制的思考与改革，以及对公众消费习惯的引导和改变等。

一、对中国传统文化的态度与方法

（一）对传统文化的主动选择

　　中国传统文化与知识产权实践的相遇是不可避免的。在创新生态系统的建设中，对知识产权实践而言，是主动选择、结合中国传统文化中的有利部分，还是被动承受、受制于中国传统文化中的不利部分？创新生态系统的目标毫无疑问是前者。对待传统文化的态度绝不是断然否定，而应找到其与知识产权实践主动地、创造性结合在一起的方式。传统文化智慧应在知识产权实践中重新得到阐释与扩展，跳出自我划定的范畴，转化为对我国知识产权文化建设具有积极意义的文化观念与行为方式。创新生态系统下的知识产权文化建设更要考量与传统文化的融合，但不能仅仅是吸纳，而应辨识传统文化中的不同内容，针对性地作出选择与改造的举措。国家创新生态系统下的知识产权文化应该更具有包容性，对创新提供的精神支持也应该更强有力，对诚信守法的要求范围更广泛，对公平竞争行为的指引功能也更明确。总而言之，知识产权文化在创新生态系统中将承担更重要的精神联结与思想统一作用，也应更能促进创新生态系统的合作与创新、竞争与共进。社会各个元素组成的创新生态系统中，传统文化的存在与作用是无法割舍的，因此，选择改造的角度与方法非常重要。

（二）知识产权文化与传统文化的承接

知识产权文化在中国的实践尤其需要我们关注它与中国传统文化的承接，使这种新型文化能真正被我国社会所普遍接纳和认同。传承和发扬光大传统文化中与知识产权文化具有一致性的内在品质，改造或摒弃那些与知识产权文化精神实质相悖的观念，借鉴和吸收世界范围内知识产权制度文明的先进成就，创造和完善有利于创新和尊重知识产权的社会价值体系，应该是我国知识产权文化建设的基本思路。知识产权文化与其他相关文化要素呼应知识产权文化与其他文化类型存在多要素的关联，科学的知识产权文化发展观应该是开放的、绿色的、道德的、人文的理念的融合。[①]

二、法律制度层面的完善与支持

完备制度的确立与实践，会在公众中形成对制度背后的法律精神与价值观的广泛认可。以权利意识与创新精神的培养和强化需求为视角来分析我国知识产权法制度，进而对知识产权文化形成的制度予以完善是知识产权文化建设的必要进路。从文化共识与精神动因产生的过程来看，我国知识产权侵权责任承担制度与职务发明权属和奖酬制度上存在不利于知识产权文化培育的缺陷。

（一）解决知识产权侵权责任承担制度实践产生的文化困扰

知识产权侵权责任承担成为最直接影响公众知识产权观念认知、行为方式的制度，通过对知识产权侵权个体承担责任的宣示与实践，使社会形成对

---

① 刘华. 文化政策视阈下我国知识产权文化发展研究 [J]. 华中师范大学学报（人文社会科学版），2009，48（2）：109 – 115.

知识产权的整体认知与价值观念。法律规定的知识产权侵权责任承担方式与一般民事侵权责任的承担方式相同，包括停止侵害、消除影响、赔礼道歉、损失赔偿。但知识产权侵权责任的承担在司法实践中，因知识产权的公共利益价值目标及其客体知识产权的公共属性与无形性特征，而比一般民事侵权责任的判定更为复杂。

停止侵害是知识产权诉讼中原告通常会提出的诉讼请求，并且由于知识产权诉前禁令制度的存在，停止侵害的诉求常常还会提前至诉讼之前。这本是制止知识产权侵权行为的有力措施，但实践中却出现很多滥用知识产权禁令的行为。滥用知识产权的行为不仅对知识产权法保护的市场竞争秩序遭到破坏，还有可能动摇法律所建设的知识产权应予尊重的普遍社会心理。滥用知识产权禁令的行为最明显的后果是使公众产生对被控侵权人否定评价，如股价下跌。从而影响公众对知识产权保护与救济的认知清晰度，破坏公众对知识产权尊重与保护的信心。因此，在我国立法一再加强知识产权保护的背景下，在赋予权利人强有力的知识产权保护与救济能力的同时，也要防止因权利扩张或滥用而损害公共利益，破坏公众知识产权保护认知的行为。另外，由于知识产权承载的公共利益属性，在实践中对于停止侵权行为的适用也会特别考虑其必要性和正当性。例如在知识产权权利冲突案件中，对侵权行为的处置并非一律禁止的做法，而是基于利益平衡原则，使"侵权行为"人支付许可费而获得知识产权人授权的做法，最终使各方利益最大化。这种处理方式符合知识产权法的价值目标，但也可能会反转公众对知识产权侵权行为予以否定、摒弃的认知，产生知识产权侵权行为未必会受到法律责任的追究的错觉。立法的缺漏与司法实践的差距，是造成公众对权利行使不确定、对侵权后果不理解的不可忽视的原因。因此，立法应对于停止侵害在知识产权侵权责任中限定适用条件作出明确规定。

损害赔偿数额的确定是知识产权侵权损害赔偿责任承担的核心问题。立法确定了侵权损害赔偿数额的四种确定方式：实际损失、侵权所得、许可费合理倍数、法定赔偿。由于知识产权侵权客体知识产品的无形性与侵权行为隐蔽性等特征，权利人对实际损失往往难以计算并主张，而对侵权所得又难以举证，在没有许可费证明情况下，法定赔偿成为最普遍适用的侵权损害赔偿计算标准。法定赔偿的泛化适用大大减少了惩罚性赔偿的适用情形。惩罚性赔偿制度是民法典时代知识产权侵权赔偿制度完善的一个重要内容。将惩罚性赔偿引入知识产权侵权民事赔偿责任中，作为对传统民事侵权补偿机制的补充，旨在强化对知识产权的保护力度，威慑恶意的知识产权侵权行为。知识产权侵权责任的严重性产生的威慑力契合了增强公众知识产权意识的目标，因为如果侵权成本显然大于收益，侵权后果的威慑力将会遏制侵权行为；而从维权角度讲，如果维权收益大于成本，会在权利人心中形成对法律的信任而选择维权。对法律权威的敬畏将把人们对知识产权的尊重内化为行为，进而形成较强的知识产权意识。但司法实践产生的包括惩罚性赔偿制度在内的知识产权侵权赔偿制度的适用难题妨碍了立法所追求的这一目标实现。而缺乏知识产权保护意识又影响制度的实践效果。因此，立法应对知识产权侵权损害赔偿数额的确定进一步完善规则，需要科学设计实际损失、侵权利润、许可费的计算方式与举证规则，细化知识产权惩罚性赔偿的适用条件。

（二）消除职务发明单一的权属规则与奖酬制度对创新氛围的不利影响

现行法律在职务发明奖酬的约定问题上，尊重了单位和职务发明人或设计人之间的意思自治，赋予了当事人享有自由协商的权利。法律的规定符合职务发明风险负担机制，但单位和发明人的约定优先配置权利的模式在实践中仍存在一些问题。作为弱势一方的发明人难以同单位签订公平的发明奖酬合同，意思自治大打折扣，给创新热情蒙上阴影。因此，有必要防止不公平却具备意思自治外衣的立法——职务发明奖酬合同损害发明人的创新积极性，防止发明人付出与回报不成正比的现实破坏公众对创新的认可和崇尚。尤其在创新生态系统下，职务发明往往需要来自不同部门甚至多个企业的发明人共同组成团队合作而完成，职务发明的奖酬支付因涉及多个单位而更加复杂。在张伟峰诉3M公司奖酬案中，原告与3M中国公司签订聘用合同，参加了包括3M中国公司在内的由3M创新公司、3M全球总公司共同组建的研发团队，完成了发明创造，由于子公司与总公司在专利研发、申请及共享的协议中对该发明奖酬支付不明确，订立聘用合同的3M中国公司并非获专利授权的3M创新公司，导致产生是依据聘用合同确定奖酬支付人还是依据专利法第16条规定支付奖酬的争议。同时，该案的奖酬数额的计算也难上加难，因为专利产生的收益从获得专利的子公司扩展至订立共享协议的全球总公司，年销售额的计算基数何以为据？原告主张奖酬支付 440 万元，最终法院酌情判决支付 20 万元。[①] 这个案件反映出在创新网络中职务发明奖酬支付中遇到的新的复杂问题。

职务发明奖酬约定优先的适用需要立法明确约定生效的条件以及对不公平约定的救济方式。由于职务发明奖酬合同不同于普通的民事合同，一方面其并非在完全平等的当事人间订立，另一方面双方当事人在信息收集、举证能力等方面存在差距，因此立法应作出特别规定。让约定优先、法定补充的原则真正能够使发明人获得公平的奖酬，从而达到激励创新的目的。立法可以限定职务发明最低奖酬标准，同时给予发明人对不公平的发明奖酬合同以一定的救济权利。在程序方面，可以成立专门的审查机构，若当事人的约定符合程序要求，就认可其约定效力。很多高校和科研机构并无自主决定对发明人给予奖酬的权力，因而无法事先约定，那么立法确定的发明利益分配规则就更为重要。从相关司法案例的判决结果来看，职务发明奖酬纠纷的争议焦点都集中在奖酬数额的计算问题上。以单位实际获得的营业利润为基础的奖酬计算方法，让发明人很难举证。立法应完善职务发明奖酬数额的计算方法，综合考量职务发明成果的经济效益、职务发明人的技术贡献率以及相应的提成等要素，根据不同的职务发明技术层级设定对应的奖酬数额。可采用酬报 + 提成的奖励办法，对发明人首先给予固定金额的奖酬，再依据转化的情形向发明人支付利润提成形式的奖酬。

三、政府主导的知识产权尊重意识与创新精神的培养

知识产权文化价值的社会性取向决定了我国政府主导知识产权文化培育模式的必然性。知识产权意识与创新意识的培养已经成为国家乃至地方各级知识产权行政管理机关的重要职责。然而，正如前文所指出的，有些地方政府对知识产权文化建设工作的重要性、全局性认识还需强化，思想上有待统一，在建设路径上尚需加强对公众知识产权尊重意识和权利人公益精神的培育，在具体措施上仍需在深度与广度上有所进益。

[①] 上海市高级人民法院（2014）沪高民三（知）终字第 120 号民事判决书。

（一）政府主导的知识产权文化培育活动应具有长效性和针对性

政府应利用各种媒体与网络平台加大对知识产权创造人及创造活动的介绍与宣传，树立创新行为主体的标杆，发挥创新活动中的榜样作用。首先，政府的宣传活动应具有长效性，方式也应多样化。如借鉴新加坡开展的"反盗版追踪大赛"①、利用微信等公众平台开展知识产权知识宣传与竞赛活动等。其次，政府主导的知识产权文化培育应有针对性。在普及性宣传与教育的基础上，政府应考虑社会不同群体对知识产权文化的需求层次并采取针对性措施。最后，强化中小企业知识产权意识，协调组织成立中小企业知识产权协会、联盟等机构，定期举办交流推动中小企业实施知识产权战略的做法和经验的培训与会议，建设中小企业知识产权学习交流平台，对中小企业基于知识产权行使、运用所具有的社会职能予以引导，对中小企业利用知识产权服务社会的模式进行推广和宣传，营造良好的企业知识产权文化氛围。

（二）政府对知识产权人才的培养，应注重人文精神的输入

知识产权文化中的人文精神应包括社会责任感、团队合作精神与创新精神。政府应努力倡导这些精神。积极提供培育这些精神的物质文化条件。知识产权人才培养机制中不仅有各大学专门开设的知识产权法课程，还应有开发学生创造力的理论与实践课程，更应有以传播创业文化、企业家精神为目标导向的基金项目，如提供资金支持用于产学研创新团队的建设，以及支持跨学科、多方向，连接大学、企业和政府的协同创新平台的建设。

四、完善多层次的知识产权教育体系

知识产权教育作为知识产权文化产生、发展的不可或缺的因素和部分，其作用和功能不仅表现为传授知识产权法律制度的知识和概念，还应当在形成群体观念、获得社会共享、演变成文化形态的知识产权文化意识方面有所

---

① 陈瑜，张祥志. 新加坡知识产权文化建设概况［J］. 中国发明与专利，2013（12）：21 – 23.

作为。[①]

（一）去除知识产权教育的功利化和技术化

对我国当前的知识产权教育模式进行检视，知识产权教育的功利化和技术化严重影响了知识产权教育中权利保护意识与创新精神的培育，主要表现在以下两个方面。第一，知识产权教育的短期性。知识产权教育的目的直接为培养专业的知识产权人才。我国的知识产权教育大多始于大学，法学院普遍开设知识产权法课程，之后是以知识产权研究为方向的研究生教育和以知识产权为关联的职业教育，缺乏以民众为对象的知识产权宣传教育与以青少年为对象的知识产权成长教育。虽然每年都有国家知识产权宣传日，也在当天向民众进行宣传，也已有开展中小学知识产权教育试点活动，但都不够长效，大多流于形式。第二，知识产权教育难以培养复合型人才。当前大多以法学教育作为培养知识产权人才的基本途径。但由于知识产权法与创新战略实施关系密切，知识产权具有法律性、技术性、社会性等多重特征，适应创新战略要求的知识产权人才必然是多学科融合的复合型人才。

（二）优化知识产权教育模式

基于我国知识产权文化培育的需要与知识产权人才培养方式的优化，应建立包括中小学在内的完整的多层次知识产权教育体系。目前只是以试点的方式开展中小学知识产权教育，下一步应在全国开展，注重教育的长期性与实效性，规定课程的课时数目、教学条件与师资配备。目前中小学知识产权教育中的教学条件与师资力量存在不足，政府应专项投入。对于高校的知识产权教育，一是要为各专业学生普遍开设知识产权课程，改变目前多数大学只有法学专业学生学习知识产权课程的情况；二是高校知识产权专业人才的培养目标应定位为具有创新精神与团队合作意识的复合型人才。大学应积极组建跨学科的创新团队，并创造条件为这些学生创新团队与工商业搭桥，让学生在专业学习研究与工商业环境联结的特殊情境下来学习、操作许多复杂课程，也为将知识与技术从实验室转向商业领域提供可能。当然，这种培养模式需要政府的资金支持与平台建设等外部条件的配合。

---

① 刘西平，曹津燕．知识产权教育与知识产权文化［J］．知识产权，2007（1）：68-70．

五、提升知识产品消费文化

（一）对知识产品群体消费行为的引导与改变

在创新生态系统中，消费群体也是创新网络中的一环，消费者是创新的导向。中国创新生态系统的一大特征是具有庞大而极具适应性的消费者群体。知识产权文化的中国实践是一场传统文化的现代化转型运动，消费者作为这次文化转型的基础性载体，他们对知识产权制度精神的理解、认同及行为习惯，是影响社会整体知识产权秩序的关键。① 无论是消费者对知识产权制度的理解，还是对创新的导向，都具体体现为以一定消费价值观为基础的消费行为。从政府对盗版侵权案件的处理数量来看，近几年仍然没有减少，这表明了政府打击盗版侵权的力度与成效，但从另一个角度讲，也是我国盗版消费仍然大量存在的证明。有消费，才有市场，公众对盗版的消费，是盗版侵权屡禁不绝的源头。盗版消费的大量存在，是知识产品错误消费观的反映，对知识产品的错误消费观背后是公众知识产权意识的缺乏。那么随着国家知识产权文化建设，知识产品的消费文化也会逐步理性提升。在国家创新生态系统中，除通过各种宣传、教育途径增强公众知识产权意识外，还可以探索直接作用于消费行为的方式来改变公众对知识产品的消费习惯。

（二）发挥政府采购对知识产品消费的导向作用

政府采购有利于形成全社会正确的消费理念，培育尊重知识产权的消费习惯，推广自主知识产品，形成国家创新生态系统所需要的消费环境。政府采购具有市场带动性，政府的权威和信任度也会影响大众消费心理，有利于增强公众对自主品牌和知识产品的认可度。对自主知识产品的政府采购，可以引导公众对知识产权的认知，毕竟任何的宣传都不比消费者在生活实践中对知识产品价值及其附带的知识产权的认知更清晰生动。应将政府采购与知识产权宣传结合起来，以政府推广的知识产品为样本，开展知识产权生产、

---

① 刘华，黄金池．我国知识产权文化政策的优化及其逻辑——基于消费者立场的考量［J］．大连理工大学学报（社会科学版），2018，39（6）：68－74．

运用过程的宣传和教育。将知识产权的宣传与具体的企业和具体的产品结合起来，更易于培育先进的知识产品消费文化，同时也有利于形成对中小企业的市场发展导向，帮助中小企业摆脱知识产权侵权的恶性循环，形成创新生态系统中的政府、企业、消费者的合力，形成从生产到消费者的创新网络。从国际经验来看，政府采购是激励创新主体开展创新活动的通行做法和有效手段。① 培育和提升知识产品消费文化，是建设创新生态系统，让创新走向自觉、走向良性循环的必然要求。

---

① 张贵，温科，宋新平，等. 创新生态系统：理论与实践 [M]. 北京：经济管理出版社，2018：179.

第八章

中国区域创新生态系统下的知识产权文化

第一节　中国区域创新生态系统建设

本章从空间大小的角度，将区域创新生态系统分为小尺度和大尺度。其中，大尺度区域创新生态系统指以省级或者跨省级行政区划为边界，围绕创新活动所形成的生态系统。① 在我国，由于省级行政区域内的创新型企业、政府、高校、创新政策以及文化等要素通常具有更强的互联性与协同性，所以将省级行政区域作为我国区域创新生态系统的地域分界进行研究可以较为全面地考察我国区域创新生态系统建设的情况。

一、区域创新发展概览

（一）中国区域创新能力排名情况

依据《中国区域创新发展报告》中得出的结论，区域创新发展水平与区域人均 GDP 总体呈正向关系。东部发达地区人均 GDP 相对较高，其区域创新发展水平也相对较高。② 中国区域创新发展差距呈扩大趋势，区域创新发展水平和区域创新能力仍呈现"东强西弱、南强北弱"的发展格局，创

---

① 张贵，温科，宋新平，等. 创新生态系统：理论与实践［M］. 北京：经济管理出版社，2018：240.
② 穆荣平，蔺洁.2019 中国区域创新发展报告［R］. 北京：科学出版社，2020：27.

新资源在领先型省份的集聚效应更加明显。① 总体来看，中国区域创新能力指数整体上呈现两个典型特征。一是区域创新能力指数增长较快的地区仍主要集中在东部地区。2008－2016 年，江苏、广东、山东、浙江等 4 个省份进入区域创新能力指数年平均增速前 10 位，② 2022 年，广东区域创新能力排名第 1 位，连续 6 年居全国首位，北京、江苏分列第 2 位和第 3 位，浙江、上海紧随其后。③ 二是中部地区区域创新能力指数年均增速整体较好，安徽、江西、湖北、湖南 4 个中部省份区域创新能力指数年均增速高于全国 31 个省份平均值。④ 其中，安徽的区域创新能力指数增长最快，从 2002 年到 2022 年安徽省排名上升 13 位。⑤ 2022 年山东、安徽、湖南、陕西和湖北都进入创新能力排名前 10 位。⑥

从全国范围来看，东西部地区的差距在缩小，但南北部地区的差距在拉大。广东、江苏、浙江等东部沿海省份及北京、上海等特大型城市依然是创新能力领先地区，重庆、陕西、四川、贵州等西部地区追赶势头迅猛，创新步伐在不断加快，东西部地区的差距在缩小。南方地区创新能力提升步伐快于北方地区，在排名前 20 位地区中，南方地区占 13 席，总体上看，各地区创新能力差距在扩大，区域协调发展水平有待提升。⑦

（二）代表省份建立区域创新生态系统的计划、政策

地方政府依托国家创新战略，通过创新要素流动、创新环境营造、科技平台构建，创新协同发展四个方面制定创新政策体系，为营造创新氛围和引导全社会广泛参与创新提供制度保障。总体看来，各类政策功能逐渐明晰，政策合力开始显现，支持对象和方式更加聚焦。⑧ 本书依据不同省份的创新能力，选取创新能力排名由强到弱的江苏、广东、重庆、山东、宁夏五省份考察地方政府建立区域创新生态系统的不同计划与政策，力图找出地区创新政策与创新能力之间的关系，希冀为地区间创新政策的学习与借鉴提供思路与样本。

---

①② 穆荣平，蔺洁 . 2019 中国区域创新发展报告［R］. 北京：科学出版社，2020：16，49.
③④⑤⑥⑦ 中国科技发展战略研究小组，中国科学院大学中国创新创业管理研究中心 . 中国区域创新能力评价报告 2022［R］. 北京：科学技术文献出版社，2022：3－4，49，95.
⑧ 龙海波 . 区域创新改革试验及路径选择研究［M］. 北京：中国发展出版社，2017：2.

1. 江苏

江苏是全国创新强省，也是知识产权强省。为优化创新环境，江苏省政府重视知识产权保护、运用的促进计划与措施的制定，如《关于强化知识产权保护的实施意见》（2020年8月）、《关于知识产权强省建设的若干政策措施》（2017年4月）等。江苏省尤其重视作为主要创新主体的企业的知识产权文化的建设，其提升企业知识产权意识的举措非常值得学习，主要有以下三个方面。

第一，重视对企业的知识产权培训。实施"企业知识产权人才培养工程"，重点加大对企业主要负责人、知识产权总监和知识产权工程师的培训力度。制定实施规模以上工业企业和高新技术企业主要负责人轮训计划，提升企业家知识产权意识，激发企业家创新创造精神，充分发挥企业家对知识产权工作的重要推动作用。大规模、多层次组织企业知识产权工程师培训，提升企业知识产权管理人员及科研人员的知识产权基础理论、专利申请文书撰写、专利信息利用、技术转移等专业化水平。充分发挥知识产权培训基地作用，强化绩效考核评价，将评价结果作为持续支持培训基地发展的重要依据。

第二，突出信息利用，提高企业知识产权创造效率。实施"互联网＋知识产权工程"，搭建知识产权大数据共享平台，加大"贯标"力度，推动企业知识产权管理规范化。对企业知识产权管理进行绩效评价，对通过评价和认证的企业的给予奖励。强化自主创新，提升高价值专利创造能力。注重示范引领，打造知识产权优势企业。

第三，完善对企业知识产权创造的全方位支持。政府布局企业重点实验室，从资金、税收、奖励等方面给予企业技术创新支持。在促进高校科研机构技术创新与科技成果转化方面，大力推行简政放权，提高高校科研机构研发经费与研发成果利益分配的自主性。对科技型中小企业提供金融支持，从资本市场到企业金融服务到信用担保与科技保险机制等，着力扶持中小企业创新发展。完善基础研究长期稳定支持机制，构建科技创新社会化评价机制。在激励中小微企业知识产权创造方面，执行普惠性专利资助奖励政策，组织知识产权服务机构面向中小微企业开展知识产权托管服务，通过政府采购服务，为中小微企业提供知识产权人才培训、信息利用、维权援助等服务；组织服务机构进园区、进企业活动，对中小微企业专利申请、信息利用、质押融资等给予免费指导。鼓励知识产权密集型或依赖型产业的上下游企业与有关高校院所共同组建产业知识产权联盟，利用联盟化手段整合产业链知识产权资源，凝聚创新力量，解决产业发展中的知识产权问题。联盟成员根据产业发展需要，面向核心技术和产品联合开展知识产权布局，全面覆盖和有效保护产业创新成果，并按照互利共赢的原则制定合理的许可政策，开展商业运营，共同防御知识产权风险，保障产业发展安全。各级产业知识产权运营基金重点支持产业知识产权联盟发展，支持联盟建立专利池，加强知识产权布局和协同运用。①

江苏省政府对企业知识产权创造、保护与运用的全面有力支持，极大提升了企业知识产权产出效率，使省内知识产权强企数量持续增加，增强了整个省的创新能力，改善了全省区域创新环境。

2. 广东

广东省创新能力突出，得益于对创新的高度重视与投入，良好创新创业环境的营造是广东省创新政策的重点。广东省有全面精准的创新人才吸纳机制，其充分利用自己得天独厚的开放地理条件，实施更优人才永久居留政策、试行技术移民制度和港澳人才享受省企业职工基本养老保险延缴政策，吸引外籍和港澳人才。广东省强化企业家在科技创新中的重要作用，实施企业家职称评审直通车制度，科技型企业家可直接申报高级（含正高级）专业技术职称，在高校、科研机构、高新技术产业开发区等人才密集区建设产权型或租赁型人才住房。广东省的创新人才政策既全方位涵盖了各地域、各领域创新人才，又有针对性地适用各个层次的创新人才，尤其是对企业家人才的重视，走在全国前列。

广东省实行强有力的企业创新普惠性支持，通过降低企业研发成本，采取税收优惠、补助、奖励以及科技创新券等多种形式支持企业创新。其中科技创新券的方式为广东省独创，实现全国使用、广东兑付，重点支持科技型中小企业和创业者购买创新创业服务。此外，促进产学研协同，建立由企业与高校、科研机构联合的技术创新中心、产业创新中心和制造业创新中心。在对企业创新的资金支持上，建立企业创新融资需求与金融机构、创投机构

---

① 江苏省知识产权局［EB/OL］. http：//jsip. jiangsu. gov. cn/col/col75910/index. html？ number = ZS0107［2023 - 02 - 12］.

信息对接机制，鼓励银行开展科技信贷特色服务，创新外部投贷联动服务模式，加大对科技型中小企业的信贷支持力度，省财政按其实际投放金额予以一定奖补。省财政与有条件的地级以上市联动设立当地科技风险准备金池，对金融机构开展科技型中小企业贷款和知识产权质押投融资业务发生的损失，给予一定比例的风险补偿，促进解决民营科技型中小企业融资难、融资贵问题。鼓励创业投资企业的建立，政府给予成立后一定年限的奖补。①

广东省致力于营造创新氛围的文化宣传工作。作为创新高地，广东省浓厚的知识产权文化氛围是良好创新环境的重要成因。广东省的知识产权文化宣传形式多样，注重长效，针对不同社会不同群体对知识产权与创新知识的需求内容和接受程度不同，政府开展各具特色的宣传普及活动。通过新媒体平台实时"视频＋图文"形式，通过"互联网＋知识产权"形式使知识产权宣传喜闻乐见、广泛开展。尤其重点面向青少年儿童，探索科普性、趣味性、寓教于乐的知识产权教育形式，培养青少年知识产权保护意识与创新种子精神。

3. 山东

2022年，山东省创新能力排名全国第6位，十余年来山东省排名相对稳定，始终保持在第6位左右。总体上看，山东省经济基础较好，企业创新能力强，是创新发展先进省份。② 在地区创新生态系统的建设政策制定上，山东省针对创新领军人才及创新型人才缺乏、转型发展面临挑战的问题，制定实施相关法规政策。

山东省同样重视对企业创新能力的提升，采取各种措施进行针对性帮扶。一些具体做法值得借鉴。其一，帮扶企业专利的培育。建立知识产权优势企业培育库和人才专家库，"双库"对接，为企业提供定制化服务；每年从没有专利的工业企业中选择具有创新潜力的1 000家企业进行重点帮扶，使其尽快实现专利零的突破。对初创期的创新型中小企业进行包括知识产权创造、运用、保护等全链条的帮扶；对企业首件发明专利进行资助等政策。其二，帮助企业实现技术成果转化。建立与知名科研单位和高校建立常态化

---

① 广东省人民政府印发关于进一步促进科技创新若干政策措施的通知［EB/OL］. http://www. gd. gov. cn/zwgk/wjk/qbwj/yf/content/post_1054700. html［2022－12－12］.

② 中国科技发展战略研究小组，中国科学院大学中国创新创业管理研究中心. 中国区域创新能力评价报告2022［R］. 北京：科学技术文献出版社，2022：108.

对接机制，帮助企业筛选符合产业方向和企业需求的高价值专利，定期举办专利拍卖会、洽谈会、对接会；对省内企业成功吸收转化的高价值专利，收到良好经济社会效益的给予奖励。其三，为企业提供知识产权精准服务。提出了推广"知银保"知识产权质押融资新模式，研究设立知识产权运营基金。①

在 2019 年发布的《山东省人民政府关于深化创新型省份建设若干措施的通知》中，山东省确定的目标是进入创新型省份的前列，为此，制定了高新技术企业、一流大学和学科/创新创业共同体、高层次创新人才等具体指标以提升各创新主体能力。打造创新前沿城市与地区创新高地，以推动区域创新发展水平；在重点领域组建重点实验室和技术创新中心以培育重点领域创新发展优势。

山东省自 2013 年实行高校创新协同计划以来，逐步形成了政产学研金协同创新的科研组织形式和运行机制，目前有 80 多个高校协同中心。各高校依据自身学科优势，协同政府、企业自主研发具有自主知识产权的技术成果，并在企业实现转化。这些高校协同创新中心的建立与运行，极大地促进了山东省政产学研的协同创新，促进了高校科技成果的转化。

山东的创新政策总体上沉稳全面，力求区域整体发展、产能转换以及社会全民创新素质都有所提升。突出强调创新驱动发展中的人才问题与技术成果的转化问题，确保具体措施能够落实。

4. 重庆

重庆属于后进型创新地区，2022 年重庆市创新能力排全国第 11 位。②2010～2020 年十年间，重庆市政府发布了约 20 部有关创新的政策法规。《重庆市人民政府办公厅关于进一步做好促进企业创新有关工作的通知》（2019 年）确定的总体目标为，到 2022 年创新型经济结构基本形成，区域创新能力大幅提升，基本形成开放协同的创新生态。在这一文件出台前，已有相应政策在为实现这一目标准备条件。培育科技企业、推动企业建立研发机构、优化布局创新型园区。强化人才支撑推动科技金融创新。实施创投资

① 山东省人民政府. 关于实施"春笋行动"大力培育具有自主知识产权企业的通知［EB/OL］. http：//www. shandong. gov. cn/art/2019/7/3/art_103548_58999. html？xxgkhide =1 ［2022－02－12］.
② 中国科技发展战略研究小组，中国科学院大学中国创新创业管理研究中心. 中国区域创新能力评价报告 2022 ［R］. 北京：科学技术文献出版社，2022：138.

金倍增计划，引导创投管理基金在渝落户，这些工作都已被列为政府工作要点内容。《重庆市促进企业技术创新办法》促进企业高效联盟、产学研协同创新。强调人才引进，从政策、社会化服务体系、基础设施、人才引进、税收、财政等各方面支持企业创新。《重庆市引进科技创新资源行动计划（2019—2022年）》对重庆市科技创新人才引进作出细致且操作性强的规定，体现了重庆市大力引进创新人才、提升创新能力的决心。[1]

重庆市在营造创新文化氛围方面的做法亦有创新之举。《重庆市青少年科技创新市长奖评选办法》中设定了青少年科技创新市长奖，评选在科学研究、技术发明、技术创新和创新思维等方面有独到之处的青少年为科技创新市长。这一活动对激发青少年创新热情、营造全社会的创新氛围有很好的作用。重庆市政府还支持在渝高校开展商业模式创新和管理创新研究，为企业提供智力支持。引导各类新闻媒体加强对技术创新、商业模式创新和管理创新成功案例的宣传报道。鼓励支持各级企业主管部门、园区和行业协会等组织企业代表赴先进地区学习技术创新、商业模式创新和管理创新经验。《重庆市人民政府办公厅关于加快构建大众创业万众创新支撑平台的实施意见》加强舆论引导。培育创新文化，倡导尊重劳动、尊重知识、尊重人才、尊重创造，弘扬创新精神。引导媒体加大创新企业、创新成果、创新品牌宣传，树立一批先进典型，推广成功经验。加强政策宣传，建立试错、容错和纠错机制，营造宽容失败的良好氛围，激发全社会创新创造活力。这些政策明确阐释了创新精神的内容与要求，为政府在社会创新氛围形成中的作用发挥提供了政策依据，使区域社会创新精神的培育有了可落实的措施依据。

5. 宁夏

宁夏属于创新发展能力落后型地区。2022年宁夏创新能力排名全国第27位，宁夏的知识创造和企业创新排名都较上年有所下降，但创新环境和创新绩效方面较上年有所提升，总体排名靠后。[2]

自实施创新战略以来，宁夏回族自治区政府先后制定发布了不少促进创

---

[1] 重庆市人民政府办公厅关于印发重庆市引进科技创新资源行动计划（2019—2022年）的通知，http://www.cq.gov.cn/zwgk/zfxxgkml/szfwj/xzgfxwj/szfbgt/202001/t20200103_8837729.html.

[2] 中国科技发展战略研究小组，中国科学院大学中国创新创业管理研究中心. 中国区域创新能力评价报告2022［R］. 北京：科学技术文献出版社，2022：168.

新的政策，除科技创新"十四五"规划外，自治区政府在促进区域优势产业壮大、高新企业发展、科技成果转化以及引进创新人才等方面制定不少政策措施。① 2020年6月自治区人民政府办公厅《关于促进科技成果转移转化的实施意见》通过财政补助、转化平台建设、成果筛选评估等方式对企业、高校、科研机构科技成果转化进行支持促进，政府鼓励建立科技成果转化中介机构，大力培育科技成果转化人才；2021年1月自治区人民政府办公厅印发《关于加快发展高新技术企业的若干措施的通知》，从高新技术企业的成果转化、创新平台建设、人才建设、税收优惠、生产要素成本降低、融资环境改善等方面作出促进创新发展的措施规定。宁夏是欠发达地区，技术创新能力较为落后，与东部创新先进地区合作以推动技术创新是一种可行有效方法。《关于加强东西部科技合作推进开放创新的实施方案》（2018年7月）中规划了宁夏与东部创新强省合作增强创新能力的措施，包括实施科技合作项目，培育引进科技型企业，联合共建开放式创新平台，共建科技服务机构，引进创新团队和急需紧缺人才，共建科技园区等，可以说是对宁夏与东部强省全方位深度合作的详细规划。宁夏回族自治区科技厅于2023年4月出台了《关于支持民营企业科技创新的若干措施》，从支持民营企业开展关键技术攻关、开展科技成果转化、培育科技型企业等八个方面制定具体措施，引导激励民营企业提升科技创新能力和水平。从宁夏制定的创新政策来看，政策全面且包容量很大。但由于宁夏创新人才、创新资金的缺乏，创新成果产出有限，导致创新成果转化能力弱，创新平台不活跃，反过来制约创新活动，如此难以形成创新行为、成果、产出的良性循环。从2022年的基础数据看，宁夏的研发投入相关指标降幅明显，如政府研发投入占GDP的比例等指标排名下降（较上年排名下降2位），企业创新相关指标有所下滑（规模以上工业企业每万名研发人员平均发明专利申请数排名下降8位）。创新环境排名较上年上升3位，但仍需进一步优化。② 宁夏未来应增加政府研发投入，促进企业在国内市场的参与积极性，鼓励研发人员不断开发新产品及新发明，为促进经济发展打下基础，这是宁夏提升创

---

① 宁夏回族自治区人民政府网站，https：//www. nx. gov. cn/nxsearch/search. html.
② 中国科技发展战略研究小组，中国科学院大学中国创新创业管理研究中心 . 中国区域创新能力评价报告2022［R］. 北京：科学技术文献出版社，2022：168－170.

新能力的根本之源。

从以上四个省份的创新政策来看，无论是创新先进省份，还是创新相对落后省份，创新政策都力求从提升创新主体创新能力、改善创新环境等方面来促进区域创新。当然，对于创新能力较强的省份，由于已经具备了较为全面的创新基础，因而能够更好地针对地区特征，取长补短。而创新相对落后地区，由于影响创新能力的各方面因素都相对薄弱，因此创新政策的制定上全面但针对性欠缺，有的政策还停留在客观概念层面，没有真正落地。所以对于创新能力相对落后的省份，在创新政策的制定上，关键是对自己需要突破而又必须突破的创新缺口做出可执行的政策规定。正如学者所建议的，发掘差异性资源作为创新生态系统建设与发展方向，包括特殊的区域文化变现潜力、特殊的区域知识整合潜力、特殊的区域生态经济潜力的整合与利用，以实现创新相对落后地区的跨越式发展。[①]

（三）代表省份知识产权信息平台建设与创新能力

知识产权信息平台是创新生态系统的要素之一，知识产权信息平台完备是评价一个地区区域创新生态系统建设成效的重要因素。以下通过对国家知识产权公共服务网公布的信息进行检索分析，来了解各省份知识产权信息平台建设情况。为考察区域知识产权平台建设与创新能力关系，本书参照区域创新能力排名，选取强创新能力省份、追赶型创新能力省份和较弱创新能力省份为代表的知识产权平台建设情况进行分析，具体数据见表 8 - 1。

表 8 - 1　　　　　　　　　　区域创新信息平台建设情况汇总

省份	知识产权公共信息综合平台	产业知识产权信息平台	高校知识产权信息平台
广东	广东省知识产权公共信息综合服务平台	无	中山大学知识产权信息服务网站 华南理工大学高校国家知识产权信息服务中心 深圳大学知识产权信息服务中心

---

① 董铠军. 欠发达地区创新生态系统培育研究——以西部地区范式突破为例［J/OL］. 科学学研究. https：//doi. org/10. 16192/j. cnki. 1003 - 2053. 20230130. 002 ［2023 - 2 - 07］.

省份	知识产权公共信息综合平台	产业知识产权信息平台	高校知识产权信息平台
江苏	江苏省知识产权公共服务平台	绿色技术知识产权公共服务平台	东南大学知识产权信息服务中心 江苏科技大学知识产权信息服务中心 南京大学知识产权信息服务中心网站 中国矿业大学知识产权信息服务中心 南京工业大学高校国家知识产权信息服务中心 江南大学图书馆中心 南京理工大学 TISC 中心 江苏大学知识产权学院中心
山东	山东省知识产权公共服务平台	青岛海洋技术转移中心 寿光果菜品种权交易中心 齐鲁技术产权交易中心	山东大学知识产权信息服务中心
重庆	重庆市知识产权公共服务平台	重庆市技术创新专利导航平台 重庆摩托车（汽车）知识产权信息中心	重庆大学知识产权信息服务中心
宁夏	宁夏知识产权信息服务平台	无	无

资料来源：广东省知识产权公共信息综合服务平台，网址：https：//www. gpic. gd. cn/；江苏省知识产权公共服务平台，网址：http：//www. jsipp. cn/；山东省知识产权公共服务平台，网址：http：//www. sdips. com. cn/；重庆市知识产权公共服务平台，网址：http：//www. patentcloud. net/；国家知识产权 – 公共服务网 http：//ggfw. cnipa. gov. cn：8010/PatentCMS_Center/template？t = platformInfo#18。由作者整理，时间截止到 2022 年 12 月。

　　从各省份知识产权公共服务网公布的信息来看，创新大省江苏、广东等省份所建立的知识产权信息平台无论从数量上或是平台信息容量上都位于前列。从知识产权公共服务平台的层次上，创新大省通常既有全省范围内的知识产权信息综合平台，也有产业知识产权信息平台，还有辖区内市级知识产权信息平台，以及高校知识产权信息平台。创新生态系统的一大特征是共享与协同。知识产权信息的积累是创新成果产生与运用的必要介质，知识产权信息的共享与交流是创新主体协同和创新要素流动的前提。知识产权信息平台助力创新能力的提升，创新能力强，则创新成果多，知识产权数量随之增多，又需要更多的知识产权信息平台，如此在区域创新生态系统的形成中形成良性循环。其中，非常值得赞赏的是江苏省高校知识产权信息平台的建设及其作用的发挥。南京工业大学高校国家知识产权信息服务中心是国内首批"高校国家知识产权信息服务中心"。中心在促进专利信息传播与利用工作，在知识产权信息培训、人才培养以及知识产权科普知识宣传等方面进行了大量的研究和实践，取得丰硕成果，2019 年获批"江苏省科普教育基地"。江苏省不断提升知识产权信息传播利用效能，为促进高校创新发展、推动知识产权强省建设提供了有力支撑。[①]

相比之下，创新能力排名靠后的省份如宁夏、青海、新疆等则只有一个综合的知识产权信息平台，无高校知识产权信息平台、企业与产业等其他知识产权信息平台。知识产权信息平台的缺少导致信息交流不畅，创新成果产出少，会直接影响创新能力，反过来又使搭建起来的信息平台信息量不够。从各省份的知识产权信息平台对创新实践的作用来看，创新能力与知识产权信息平台建设呈正向关系。而无法回避的问题是，对于创新能力较弱的省份，如何消除有平台无信息的尴尬？是先建平台等待创新成果产生，还是等创新成果积累到一定程度再建设平台？笔者认为，知识产权信息平台作为创新环境的重要组成，应是先于创新行为与创新成果产生的，创新能力较弱的省份更要重视知识产权信息平台的建设，同时需要宣传信息平台的功能，扩散企业等创新主体对信息平台的利用。让信息平台成为创新主体获得、交流、共享创新知识与知识产权信息的媒介，助力区域创新生态系统的建设。

二、区域创新生态系统建设中的挑战与应对

当前，我国区域创新生态系统已处于形成发展的良好阶段，各区域更加重视营造创新生态环境，逐步形成各具特色的区域创新体系模式，各省份内以及省份之间各创新要素制约、依赖、协同性逐步增强。然而，从区域创新

---

① 江苏省知识产权局. 关于印发《江苏省知识产权局关于新形势下加快建设知识产权信息公共服务体系的实施意见》的通知［EB/OL］. http：//zscqj. jiangsu. gov. cn/art/2020/12/23/art_85036_10397545. html［2020 - 12 - 23］.

体系层面看，已有区域创新政策仍缺乏系统性，各类政策的衔接性和配套性不够，有的还停留在客观概念层面，没有真正落地。① 我国区域创新生态系统的普遍建立仍然面临很大挑战。

（一）区域创新发展不平衡

由于区域创新水平的差异以及地方政府资源汲取能力的不同，产生了区域创新发展不平衡的问题，这一问题突出表现为南北与东西差距拉大。创新两极化差距导致协同创新难度仍然较大。在我国地区经济与科技发展水平长期参差不齐的背景下，区域创新发展呈现差异化也是必然。这种差异给地区间的协同创新带来了困难，给全国创新生态系统的建立带来了障碍。如何实现由创新驱动地区带动创新能力较弱地区实现创新发展是重要的课题。本书认为，政策的调整与文化环境的培育可以帮助创新能力较弱地区实现后进。关于区域文化对企业技术创新影响的研究表明，中国各省（区、市）不同的区域文化会影响企业技术创新，企业和国家在制定创新策略时要考虑区域文化的影响。② 通过对创新落后地区与后进地区近几年的创新政策比较发现，后进省份如重庆、山东出台了大量的鼓励创新基础设施投入和对企业进行创新激励的政策，同时注重对区域特色文化及产业的优化发展，在取长补短的过程中提升创新能力。对于创新能力较弱地区，政府应加大对创新基础设施的投入，加大对企业的创新的激励，在对区域知识产权文化的培育中，应注意与地方文化、经济发展相融合。

（二）当前我国区域创新尚未形成以企业为主体的协同创新机制

现阶段，区域协同创新大多是在政府层面开展或者是在政府引导下进行的，企业的创新主体地位不够突出，区域一体化创新生态系统建设尚未有效破局，持续稳定机制也尚未有效建立起来，创新资源在区域内的充分流动与共享、一体化市场格局的形成都有待更加有力的推动。③ 虽然创新强省在产

---

① 龙海波. 区域创新改革试验及路径选择研究［M］. 北京：中国发展出版社，2017：2.
② 李俊，夏恩君，闫宽，李德煌. 区域文化与企业技术创新——基于 GLOBE 文化模型的实证研究［J］. 北京理工大学学报（社会科学版），2021，23（6）：58-71.
③ 中国科技发展战略研究小组，中国科学院大学中国创新创业管理研究中心. 中国区域创新能力评价报告 2019［R］. 北京：科学技术文献出版社，2019：12.

学研协同、创新一体化方面表现出较好的态势，但协同一体化的深度与广度都还有强化的空间，即使是三大创新生态区，也尚未形成类似美国硅谷那样的大学创新生态圈，大学的人才培养仍存在不能适应创新实践需要的问题，大学研究也仍存在不能与产业发展、应用需求相连接的情形。而对于企业而言，难以获得需要的创新人才与创新方案及技术。地区间合作协同不足，创新资源不能实现自由流动，制约因素主要为地区经济发展不平衡，但文化差异也有相当影响作用，不同地区人们对创新的思想认识与行为习惯，影响了地区间的合作。尽管政府签署合作协议，搭建合作平台，但作为创新主体的企业协同意识不强，创新人才流动困难，影响了创新一体化的具体举措的完成。促进区域内生与外生共力，以经济、科技发达地区带动欠发达地区，消除创新思想观念上的迥异，形成以创新较强能力地区为中心的辐射带动圈是形成创新一体化局面的路径。

第二节　知识产权文化对建立发展区域创新生态系统的功能

知识产权文化是在对知识产权制度移植、引进、吸收中培育和形成的，是统一的知识产权法律制度的精神内化，因此，传统文化作用与影响于知识产权文化本土化的过程中，导致带有区域人文、经济表征的知识产权文化形成发展于中国不同区域中。这在中国各地域的知识产权文化中表现为既有共同的精神内核与价值追求，又有受地域文化、经济因素影响的地域特征。知识产权文化也只有借助于区域文化中的经验与传统，才可以更好地服务于区域创新生态系统。在这一点上，创新生态系统的区域性层次与知识产权文化的地域性特征恰好相生相促。与知识产权制度引进相伴而来的知识产权文化必然与本土文化发生对话与融合，形成不同于西方知识产权文化的中国特征。传统文化不应成为现代中国知识产权文化形成的羁绊，而应成为一种积极的资源，联结传统中国社会已有的文化情结与现代创新社会所需求的知识产权文化氛围。传统文化中形成于人们长期行为与思维习惯的部分不可能完全通过法律制度来改变，正如孟德斯鸠所言：应该用法律去改革法律所建立的东西，用习惯去改变习惯所建立的东西，如果用法律去改变应该用习惯去改变的东西的话，那是极其糟糕的策略。①

一、地方知识产权文化政策需满足区域性的文化需求

　　区域文化是一个区域因地理条件、自然环境和行政区域不同而形成的物质文化与精神文化的总和，② 包括一个区域人群的风俗习惯、共同的认知与观念及社会价值认同。区域文化对区域政治经济发展有着无法割裂的联系。有学者通过对历史发展中地区风俗与以国家为代表的政治体制的关系进行研究，发现地域风俗与政治体制紧密相连，其重要原因在于风俗是一种非制度化的社会表现，风俗、习惯、理念、认知将地域内单个的个体连接成彼此联系且有着共同价值观念的群体。③ 一个区域的发展需要一个高效公正和廉洁的政府，也同样不能离开联结区域人群生活的文化土壤。正如荀子所言："风俗以一"是"政令以定"的结果。④ 而文化的惊人力量，又在于它能够在一定程度上超越政治、经济、社会的种种局限性，呈现出其具有永恒性的跨时空的功能。一个地域即使政治体制或经济发展方式改变，地域文化仍然会传承和延续。在中国的不同地域内，基于不同地理环境而形成了各具特色的地域文化。区域文化的核心仍然是价值观，根植于区域群体内心的价值认同，外化为区域群体的性格特征与一定的行为习惯。如江浙地区尊师重教的文化传统与改革创新、注重经济发展的普遍理念为这个区域成为中国知识创新高地营造了必要的文化氛围。有学者将江南地区的创新发展之路称为工匠（经验技术）与学者（科学理论）的结合，这种结合使产业的经验技术上升为科学的理论技术，是科技社会产业化的过程。⑤ 这种过程在一百多年前中国早期工业化进程中是工匠与学者互动并实现科技创新的典型范例，在当代，仍然是中国区域创新的领跑者。又如徽商所具有的开拓创新精神，也源于徽州文化的特质。安徽历史上大规模的移民活动促成的文化融合以及独特

---

　　① ［法］孟德斯鸠. 论法的精神（上）［M］. 张雁深，译. 北京：商务印书馆，1997：310.

　　②③ 卜宪群. 中国区域文化研究（第一辑·创刊号）［C］. 北京：社会科学文献出版社，2019：1.

　　④ 出自《荀子·议兵》。

　　⑤ 余同元. 区域科技创新的江南道路［C］// 卜宪群. 中国区域文化研究（第一辑·创刊号）. 北京：社会科学文献出版社，2019：15，126 – 127.

的山区地理环境，孕育了富有特色的徽州文化。其基本精神，诸如崇文重教的儒家传统、刚健有为的积极进取意识、向外拓展的开放风气、吃苦耐劳的徽骆驼精神等，构成了徽州文化。① 徽商中的价值观、财富观、义利观使安徽地域既具有保持"以义取利"的传统致富理念，又乐于接受新鲜知识信息，及时学习，转变发展思路，被称为中国典型的"儒商"。这也成为安徽近年区域创新发展排名不断提升的一个重要文化层面的原因。

学术界普遍认为我国在知识产权制度确立之前不存在起先行思想基础作用的知识产权文化，与西方国家不同，我国的知识产权文化是在知识产权制度建立后，在制度的实践中，产生的包括社会知识产权意识与创新文化内容的文化形态。虽然是伴随着知识产权制度的建立与践行逐步产生的，但正如任何一种文化都不能脱离其所存在并作用的环境，我国知识产权文化的建设过程及对社会生活的影响程度都与地域已有的文化环境密切相关。这也是统一的知识产权制度在不同区域适用执行的社会效果差异产生的原因之一。经济发达、文化繁荣的地区更容易形成知识产权文化环境，是因为这些地区较高的知识产权产出与效能，带来知识产权制度在社会生活实践中的热度增高，公众接受知识产权信息的机会较为频繁且对知识产权的认知的途径增多，从而使公众对知识产权的认知水平提升，使知识产权保护意识增强。珠三角与长三角较强的知识产权实践频度与深度是这两个地区知识产权文化环境较好的直接原因。地区知识产权文化环境的优良又促进知识产权制度的顺畅运行，为创新生态系统提供优质的环境条件，如此形成良性循环。

那么，对于没有走在创新与经济发展前沿，甚至是创新能力与经济发展相对落后的地区，知识产权文化是不是一潭死水呢？并非如此，这些地区在培育知识产权文化方面仍可以有所作为。这些地区分为三类。一类是经济发展相对平稳、有着较厚重传统文化氛围的地区，包括山东、河南、安徽、陕西、山西等省份。这些地区产业结构较为传统，经济发展稳中有进，传统文化在这些地区被较多地传承与固守。如安徽与山西贾而好儒的士人文化，奋发进取、吃苦耐劳的实干精神。传统文化中的"诚、义、信"是这些区域

---

① 余同元. 区域科技创新的江南道路［C］//卜宪群. 中国区域文化研究（第一辑·创刊号）. 北京：社会科学文献出版社，2019：15，126-127.

人们最认可的社会交往与商业交易的精神规则。尊师重教的儒学传统渗透在这些地区的社会生活中的方方面面。山东、河南、陕西都有深厚的传统文化历史积淀。这些传统的思想精神以及外化的行为习惯中仍有促进知识产权文化形成的因素，如对知识的重视与知识产权文化中"尊重知识"的精神要求是一致的，产生的偏差在于公众对知识产权所保护的客体的认知的盲区。也就是说，只要让公众知晓并理解知识产权保护的意义、保护对象及保护方式等问题，尊重知识产权的认知与意识就会融入这些地域中已有的重视知识产权的普遍认识中。尊重知识的文化传统会随着知识产权教育与宣传工作的大力开展而成为知识产权文化生成的价值观基础。创新精神的培养来自经济发展的实践需求，这些地区较强的农耕文化特征所产生的守旧思想会对创新精神造成一些负面的影响，但有着尊重知识与诚信守法理念基础的社会培养创新精神是有本之木，知识产权带来的利益会激发创新热情，诚信守法的行为准则会保障创新之路的正确方向。当然，创新精神的培养还需要政策引领，政府引导、企业积极努力以及全社会公众理念的转变。这些地区区域创新能力排名在不断提升，凸显了文化的支持作用。

地方政策主题应与地方发展阶段及特征相匹配，在知识产权文化政策的制定和执行中注意满足区域性的文化特征与需求，因而进行一定的特殊规制就在所难免。地方知识产权文化政策是区域生态系统的重要组成部分，与区域知识产权文化的发生、变迁和发展都有密切关联。对区域知识产权文化的建设必须回顾、反思已有的区域文化的形成与发展，总结其特征与规律，并与满足区域创新生态系统的要素需求相适应，制定因地制宜的知识产权文化政策。

区域知识产权文化政策会对特定区域内在历史、环境中确立的特定价值系统和文化观念进行整理和规范。地方知识产权文化政策要真正融入创新生态系统建设发展的实际过程，在增强创新能力、促进创新协同方面发挥作用，从公共政策的角度，知识产权执法需结合本地情况因地制宜地进行具体化和变通。区域知识产权文化政策目标一方面必须将国家统一的知识产权法律制度与中央知识产权政策贯彻执行，另一方面必须与解决本区域知识产权文化发展的实际问题相结合，既要确保实现国家统一的知识产权文化意志，也要维护促进区域知识产权文化的差异性。

二、我国各省份知识产权文化建设举措分析

从 2018～2022 年我国各省份地方知识产权战略实施工作计划来看，各省份都将知识产权文化建设列为工作内容之一。各省份对知识产权文化建设工作的部署有相同之处，亦有本省份的特色或专门计划。各省份都表示要利用知识产权宣传周和专利周开展宣传工作，都将推进或深化中小学知识产权教育试点工作作为知识产权文化建设的一项重要内容。从各省份近几年的实际工作来看，这两项工作的确已成为其知识产权文化建设的重点工作。各省份在知识产权宣传周都进行了不同形式的宣传工作。从传统的发放宣传册、举办讲座等方式转变为利用互联网等媒体进行宣传。利用微信公众号、网页信息进行知识产权宣传，事实上也使宣传工作由过去的只能在宣传周集中宣传转变为常态化宣传成为可能。几乎有一半的省份宣传工作计划仍限于在特定的宣传周时期，而将知识产权文化宣传作为常态工作予以细致规划的省份往往是创新大省。

以江苏为例，其 2020 年知识产权工作计划中的知识产权文化工作计划内容包含了知识产权宣传日常工作与重点工作。平时聚焦重大问题和热点事件，加强知识产权动态报道、工作宣传和政策解读；在特殊日期节点，重点抓好重要节点的主题宣传；鼓励有条件的高校探索建立知识产权保护志愿者制度，宣传知识产权法律法规，开展知识产权保护公益服务。上海制作宣传片、每月编发"知识产权工作动态"以及开展打击侵权假冒宣传进机关、企业、学校、社区、家庭活动。[①] 上海市青少年科技创新大赛中设立知识产权"小达人"专项奖，面向中小学生推广普及 WIPO 知识产权入门教育远程课程。上海也将中小学知识产权教育试点工作落到实处，强调培养学生创新实践兴趣。学校组建了由科技组教师领衔的各个科技活动社团，在活动中强调使用正版产品完成科技制作和手工艺品制作；通过鼓励学生参加科技创新大赛、编程设计大赛、创意机器人设计、3D 打印设计等比赛来激发学生

---

① 上海知识产权局网站信息 [EB/OL]. http：//sipa. sh. gov. cn/shzscqzk/index. html [2020 - 09 - 03].

的动手能力、想象力和创造力，推动对知识产权的认识。① 广东组织开展知识产权宣传活动，发布有社会影响力的典型知识产权保护案件，加强知识产权普法宣传。加强企业法治文化建设，推进法治文化建设示范企业创建活动。值得注意的是，部分省制定了本省的知识产权文化建设任务，如江苏举办国际设计博览会与知识产权国际峰会，陕西开展"2020 年地理标志三秦行"活动，内蒙古加大对蒙医药知识产权保护的宣传和培训力度等。这些省份的知识产权文化建设活动与地方特色产业和文化紧密联系，注重以文化为依托，培养地方创新龙头企业。

组建地方知识产权人才培养、文化交流联盟也是创新大省采取的一种知识产权文化建设措施的新形式。南京理工大学联合江苏省内政府机构、高等院校、企业、律所、知识产权服务机构等发起组建联盟，开展 7 个方面具体工作，即助力形成江苏特色知识产权人才培养体系、牵头论证并争取设立知识产权一级学科、打造多元互补的师资队伍、构建特色各异的教学资源集群、搭建政产学研用合作平台、深化知识产权国际交流、促进知识产权文化传播。通过这些工作举措，为江苏乃至全国培养和输送高质量知识产权人才。②

第三节　创新生态系统下的区域
知识产权文化建设路径

一、与区域固有文化的结合

有学者对多元文化融合过程与结构进行研究，认为文化融合经历文化防御、文化摩擦与文化重构三个阶段。③ 区域知识产权文化的形成与发展亦经历此三个阶段。知识产权法律政策在一定区域内强制施行，不可避免地会遭

---

① 上海知识产权局网站信息 [EB/OL]. http：//sipa. sh. gov. cn/shzscqzk/index. html [2020 – 09 – 03].

② 江苏省知识产权人才培养战略联盟成立 [EB/OL]. http：//www. nipso. cn/onews. asp？id = 51310 [2020 – 11 – 05].

③ 余卫，王安琪. 长三角一体化视角下文化融合路径研究 [J]. 淮阴工学院学报，2019，28 (5)：82 – 87.

遇该区域社会内已经存在的传统观念与行为习惯的抵触和防御。不同区域在这个过程中表现的困难程度并不相同，取决于已有文化的形态与特征。尽管知识产权制度政策的实施具有全国统一性，但文化的地域性特征让知识产权文化的培育附生于地域特有文化，才可以内化为区域内人们的行为。

依据《中国区域创新能力评价报告》，安徽、河南、山东、湖北等中部地区创新能力排名位于全国各省份中的中上游，创新能力排名较为稳定。中部地区各省份区域产业创新发展指数排名整体上处于 31 个省份中间位置。[①]安徽、湖南、山西、江西、河南、湖北等中部省份，其区域创新能力领先于经济发展水平，表现出较强的经济发展潜力。[②] 中部地区区域创新能力指数年均增速整体较好。这些地区创新能力表现的相似性背后是相似的文化基础。这些地区都有着深厚的历史与传统文化底蕴，要么是黄河文明、长江文明的重要区域，要么是儒家文化血脉的集中之地。如山西、河南同为黄河文明的发源地，湖北是长江文明的重要区域；山东是孔孟之乡，湖南、江西则是儒家理学的发源地或传播点，而安徽自明清以来形成发展的徽派文化更是闻名天下。深厚的传统文化可能会对区域创新产生了一些思想观念上的阻碍因素，但可以对传统文化中有利于形成良好创新环境的因素进行因势利导，使其成为促进创新的文化力量。这些地区对于创新文化所要求的敢于尝试乃至冒险精神等，受传统理念影响较为欠缺，表现为对新事物接受过程较慢，以"稳"为发展前提，这是知识产权制度实践在这些地区不能较快融入当地文化的一个重要原因，但这些地方的文化基础却又有利于形成强而持久的创新力。即一旦形成知识产权保护意识与创新理念，这些地区可以后续发力，持续创新。这些地区文化基因中尊师重教、诚信坚忍的良好品质会随着知识产权制度及实践对区域知识产权观念意识的改变而沉淀为尊重知识产权、崇尚创新并坚持创新的文化力量。

不同区域知识产权文化的建设，需要与区域特有的社会心理与文化基础相适应，对区域文化中不利于知识产权文化形成的因素进行调整与疏导，对有利因素则进行固化与利用。每个区域的传统文化、风俗习惯、竞争文化以及诚信文化都共同存在，但这些文化具体的表现因与区域发展的历史、人文乃至自然环境息息相关而有所差异，知识产权文化的建设不是高高在上的理

---

①② 穆荣平，蔺洁 . 2019 中国区域创新发展报告［R］. 北京：科学出版社，2020：33，46.

论思维或政治口号，而是要落地生根的具体措施，知识产权文化政策要在各地区真正落实并取得好的社会效果，必须与区域文化特有表现相匹配。如以广东省为中心的珠三角地区，其竞争文化表现为强烈的市场竞争意识，知识产权文化的建设应以促进公平的市场竞争为进路，以尊重知识、重视知识产权为市场竞争前提，以崇尚创新、实践创新为市场竞争的工具，以诚实信用为合法有序市场竞争的保障。

在对公民知识产权文化的调研中，我们发现，城市与乡村的知识产权文化状况差别很大。广大农村成为知识产权侵权产品的重要的销售市场。农村居民对于知识产权保护的认知程度很低，为假冒伪劣产品充斥农村消费市场提供了条件。农村地区知识产权意识的严重缺乏，不仅使知识产权侵权行为有了恣意生长的土壤，更使农村消费环境令人担忧。因此在执法部门加大侵权查处力度，加强市场监督管理的同时，努力增强与提高农村居民知识产权文化意识的也是落实知识产权保护战略、促进创新生态系统良好运行的一项重要工作。在城市尤其是经济文化发达的城市的创新生态系统日益建立并完善的同时，也不能忽略对我国农村创新环境的建设与改善，不能使农村成为创新与知识产权文化的荒地。应通过强化农业知识产权保护，激励农业知识创造、加速农业知识产权转化运用。

二、与知识产权文化相关的区域社会环境的完善

狭义的社会环境指组织生存和发展的具体环境，具体而言就是组织与各种公众的关系网络。与知识产权文化相关的区域社会环境包括促进知识产权交易转化平台、知识产权文化宣传的平台，以及促进创新的税收政策、资本、知识产权信用体系和维权援助体系、知识产权服务业集聚发展示范园区等多个方面的要素。

（一）区域知识产权信息平台是知识产权文化信息的释放平台

知识产权的运营交易是创新成果转化的关键环节，是知识产权制度的一个重要方面，是知识产权在某一地区社会生活产生实际效能的路径，公众由此在生活实践中认知知识产权。知识产权运营交易过程是否公平顺畅体现着交易主体知识产权意识的强弱。一般说来，交易主体知识产权保护意识强，

遵循善意诚信的交易态度，更容易形成良好的知识产权交易市场、建立良好的交易秩序。而在那些知识产权文化氛围缺乏的地区，知识产品本身的产出就少，知识产权的运营转化成为无米之炊，知识产权转化交易质与量的限制致使公众对知识产权的正确认识更难形成，知识产权在这些地区社会生活中所发挥的作用相对有限，公众对于知识产权更为陌生。地方政府进行地方知识产权公共服务体系建设、优化知识产权服务与共享的举措客观上能够扩大知识产权文化宣传，对知识产权最终转化为经济效益的结果，会使公众在心理上接受并崇尚创新与知识产权。如果创新成果与知识产权被束之高阁，无法转化为现实生产力，则公众对于创新成果与知识产权的认知也必然是镜花水月。只有让知识产权所保护的知识产权成为与公众生产、生活息息相关的产品与服务，才能使公众近距离认可知识产权，这要比枯燥的说教宣传产生的影响作用更直接。

从创新区域的经验得知，知识产权信息平台的建设与完善非常重要。创新能力较强的省份通常知识产权信息平台建设全面。知识产权信息平台依据内容不同分为知识产权信息发布平台与知识产权信息交易平台，依平台建立主体层次不同，分为国家知识产权信息平台、省份政府信息平台、各市政府信息平台，以及区域内高校知识产权信息平台。又依据信息领域不同，分为知识产权综合信息平台和产业信息平台。区域知识产权信息平台的建立体现为建设多层次、全方位、覆盖面广的信息网络。在区域创新生态中，各要素流动的网状特征首先是信息的网状化，通过各种信息平台，实现知识产权信息数据资源共享利用，促进技术成果信息汇交，畅通技术成果信息收集、交流渠道，实现科研文献、技术标准等信息的互联互通，为知识产品传递、扩散、交流、转化提供信息资源支持。

区域知识产权信息平台建设应将全面覆盖的要求与区域特色相结合。首先，区域内应建立多个层次的知识产权信息平台，包括发布、链接国家知识产权信息平台、区域内高校知识产权信息平台与区域内优势产业的知识产权信息平台。创新能力较强的省份尤应重视区域高校与优势产业的知识产权信息平台建设。高校是科研产出的重要力量，而长期以来，我国高校知识产权转化成为一个难题，高校知识产权信息平台的建立，既促进高校知识产权信息的共享与知识产权的转化，又为实现区域产学研协同提供条件。同时，由于高校是知识产权教育与知识产权人才培养的重要阵地，是区域知识产权文化培育的重要内容，知识产权信息平台也是高校进行知识产权宣传与教育的一个窗口，显然有利于高校知识产权文化氛围的形成。事实证明，创新能力强的高校，通常知识产权信息平台建设也比较完备，而好的知识产权信息平台又发挥促进高校创新的作用，从而形成良性创新机制。例如山东省建立的四级知识产权平台，发挥着省知识产权交易中心、青岛海洋技术转移中心、中国（烟台）知识产权保护中心、寿光果菜品种权交易中心、鲁南技术产权交易中心、齐鲁技术产权交易中心等作用，打造了特色鲜明的行业性产权交易中心，形成国家分中心、区域性中心、省中心和行业性中心互相衔接、资源共享的四级技术市场体系。

区域优势产业的知识产权信息平台是发挥区域特色产业优势、促进优势产业创新发展能力提升的重要平台。区域优势产业在地方经济发展中起着支撑、引领的作用，打造特色鲜明的区域优势产业知识产权交易中心，对地方知识产权文化的培育与经济发展都有益处。值得注意的是，区域优势产业的发展会与地方文化相关联。对于以农业产业为支柱产业的地区，农产品地理标志成为当地重点保护的知识产权，"十三五"期间，我国累计注册区域品牌集体商标证明商标 192 件、地理标志商标 6 085 件，认定地理标志保护产品 2 391 件，地理标志产品产值超过 1 万亿元。[①] 地理标志农产品成为当地经济发展的重要依托，对农产品地理标志的保护成为区域经济发展的助力器。当地农民从地理标志农产品经济中直接受益，在此过程中，对地理标志知识产权从开始认知到主动申请保护，再到市场运用。这是一个由农产品地理标志唤起的知识产权意识萌发的过程。农产品地理标志是亲农性知识产权。农产品地理标志的定义中包含了自然环境因素和人文历史因素。历史人文因素赋予农产品地理标志特殊的文化价值；"人文因素"体现了农产品地理标志的文化价值，以技艺和诀窍等方式在产品生产过程中发挥作用。地理标志农产品在市场上的成功使得这些技艺和诀窍重新复活，得到传承、获得认可，并为生产经营者带来认同感、自豪感和幸福感。地理标志的文化价值就是文化资源向经济资源的转化，[②] 地理标志作为一种依赖自然禀赋并融合人文历史传统的知识产权，不仅在经济发展中起着重要作用，而且也能够为

---

① "十三五"时期我国知识产权事业发展成绩单 [N]. 中国知识产权报，2021－04－21.
② 杨永. 地理标志的文化价值研究 [M]. 北京：法律出版社，2018：4.

弘扬优秀传统文化贡献力量。地理标志产品在长期发展中形成的特色文化，在人们的心理层面形成暗示，在精神层面达成共识，在行为层面趋于一致，为消费者带来身份认同与仪式感，并在情感中产生共鸣。① 这种认同与共鸣会延及全部知识产权文化，地理标志文化增强了区域的知识产权价值认同与经济社会行为的统一。可以说，地理标志产品文化是区域知识产权文化内容的一部分，也是区域知识产权文化形成的先行力量，对整个区域知识产权文化的形成起着带动作用。地理标志产品文化在为区域经济发展提供精神动力的同时，也使区域经济与知识产权文化相互融合，促进区域创新生态系统的建立健全。

（二）区域知识产权经费投入对知识产权产出与文化培育的正向作用

增加知识产权经费投入是区域创新生态系统资源补给的必要措施。知识产权经费投入通常用区域 R&D 人员全时当量与 R&D 经费支出两个指标来衡量。② 学者张贵在对区域创新生态系统的生态位适宜性评价指标体系进行构建时，以 R&D 经费投入强度作为衡量区域资本要素投入情况的指标，并作为影响区域生态适宜度的系统要素中的生态因子之一。③ 学者李永刚对于政府研发投入与专利产出的关系进行研究总结，认为政府研发投入和研发补贴对专利产出具有正向作用。④ 徐鹏远指出区域 R&D 投入对专利产出的中介效应十分显著。⑤ 我国区域政府研发投入与当地创新能力的排名情况也实证了上述学者的观点。

2020 年政府研发投入排名前 10 位的省份依次是北京、上海、广东、四川、江苏、陕西、湖北、山东、浙江和辽宁，而发明专利申请量排名前 10 位的省份依次是广东、江苏、北京、浙江、上海、山东、安徽、湖南、湖北

---

① 杨永. 地理标志的文化价值研究 [M]. 北京：法律出版社，2018：52.

② 穆荣平. 中国区域创新发展报告 [M]. 北京：科学出版社，2019：52.

③ 张贵，温科，宋新平，等. 创新生态系统：理论与实践 [M]. 北京：经济管理出版社，2018：281 - 289.

④ 李永刚. 中国专利产出影响因素研究：理论分析与实证检验 [J]. 中国经济问题，2020（4）：62 - 74.

⑤ 徐鹏远，张梅青，翟欣雨. R&D 财政补贴对区域专利产出的影响机制——一个有调节的中介模型 [J]. 湖南科技大学学报（社会科学版），2020，23（1）：75 - 83.

和四川。① 2021 年 R&D 经费投入强度（R&D 经费支出与区域 GDP 之比）排名前 10 位的省份依次是北京、上海、天津、广东、江苏、浙江、陕西、安徽、山东（见表 8 - 2），专利授权量排名前 10 位的省份依次是广东、江苏、浙江、山东、北京、上海、河南、湖北、福建、安徽（见表 8 - 3）。可以看出，地区 R&D 经费投入水平，尤其是政府投入与创新产出密切相关，但二者并非完全呈线性增长关系。据中国科学研究中心对中国各区域的创新投入实力指数的测算结果，各区域创新投入实力存在较大差距，东部地区经济发达省份创新投入规模普遍较大。区域创新产出实力与创新投入规模成正比。以发明专利的申请量/授予量、实用新型和外观设计专利申请量/授予量、PCT 专利申请量、SCI 论文数 6 项指标来表征区域创新产出实力，可以看出东部地区创新产出遥遥领先于中西部和东北地区。创新产出排名居后 10 位的省份主要位于西部地区，与东部地区的省份形成巨大差距。② 知识产权经费投入与创新产出与区域知识产权文化的培育呈正向的互动关系。知识产权经费投入与知识产权文化可以视作创新产出的物质与精神两个方面的供给，这两个方面同时作用于区域创新能力的提升。但经费投入与知识产权文化建设二者本身亦会互相促进。首先，知识产权经费投入体现了政府及相关组织重视知识产权的意识与决心，一个高度重视知识产权的政府必然尽力增加知识产权投入。政府的重视会引导区域社会形成重视知识产权的氛围。当然，知识产权的经费投入数额还取决于地区经济发展水平，通常经济发达地区也更有能力投入更多的经费用于知识产权的产出及转化与运用，但经济发展相对落后的地区政府对知识产权经费的投入的重视程度仍可有所不同。可以通过研发投入占 GDP 的百分比及相关指标来衡量。其次，知识产权经费投入彰显区域创新能力，是区域创新生态系统的资源要素，客观上会对区域创新精神与创新动力起到刺激作用。经费投入多，创新动力增加，创新产出提升，有利于区域形成崇尚创新、保护知识产权的文化。

---

① 中国科技发展战略研究小组，中国科学院大学中国创新创业管理研究中心. 中国区域创新能力评价报告 2022 ［R］. 北京：科学技术文献出版社，2022：28 - 37.

② 中国科技发展战略研究小组，中国科学院大学中国创新创业管理研究中心. 中国区域创新能力评价报告 2019 ［R］. 北京：科学技术文献出版社，2019：52 - 56.

表8-2　各省份研究与试验发展（R&D）经费投入强度（2021年）

省份	R&D经费（万元）	排名	GDP（亿元）	排名	投入强度（%）	排名
北京	26 293 208	3	40 265	13	6.53	1
上海	18 197 705	6	43 226	10	4.21	2
天津	5 743 282	17	15 691	25	3.66	3
广东	40 021 795	1	124 292	1	3.22	4
江苏	34 385 572	2	116 563	2	2.95	5
浙江	21 576 904	4	73 391	4	2.94	6
陕西	7 006 207	14	29 813	14	2.35	7
安徽	10 061 245	11	42 996	11	2.34	8
山东	19 446 588	5	83 107	3	2.34	9
湖北	11 602 178	8	50 009	7	2.32	10
四川	12 145 209	7	53 739	6	2.26	11
湖南	10 289 088	9	46 139	9	2.23	12
辽宁	6 004 236	16	27 541	17	2.18	13
重庆	6 038 410	15	27 954	16	2.16	14
福建	9 687 292	12	48 924	8	1.98	15
河北	7 454 936	13	40 297	12	1.85	16
河南	10 188 408	10	58 890	5	1.73	17
江西	5 021 718	18	29 541	15	1.70	18
宁夏	704 410	28	4 513	29	1.56	19
吉林	1 836 516	24	13 216	27	1.39	20
黑龙江	1 945 827	22	14 855	26	1.31	21
山西	2 518 889	20	22 491	20	1.12	22
云南	2 819 392	19	27 106	18	1.04	23
内蒙古	1 900 595	23	20 441	21	0.93	24
贵州	1 803 506	25	19 609	22	0.92	25
广西	1 994 572	21	24 630	19	0.81	26
甘肃	1 294 694	26	16 188	23	0.80	27
青海	267 745	30	3 350	30	0.80	28
海南	469 840	29	6 438	28	0.73	29

续表

省份	R&D经费（万元）	排名	GDP（亿元）	排名	投入强度（%）	排名
新疆	783 118	27	15 980	24	0.49	30
西藏	59 989	31	2 069	31	0.29	31

资料来源：《中国统计年鉴2022》及《中国科技统计年鉴2022》。

表8－3　　　　　各省份基础研究投入和专利授权量（2021年）

省份	基础研究经费支出（万元）	排名	基础研究人员全时当量（人年）	排名	专利授权量（件）	排名
广东	2 742 692	2	50 137	2	872 209	1
江苏	1 356 698	4	33 958	4	640 917	2
浙江	643 462	7	16 622	9	465 468	3
山东	737 455	6	29 228	5	329 838	4
北京	4 225 134	1	75 525	1	198 778	5
上海	1 777 325	3	35 347	3	179 317	6
河南	245 491	18	7 769	20	158 038	7
湖北	526 904	10	14 099	13	155 169	8
福建	279 200	16	7 090	24	153 814	9
安徽	741 132	5	17 459	8	153 475	10
四川	581 239	9	18 631	6	146 936	11
河北	168 938	22	7 965	19	120 034	12
湖南	516 438	11	14 648	12	98 936	13
天津	588 112	8	10 203	16	97 910	14
江西	209 894	20	7 171	23	97 372	15
陕西	383 640	13	18 373	7	86 272	16
辽宁	411 117	12	14 958	10	80 191	17
重庆	297 396	15	8 781	18	76 206	18
广西	156 119	24	9 595	17	46 804	19
云南	297 409	14	12 052	15	41 167	20
贵州	158 706	23	6 161	25	39 267	21

续表

省份	基础研究经费支出（万元）	排名	基础研究人员全时当量（人年）	排名	专利授权量（件）	排名
黑龙江	217 485	19	12 562	14	38 884	22
山西	120 411	25	7 755	21	37 379	23
吉林	276 842	17	14 679	11	29 879	24
甘肃	170 711	21	7 430	22	26 056	25
内蒙古	54 360	29	3 119	27	24 362	26
新疆	92 574	27	4 597	26	21 178	27
海南	118 722	26	3 100	28	13 632	28
宁夏	34 101	30	1 436	30	12 885	29
青海	25 451	31	862	31	6 591	30
西藏	59 989	28	1 568	29	1 929	31

资料来源：《中国统计年鉴2022》及《中国科技统计年鉴2022》。

一个地区的经费投入结构与该地区创新主体的分布结构紧密相关。政府和企业研发经费投入的差异反映了地区要素集聚和发展模式的差异。[①] 从我国创新区域的经验来看，总体上应采取积极的政策和措施，扩大 R&D 的规模，使 R&D 投入与区域的经济发展实际情况相匹配。

在 R&D 经费的投入使用中应注意三个问题。

第一，经费的配置比例问题。基础性科研经费在总体科研经费中占比不够，这是我国在科研创新资源投入环节与美国等创新大国的差距之一。尤其是基础研究基地缺少较为充足且稳定的经费支持。这一问题在国家层面已开始被重视，这一问题在地方层面更为突出。地方政府对区域经费投入配置缺乏长远计划，多注重短期科研产出，经费投入更多倾向应用型研究项目，对基础性科研基地缺少必要的运转维护经费投入。基础性科研基地往往设备更新缓慢，缺乏活力，而逐渐丧失技术研发优势与后劲，影响科研产出绩效。另外，区域科研经费投入中对 R&D 人员投入占比不够，影响科研产出。有

---

① 中国科技发展战略研究小组，中国科学院大学中国创新创业管理研究中心．中国区域创新能力评价报告2022［R］．北京：科学技术文献出版社，2022：31.

研究表明，R&D 人员投入对科技绩效产生的作用更大，区域内 R&D 人员投入相比较经费投入在财政补贴与区域专利产出关系中起到的中介作用更强，[①] 科研行为最终是人的行为，对科研人员投入的缺少，会直接降低区域科研的主体队伍素质，一方面难以吸引优质的科研人才，另一方面影响现有科研人员技术创新的积极性，必然的结果是科研产出动力不足。2018 年《国务院关于全面加强基础科学研究的若干意见》提出地方政府要结合本地区经济社会发展需要，加大对基础研究的支持力度，各地区应构建各具特色的区域基础研究发展格局。该意见肯定了充分发挥基础研究对传播科学思想、弘扬科学精神和创新文化的重要作用，而加强科研诚信、弘扬科学精神和创新文化又是优化基础研究机制与环境的应有之义，因此，加强基础研究经费投入与知识产权文化是双向、正向的促进关系。基础研究相较于应用研究更能直接体现科学研究促进公共利益的价值目标，也更容易推动科学普及，传播科学知识。知识产权文化可为基础研究提供精神支持。基础研究通常需要科研人员长期的坚持与努力，如果没有社会普遍的认可氛围，没有科研人员坚定的精神信念，是难以完成的。

从表 8 – 3 中可以看出，2021 年创新先进省份的基础研究经费投入和研究人员相对较多，专利获得量也占相对优势，专利授权量前 10 位的省份中，有 7 个省份基础研究经费投入和基础研究人员数量也排名前 10 位。且依据有关研究报告对 2019 年和 2020 年的数据排名，[②] 基础研究投入量排名前位的省份大多是创新产出排名前位省份，且这种表现有连续性，说明基础研究投入对区域创新产出有着长远持久的支持力。但基础研究投入与专利产出并非绝对的正向线性关系，一些省份专利授权量的排名与基础研究投入排名并不完全一致，这是因为研发经费投入使用结构要和本地区经济发展水平、产业结构特征、资源禀赋优势相适应。[③]

第二，投入经费的配套设施建设问题。区域 R&D 经费投入对科研绩效的作用还受区域基础设施建设的影响，基础设施越完备，R&D 经费的使用与效能越能落到实处，越能充分有效分配与利用经费。完善地区基础设施建

① 徐鹏远，张梅青，翟欣雨. R&D 财政补贴对区域专利产出的影响机制——一个有调节的中介模型［J］. 湖南科技大学学报（社会科学版），2020，23（1）：75 – 83.
②③ 中国科技发展战略研究小组，中国科学院大学中国创新创业管理研究中心. 中国区域创新能力评价报告 2022［R］. 北京：科学技术文献出版社，2022：33 – 37.

设与研发有关的基础设施的完备是营造良好创新环境的客观条件。基础配套设施不完善时，不能盲目增加 R&D 经费的投入，而是应先进行相关配套设施的提供。这要求政府对科研配套设施定期进行核查，对配套设施的数量与质量能否对应区域科研创新之需进行评估，并将完善科研配套设施的举措落实到具体使用单位，可以由具体使用单位对科研对应需要的配套设施提出完善申请或报告，由政府核查，决定是否拨付、增加。地方政府应对区域试验中心、工程研究中心等研究机构确定对口主管部门，负责配套支持项目的申请受理和日常管理，由主管部门监管配套支持经费的使用，并对配套设施建设项目组织验收。为增加科研基础设施的效用，科研基地和科研基础设施应向企业及社会开放，包括其拥有的各种物质资源、技术数据与信息、标准样本等，地方政府应制定促进科研基础设施向社会开放的政策规定与管理办法，具体进行共享的方式可以多样化，如面向企业及社会设立开放课题并予以经费资助，面向社会需求开展技术培训，面向社会特别是中小学生开放，成为中小学科学实践基地等。总之，加大对基础设施科研经费的投入，既是科研效益持续产出的要求，又是提升全社会公众科学素养，培养科研创新人才的需要。

第三，经费投入与区域产学研的耦合度问题。需要注意的是，有学者的研究结论表明，区域 R&D 经费投入对区域科技绩效并不总是具有正向促进作用，同样的经费投入能否在不同地区产生相同的科技产出还取决于区域内产学研耦合协调度。[①] 经费投入固然重要，但对其如何使用也是经费产生效能的关键环节，区域内产学研协同的程度会极大影响 R&D 的经费使用，产学研协同程度越高的地区，R&D 经费利用效率越高，越能促进创新与经济发展。因此，增加区域 R&D 经费投入需要与区域实际情况相结合，应注意区域产学研的耦合度，通过完善政策为产学研协同中科研经费的投入与使用制定依据。一方面是政府制定政策与采取措施促进产学研结合，另一方面是产学研结合中经费使用一体化，即投入、使用、产出的一体化，以此提升经费利用效率，区域政策应建立并完善对 R&D 经费的使用监督机制与经费产出的效能评估机制。

---

① 肖振红，范君获.区域 R&D 投入、产学研耦合协调度与科技绩效［J］.系统管理学报，2020，29（5）：847－856.

第九章

中国企业创新生态系统
建设中的知识产权文化

　　企业知识产权文化是企业文化这一系统工程中的一项关键要素，是企业知识财产在企业意识范畴的体现，其涵盖企业知识产权价值观和企业知识产权文化制度两个层面。一方面，企业知识产权价值观来源于企业对知识财产的理解、行为习惯以及创造与交流。员工通过对企业知识产权价值观的认知，形成一种保护知识产权的潜意识，并通过外在行为将这种潜意识表现出来。另一方面，企业知识产权文化制度位于企业各项规章制度中的表层，主要涉及与知识产权相关的公共政策、管理组织架构以及法律法规等方面，企业知识产权文化构建与运行均依靠这些规章制度来加以规制，同时，能够有效保障知识产权法的实施、确保公共政策的落实和管理组织的协调，进而形成一种合力，共同助推企业知识产权文化体系的构建。相较于企业其他文化，企业知识产权文化除了具有企业文化的共性，也有其自身特性。

　　创新生态系统已然成为企业发展的一种背景，企业文化不再单纯是企业内部的理念与精神，而是与国家和地区创新生态系统文化相应相宜的文化。企业的文化必须具有时代的精神，虽然每个企业有自己的文化定制与追求，但绝不能脱离时代的要求。国家提出创新战略之后，"突破与创新"成为企业文化建设的新目标。企业开始注重创新氛围的培养，在组织文化上强调组织协调合作精神，通过资源共享、利益分配等制度规则，影响员工的工作态度、工作行为，将员工的个人发展与对企业的奉献精神结合，形成企业组织成员间共有的价值观。

第一节　中国企业创新生态系统建设概览

对中国企业创新生态系统的研究始于 21 世纪初，已有研究多是对企业创新生态系统的一般介绍与分析，涉及企业创新生态系统的内涵、特征、要素、运行机制、演进路径、风险因素、治理机制等内容。对中国企业创新生态系统的研究成果并不多，多是在整体分析企业创新生态系统后对我国企业创新生态系统的构建提出一些建议。也有一些学者的研究非常具有针对性，选取特定区域特定类别企业进行调查分析创新生态系统的建设运行情况，如唐雯、王卫彬在 2021 年对浙江省 200 家中小科技企业的创新生态系统建设情况以调查问卷与统计分析的方式进行研究，① 更多的学者选取中国企业创新系统的个案进行分析，如陈劲对海尔、美的、方正、南车集团进行研究，② 张贵等以阿里巴巴、华为、腾讯为例对中国企业创新生态系统的典型实践进行研究，③ 战睿对中集集团进行研究，④ 胡登峰等以江淮和比亚迪汽车为例对新能源汽车创新生态系统演进机理进行研究，⑤ 蒋石梅以海尔为案例对企业创新生态系统结构进行研究。⑥ 这些研究集中在企业创新生态系统构建与效能两个方面。基本观点是认同企业创新生态系统的构建要素包括企业自身、平台、内部分享机制、知识产权机制、外部合作伙伴关系、企业文化等。这样的研究状况反映了对中国企业创新生态系统的总体研究的难度。研究者难以考察到中国目前企业已建立创新生态系统的数量或比例，因为对企业创新生态系统的评估本身就是一个难题，且中国企业创新生态系统整体

---

① 唐雯，王卫彬．科技型中小企业创新生态系统构建现状——基于 200 家企业的调查分析 [J]．技术经济与管理研究，2021（2）：34 – 39.

② 陈劲．企业创新生态系统论 [M]．北京：科学出版社，2017.

③ 张贵，温科，宋新平，等．创新生态系统：理论与实践 [M]．北京：经济管理出版社，2018.

④ 战睿，王海军，孟翔飞．基于核心能力的企业创新生态系统构建：中集案例研究 [J]．中国科技论坛，2022（3）：109 – 119.

⑤ 胡登峰，冯楠，黄紫微，郭嘉．新能源汽车产业创新生态系统演进及企业竞争优势构建——以江淮和比亚迪汽车为例 [J]．中国软科学，2021（11）：150 – 160.

⑥ 蒋石梅，张玉瑶，王自媛，闫娜．非技术要素对企业创新生态系统的作用机理——以海尔创新生态系统为例 [J]．技术经济，2018，37（4）：29 – 36，108.

上仍处于初步建设阶段，因此，从已有中国企业创新生态系统的成功案例中总结共性，将经验推而广之，帮助更多企业建立创新生态系统是一项有意义的工作。

创新生态系统已在中国部分优秀企业中得以建立，虽然这些企业的创新生态系统的建立过程有所不同，但具有的共同特征和经验可以成为其他企业提升创新能力的借鉴。

一、创新种群的建立

所谓创新种群，是指构成创新系统的组织不是单个的企业或机构，而是多个以种群形式存在的围绕创新活动、创新产出及创新消费的共生体。企业创新种群表现为以核心创新部门或核心创新企业为中心，形成的以联结、协同、共生为特征的创新共同体。无论是以阿里巴巴为代表的商业企业生态系统，还是以比亚迪为代表的制造业企业生态系统，都有以该企业为中心的较为完整的创新种群。阿里巴巴创新生态系统建立了以阿里巴巴集团为核心领导种群，连接客户种群与技术提供商、物流、政府、金融机构等支持种群的强大创新种群系统。比亚迪以开发新产品和带来顾客价值为中心建立包括自身企业核心种群、产业内合作企业种群、市场消费种群、政府等创新生态种群。比亚迪等汽车企业构筑了较好的竞争优势，在新能源汽车产业形成了整车企业为主体，上下游企业联动，政策、法规、技术标准相互协作的创新生态系统。① 海尔的创新生态系统中发挥核心作用的"内外生态系统的嵌套协同"本质上也是创新种群的协同。华为创新生态系统包括以华为公司为核心，连接外部产品供应商、销售商、政府、高校、科研机构、合作企业、客户群体等外部创新种群，还包括华为内部以技术研发部为中心、协同行政部门、销售部门、后勤保障部门等构成内部创新种群，内外部创新种群相互支持，构成华为创新生态大种群。

我国企业创新生态系统都以创新种群的生成为主要的组织形式，尽管单个企业创新种群的内生构成不尽相同，但基本包括核心创新企业种群、外围

---

① 胡登峰，冯楠，黄紫微，郭嘉. 新能源汽车产业创新生态系统演进及企业竞争优势构建——以江淮和比亚迪汽车为例 [J]. 中国软科学，2021（11）：150－160.

创新企业种群、创新知识种群、创新服务种群、创新消费者种群以及创新环境种群。创新种群的生成成为这些企业创新生态系统建立的重要条件，也保障了企业创新生态系统向更高层次不断发展演化。

二、运行方式上：开放与共享

综观已形成的企业创新生态系统，开放与共享成为其在运行方式上的共性与特征。以华为公司为例，企业创新生态系统的共享体系分为内部和外部两个方面。于企业内部，在华为全球子公司中，建设资源共享中心，在财务结算、人力资源、采购、招标等所有支撑性的部门，华为公司都采用共享中心的概念，使得一线部门可以集中精力去做市场拓展、集中面对客户。华为公司在外部开放共享创新模式上已具有成功经验，以华为公司为核心，建设工业互联网，把设备、生产线、工厂、供应商、产品和客户紧密地连接融合起来，如华为与长虹等企业在基础设施服务、工业平台服务、物联网等领域的深入合作与联合创新，如与能源企业、汽车制造企业等合作，建设能源互联网和车联网，与城市管理部门合作，打造智慧城市。① 在海外，华为一直跟国际同行通过合作共享取得共赢。如华为与美国3COM公司、与德国西门子公司的合作。华为的开放与共享为企业核心技术突破提供了路径，使华为既具备了创新生态系统的核心，又拓展了创新系统空间，一步步增强了华为企业创新生态系统的稳定性与开放性。

"共享"＋"开放"是比亚迪创新生态系统的重要理念。除了与奔驰、丰田、滴滴等企业合作开发电动车，比亚迪还将核心技术向行业开放共享。在这个层面，比亚迪已经不仅仅是一家新能源汽车的整车生产企业，而是一家新能源汽车产业链的核心与纽带，所有的汽车企业都将因此而受益、成长，从而实现整个新能源汽车行业的快速推进。"共享"＋"开放"带来产品的升级是必然。市场的需求以及技术的"共享"和"开放"，为功能车向智能车的升级提供了必要条件和发展空间。用"共享"和"开放"推动整个新能源汽车产业的变革，比亚迪显然已经从汽车产业习以为常的那套封闭、自我完善的思维中转身，重大举措之一就是向友商开放自己的动力电池

---

① 王民盛. 华为崛起［M］. 北京：台海出版社，2019：331.

供应体系。

三、非正式治理机制

在创新生态系统治理过程中，越来越多的企业采用非正式治理机制，主要是通过对创新生态系统内成员进行软约束来规范成员的行为，[①] 这种软约束包括创新精神、企业家精神、信任关系、合作理念等与价值观、认识、精神以及行为习惯等相关的因素。如以阿里巴巴为核心的商业生态系统主要使用了基于契约的信任机制以及基于信誉的信任机制，生态系统中任何一位成员的不诚实或违背契约的行为都会以收不到货款、破坏信誉等相应的惩罚作为代价。信用机制成为阿里巴巴生态系统运行的保障机制。[②] 华为、腾讯、海尔等多个企业创新生态系统都将创新精神、企业家精神、容忍失败、团结合作作为系统内组织与成员能够基于共同目标与认识、保持行动一致高效的软规则。这些软规则恰恰成为创新自觉、合作通畅、效能增加的催化剂，使企业创新生态系统和谐发展。在技术迭代频繁、市场变化快的竞争环境中，以文化理念为主要表现的软规则恰恰具有"硬"效果，可以形成企业创新生态系统中不易改变的养分。当然正如热带雨林中各要素相互作用的机理，企业创新生态系统非正式的治理机制能够形成并发挥正向促进作用，仍然需要以被治理的创新要素的完备以及正式治理方式如国家法律、企业规章制度等的规范为前提。

中国企业创新生态系统已在部分企业尤其是高科技企业中建立并得到发展，但总体上仍然处于探索与学习阶段。已有的成功经验表明，提升企业的核心竞争力、打造创新种群并密切其连接与协同，以开放与共享、竞争与共进为企业运行发展的总体模式，以及以科学的企业管理制度保障企业创新系统正常的运行轨道，这些都是企业创新生态系统建立和发展的条件。中国企业的创新生态系统不仅需要这些必备要件，还需要考虑与企业所处的社会、地域环境相融合。企业与政府、高校、金融机构、中介服务机构等的合作，

---

① 胡泽民，汪晨，王景毅. 企业创新生态系统的内涵、组织模式和治理机制探讨 [J]. 桂林航天工业学院学报，2019，24（4）：502－510.

② 张贵，温科，宋新平，等. 创新生态系统：理论与实践 [M]. 北京：经济管理出版社，2018：330.

需要有共同的文化基础。文化认同包括合作目标、合作理念及合作行为方式等，这些成为企业创新生态系统环境要素。中国企业创新生态系统必须考虑与企业所在区域文化环境相适应的要求，打造企业创新环境氛围。

第二节 对我国企业知识产权文化的考察

企业作为创新国家最主要的创新主体，其是否具有时代所需要的知识产权文化不仅对企业自身的创新发展至关重要，而且对于整个国家的知识产权文化氛围的形成与民族创新精神的养成都有重要意义。知识产权战略的基础就是企业知识产权战略，企业知识产权文化是战略实现的精神动力。缺乏对企业知识产权文化的了解，是无法研究企业的创新生态系统的。当前，企业知识产权文化建设究竟达到什么样的效果？对企业创新成果的产生、知识产权的获得起到什么程度的影响？在企业知识产权文化建设中还存在哪些问题？由于文化是无形的，难以用企业的经济产出效益来衡量，且不同企业知识产权文化建设的重点与形式表现也不同。因此，通过普遍的问卷调查来了解目前我国企业知识产权文化的情形是一种具有可操作性的方法。尽管这种方法不一定能够直接全面地反映企业知识产权文化建设的状态，但通过数据，可以总结企业关于知识产权文化建设一些特征与问题，进而找到解决办法。本书在 2021 年 5 月 8 日至 2022 年 8 月 11 日（由于疫情，调查非连续进行），以网上填写问卷的形式对企业知识产权文化进行调查，共收到 101 份有效问卷。受访企业来自北京、上海、广东、天津、重庆、河南、山东、陕西、山西、甘肃、宁夏 11 个省份，区分大型、中型、小型、微型四个不同规模企业以及不同行业。问卷从企业知识产权拥有量、知识产权管理、知识产权纠纷解决、企业创新文化四个方面进行设计，希望考察到企业不同规模、不同行业、不同知识产权拥有量与企业知识产权管理方式、纠纷解决方式以及企业创新文化之间的关系，总体上了解我国企业目前对知识产权文化的重视情况、采取的知识产权文化建设措施，以及在建设中存在的问题与困难。

一、企业知识产权管理调查

（一）企业规模与知识产权拥有量

本次被调查企业中有 26 家大型企业、36 家中型企业、32 家小型企业、7 家微型企业。对这些企业的知识产权拥有量进行调查分析可知，企业的知识产权拥有量与企业规模成正向比，其中发明专利拥有量的差距尤为明显，意味着企业规模越大，技术研发投入越多，技术创新能力越强，发明专利拥有数量越多。中小企业实用新型与外观设计专利拥有量占比相对较多，商标拥有量的差距比与专利数量相比在不同规模企业间没有那么悬殊，一方面说明中小企业的技术创新能力不够强，另一方面也说明中小企业具有较强的品牌意识。版权登记主要集中在电子技术企业，总体数量不多。

（二）企业规模与知识产权管理人员

本次调查显示，从企业规模与知识产权管理人员的设置关系来看，企业规模越大，对知识产权管理人员的设置越重视，人员越专业。受访的大型企业全部由知识产权专业人员来对企业的知识产权进行管理，企业的知识产权申请、许可、保护等由企业内部知识产权的专门机构或者专业人员运作。中型企业中，一半的企业有知识产权专业管理人员，知识产权由其他人员监管的情况也接近一半。而小型企业的知识产权管理多是由其他人员兼职，其中小部分是根本无知识产权的管理人员。微型企业几乎无知识产权的管理人员。知识产权的管理人员的专业与否与数量多少直接体现着企业对知识产权的管理水平与对知识产权的重视程度。企业规模越大，知识产权拥有量越大，也越需要越有能力对知识产权进行更专业的管理和运用，而好的知识产权管理又为企业赢得市场份额，企业更有机会和能力获得知识产品，又产生更多的知识产权，如此形成良性循环。而中小企业则面临相反的困境。

（三）企业知识产权法律培训情况

经常举办知识产权法律培训的企业占被调查企业总数的 38.6%，偶尔举办的占 19.8%，从未有举办过的占 27.7%。从不同规模的企业来看，是否进行知识产权法律培训以及培训的方式有很大差异。大型企业经常举办知识产权法律培训，且培训方式多样化，包括经常举办专题讲座、组织参加培训班，也有过半数的企业除了这两种方式外，还采用国内调研与脱产学习的知识产权培训方式。中型企业也会举办知识产权法律培训，频率上一半企业经常举办，一半企业偶尔举办；方式上，中型企业以参加培训班的比例为最高，其次为举办讲座，脱产学习与国内调研方式较少采用。对于小微企业，知识产权法律培训的次数较少，小型企业约有 1/3 的比例偶尔举办知识产权法律培训，微型企业几乎从未举办过。方式上也更单一，个别企业偶尔举办专题讲座，少部分企业偶然参加培训班，国内调研与脱产学习基本没有。企业规模与企业知识产权培训频率与采取方式的样数成正比关系，这种现象有两个原因，一是规模越大的企业越重视知识产权的法律培训，二是规模越大的企业越有能力举办各种形式的知识产权法律培训。

（四）企业与知识产权中介机构的合作

问卷调查显示，90% 的企业都曾与专利事务所、商标事务所、律师事务所等中介机构合作过，说明企业在专利、商标申请、合同订立、诉讼纠纷的解决中，普遍意识到专业法律服务机构的重要性。大、中型企业同专利、商标以及律师事务所等法律服务机构都有广泛合作，而小微企业由于无专利、商标等知识产权事务，则多数只与律师事务所合作过，部分小微企业因为知识产权保护意识不强而没有与知识产权中介机构合作。

二、企业知识产权保护意识调查

（一）企业的知识产权纠纷发生情况

在对企业是否发生过知识产权纠纷的问卷调查中，被调查的企业中有 34.7% 表示发生过，有 65.3% 表示没有发生过。可见知识产权纠纷在企业中的发生还是较为普遍的，尤其是拥有知识产权较多的大中型企业，发生知识产权纠纷的比例相对较高。其中发生过商标侵权纠纷的企业占比 59.4%，发生过专利侵权纠纷的占比 28.7%，发生过专利权属纠纷的为 22.8%，其他类型的知识产权纠纷为 9.9%。商标纠纷最为普遍。

（二）企业知识产权纠纷的解决方式

就解决途径的选择而言，97%的企业选择以诉讼方式解决知识产权纠纷，38.6%的企业接受知识产权行政部门调处，有9.9%的企业认为通过协商解决也可以，另有8.9%的企业认为通过其他方式也可解决。绝大多数企业都接受以诉讼方式解决纠纷，即使先采取协商、行政调解或其他方式，仍认为诉讼是终局解决方式。从企业对于除诉讼外的纠纷解决方式的认可态度上来看，相当比例的企业将诉讼作为唯一认可的知识产权纠纷解决方式，排斥诉讼外的纠纷解决方式。企业认可的知识产权纠纷解决方式太单一。纠纷解决方式的多元化是完善纠纷解决机制的重要课题。司法建立知识产权纠纷多元解决机制，要在实践中被很好践行，需要诉讼参与人（包括企业）的认同。因此，有必要加强对企业关于除知识产权诉讼外解决知识产权纠纷的认知宣传与学习，帮助企业提升知识产权纠纷谈判、和解以及仲裁等能力。

（三）企业知识产权维权意识

82.2%的企业认为维权最大的好处是可以帮企业争取产品的市场份额。认为可以获得侵权赔偿的占比13.9%。这两个数据的对比说明了知识产权的本质，即以公开自己的智力成果换得一定时期技术垄断权，从而获得一定的垄断市场利益。知识产权侵权打破了这个为法律所认可的规则，损害了知识产品应有的市场份额与知识产权人的市场利益。通过知识产权维权，可使知识产权法所保护的市场份额和利益失而复得。大多数企业都认识到维权的根本目的，但知识产权的维权绝非易事。86.1%的企业认为维权成本高是企业知识产权维权存在的最大问题，这里的成本有时间成本、人力成本与金钱成本。知识产权维权存在举证难、周期长、执行难等问题。被侵权企业往往对维权持谨慎态度，"量力而行"，其中中小企业更是"知难而退"。这种状况一方面助长了知识产权侵权行为，当维权成本大于维权收益或者侵权获益大于侵权代价时，侵权行为就会难以遏制。同时对整个社会形成尊重知识、保护知识产权的文化氛围造成障碍。

（四）企业与研发人员签订知识产权协议的情况

有61.4%的企业与研发人员签署过知识产权协议。其中签过知识产权成果归属协议的占比 42.6%，签订技术保密协议的有 54.5%，签订竞业禁止协议的有 57.4%，另有 18.9% 的企业签过其他协议。大型企业与研发人员签订的知识产权协议最全面，成果归属协议、技术保密协议、竞业禁止协议等都会签订。与研发人员签订知识产权协议，是企业知识产权保护意识的一个重要体现。可以避免企业与研发人员的知识产权纠纷。而中小型企业多数签订的是竞业禁止协议与保密协议，签订知识产权权属协议占比较少。因此中小企业内部对知识产权权属分配的确定多是依据法律规定。专利法对职务发明创造的知识产权归属做出了明确规定，单位可以和研发人员协议知识产权的归属，但如果没有协议，专利权归属于单位，专利法规定单位应当对发明创造人予以报酬奖励，但实践中对于单位应给予发明人报酬奖励的纠纷仍频频发生，原因是企业与发明人员关于职务发明奖酬没有约定或约定不明，发明人得不到应得的奖酬，会导致创新热情减少。因此，企业与研发人员订立知识产权协议，有利于明确企业内部知识产权权利义务关系，增强各方责任感，有利于保持企业创新动力。

（五）企业专利文献检索

92.1% 的企业会进行专利检索。其中在产品研发立项前基本都会进行专利检索，在研发过程中，产品完成后进行专利检索的企业数量明显减少。专利检索对于企业研发方向及实施非常重要，大多数企业有专利意识，不会盲目研发制造而陷入专利侵权的困境。

（六）企业最希望得到的政府支持情形

66.3% 的企业最希望政府在资金方面得到政府支持，其中又以中小企业的需求最高；32% 的企业最希望政府建立知识产权平台来为企业提供知识产权支持，其中以大型企业对这一需求较为强烈。资金、平台是企业进行知识产品开发并取得知识产权，进而运用知识产权，最终将知识产权转化为商业利润的条件。政府的资金支持，尤其是对小微企业的技术研发与技术转化提供的资金支持，帮助小微企业实现知识产权从无到有的突破，是小微企业拥有并运用知识产权的重要支持。而大型企业则更需要政府搭建的国际、国内知识产权平台。

三、企业创新文化调查

（一）关于企业文化定制

90.1%的企业有自己的企业文化，其中包含"尊重知识"的企业文化的比例有32.7%，包含"崇尚创新"文化的有61.4%，包含"诚信守法"文化的企业占83.2%。在我国政府所倡导的知识产权文化中，"诚信守法"是我国企业普遍认可的企业文化，诚信是我国传统文化中已有的企业道德标准，现代企业多数仍然将这一标准作为自己为市场行为的基本准则。相当数量的企业"崇尚创新"，这与当前创新战略的实施有关，也是由于企业认识到创新是企业生存发展的路径。但仍有38.6%的企业没有以"崇尚创新"为企业文化，原因可能在于，有的企业认为自己属于传统行业，不需要创新，有的企业则认为自己尚不具备创新能力，安于现状，还有的企业有创新行为与创新成果，但不重视企业文化。这些情况实际上都是曲解"创新"内涵的表现。只有约1/3的企业将"尊重知识"作为企业文化定制内容，中小微企业认可"尊重知识"为企业文化的更是寥寥无几。多数企业认为"知识"太宽泛，将"尊重知识"作为企业文化太空洞，不能产生实际的经济效益。这是对"尊重知识"与"企业发展"关系的一种误解。从企业自身发展需要来看，尊重知识是企业获得发展的基础。现代企业的发展，已不再依靠劳动力和资本，这也就是"知识经济"时代的特征。尊重知识才能获得知识，进而获得发展。从企业发展环境来看，"尊重知识"才可以创造好的发展环境，尊重知识成为良好市场秩序形成并持续的一种心理约束与行为规范。尊重知识，尊重其他企业的智力成果，不用盗窃、欺诈等手段获取他人智力成果，尊重他人知识产权，重视学习与合作，最终企业在共赢的生态环境中获得发展。

（二）企业创新中遇到的障碍

48.5%的企业认为最大障碍是资金短缺，38.5%的企业认为是创新人才的缺乏，有11.9%的企业认为员工创新精神的缺乏是创新的最大障碍，另有10%的企业认为最大障碍是法律政策的缺失。资金短缺仍然是企业创新道路上的最大障碍，尤其对于小微企业。这与本调查中关于企业最希望得到政府的知识产权支持与资金支持的结果是一致的。创新与知识产权的拥有是一条路上的不同阶段，资金则是这条路上的物质供给。就技术创新而言，技术立项、研发、中试、转化任一阶段，都需要资金链接，缺乏资金，创新就无法完成。许多小微企业维持现状运转已很艰难，无力再投入资金进行创新与技术改造。技术落后难以取得有利市场地位，资金更加困难，使用他人专利技术又要支付高昂许可费，如此形成恶性循环，企业难以生存发展。有些企业被市场淘汰，有些企业铤而走险，未经许可，使用他人专利技术，或仿造假冒，最终一败涂地。有学者经过调查研究发现，中小企业成为当前中国知识产权侵权的重灾区，政策应关注小微企业的利益立场及诉求。[①]

（三）企业对员工创新精神的宣传

26.7%的企业表示从未有过对员工进行科学精神与企业家精神的宣传，36.6%的企业表示对所有员工经常宣传，23.8%的企业表示只对管理层进行宣传，12.9%的企业表示偶尔宣传。可以看出，很多企业并不重视对员工创新精神的宣传与培养，或者认为只要管理层有创新意识就行了，普通员工不必有。在此次调查中，将企业所拥有的知识产权数量与其对员工的创新精神的宣传工作对比来看，企业的知识产权拥有量与企业对创新精神的宣传频率与广度成正比。通过对创新精神的宣传，调动企业员工的创新热情，实现企业全员创新，企业的创新能力会大大提升。所以，对企业员工进行经常性的创新精神的宣传，是创新企业必然的行为。

（四）企业进行市场竞争的主要方式

71.3%的企业进行市场竞争的方式是提高产品质量，28.7%的企业以创新产品与新技术的运用作为市场竞争的主要方式。这反映出多数企业将产品质量视为企业生命，但对于提高产品质量的途径认识不一。除去客观限制因素，很多企业仍然没有将创新技术作为市场首要竞争力的认识。认识上的不足使企业较多注重短期市场利益，对研发投入不够，这成为企业创新能力提

[①] 刘华，姚舜禹. 促进小微企业知识产权文化认同的政策机制研究［J］. 中国软科学，2020（2）：40–48.

升的障碍。

（五）企业进行创新的主要方式

96%的企业会由内部研发中心进行创新，30.7%的企业会聘请专家或顾问，28.7%的企业会与科研院校合作，13.9%的企业会与客户或竞争对手合作研发。可以看到，由内部研发中心进行创新是绝大多数企业都采用的创新方式，这种方式便于实施、保密性强。部分企业除了有自己的内部研发中心，还会聘请专家或顾问，对研发过程中的难题予以指导解决。企业与科研院校的合作，形成产学研协同，是创新生态系统的一种组织形式。这种合作在企业与高校科研机构之间优势互补，使企业的研发力量增加，使高校科研机构的研发成果能够市场化，更能促进创新成果的产生与转化。另有少数企业会与客户或竞争对手合作，这是创新生态系统中更为复杂的合作。企业的创新活动不是孤立的，而是建立在与高校科研机构、与其他企业甚至是竞争对手合作的基础上。这是创新生态系统不同于以往创新系统的最大特征。调查中只有少数企业可以与客户或竞争对手合作，说明创新生态系统还处于开始阶段，当创新生态系统成熟后，这些合作会成为常态。问卷调查中企业创新方式的比例，反映出创新的范式由过去的企业独立创新到产学研协同创新再到生态雨林系统创新的演变过程。企业丰富创新的方式，扩展创新的合作者，是必然的趋势。

（六）企业认可的创新文化

89.1%的企业有认可的创新文化，但仍有10.9%的企业无认可的创新文化。有无认可的创新文化的分界，是企业是否接受创新文化，即在企业中是否已有某种或某些创新文化作为企业员工的共同信念与精神。绝大多数的企业认识到了创新文化的重要性，有自己认可的创新文化。其中88.1%的企业认可"奖励变革"的创新文化，表明企业对创新变革的需求与认可，并且以奖励的方式促进革新。有41.6%的企业认可"宽容失败"，这一比例显然低于"奖励变革"的企业，表明相当数量的企业并不能允许创新失败。也就是说，没有胜算，企业宁可不进行变革尝试，"鼓励冒险"的文化更是在企业中被接受寥寥。企业对"冒险"是排斥的，将"稳中求发展"作为经营信条，这对于创新精神会造成一定障碍。创新是尝试别人从未尝试过的行为，冒险精神与宽容失败是创新精神的基本要求，而我国企业在创新中缺乏这些精神。另有8.9%的企业还认可平等宽容为企业的创新文化。企业的平等观会对创新产生促进影响，消除企业中的特权意识，阶层观念，员工才有可能具有普遍创新思维，才可能"利出一孔"，使创新成为普遍化、惯常化的活动。

（七）企业形成创新文化的方式

40.6%的企业将营造创新文化氛围作为形成创新文化的方式，71.3%的企业将建立创新激励机制作为形成创新文化的方式，82.2%的企业将凝聚创新人才作为形成创新文化的方式，同时有48.5%的企业认可打造创新交流平台的方式，还有13.9%的企业无任何形成创新文化的举措。企业从认可创新文化到采取具体措施培育形成创新文化是从知到行的飞跃。一些企业认识到创新文化的重要性，但无具体举措。企业创新文化不会凭空产生，而是通过企业从上至下的创新激励机制、创新人才吸引机制、创新平台的建立与创新宣传、教育、培训工作的开展等多方面举措才可能形成，是一个长期且艰难的过程。在形成创新文化的举措中，建立创新激励机制与凝聚创新人才都可以通过制定企业内部规章来完成，需要企业管理层智慧和信心。营造创新文化氛围则更复杂，不仅通过制度规范来形成行为约束，更重要的是在企业全员中形成观念认同。从制度内化为员工的内心追求与精神动力，是企业形成创新文化的难点。

第三节　我国企业知识产权文化建设中的问题分析

企业创新生态系统的要素包括"硬件"与"软件"。"硬件"有资金、人才、政策，"软件"包括人脉、信任、热情、信念。文化软件使硬件要素能够和谐有序并稳定运作。如果说企业的一般文化影响着企业成为与众不同的市场经济个体，那么知识产权文化则更为具体地将企业硬件要素归整于创新情境中，并使其发挥最大效能。企业的知识产权文化与一般文化本质是相同的，是"以人为本"的文化，在知识创造与保护、技术创新与运用中的知识产权文化仍然体现为尊重、信任、沟通、合作等行为方式。在知识经济的时代大潮中，中国企业开始意识到知识创新的重要性，也在企业战略与生产经营中开始重视知识产权，但普遍的知识产权文化并没有在中国企业中普遍形成，表现在以下两个方面。

一、以社会责任感为基础的企业知识产权文化缺乏

吴汉东教授在对中国知识产权文化建设中的观念异化问题中分析到三种表现：将知识产权作为向上攀登的垫脚石、将知识产权作为谋利的榨汁机、将知识产权当作圈地的栅栏。[①] 这些异化行为在客观上多为企业的行为，滥用知识产权成为企业知识产权文化意识异化的突出表现。所谓异化，是指事物在自我发展过程中，产生了自己的对立面，这个对立面又作为一种外在的、异己的力量来排斥或支配事物本身。[②] 知识产权保护的目的是激励知识创新、维护公平竞争、增进社会利益。知识产权的异化可以理解为知识产权制度或者知识产权运用背离了知识产权的目的，成为阻碍创新、破坏公平竞争、损害包括消费者在内的社会公众利益的工具。滥用知识产权的行为是知识产权在运用过程中被异化的表现。行为总是受思想意识支配，滥用知识产权的行为在思想意识上的原因正是这些企业缺乏应有的对知识产权的正确认识，企业缺乏积极正向的知识产权文化。企业知识产权文化应是崇尚创新与诚信守法并重的意识形态。而一些企业却滥用自己的知识产权，阻碍创新、损害公平竞争秩序，损害公共利益。由于只将知识产权看作获利工具和竞争手段，完全背离了法律赋予知识产权人的社会责任和企业的道德底线，这种异化，由错误的对知识产权的观念认识发展为引导企业市场行为的另一种与知识产权价值精神背道而驰却根深蒂固的企业文化。这些行为具体表现为以下三类。

第一，妨碍创新的行为。企业利用自己的知识产权权利人地位，在与被许可人签订许可合同时，附加一些阻碍被许可人创新的条件。如知识产权回售条款，要求被许可人日后进行的再创新技术必须回售给许可人，以保有许

---

① 吴汉东. 中国知识产权理论体系研究 [M]. 北京：商务印书馆，2018：420－421.

② 袁真富. 知识产权异化：囚徒的困境——以知识产权立法目的为参照 [J]. 知识产权法研究，2006（3）：24－42.

可人永久的知识产权人地位。还有专利地雷阵、潜水艇专利策略等，这些曾经是国外商业巨头使用的遏制我国企业技术创新的策略，现在在我国企业中也开始存在。中小企业越来越难突破大企业的专利布局，进行技术创新。

第二，破坏公平竞争的行为。知识产权是一定时空范围内的专有权，会给知识产权人带来一定范围的专有利益，但专有权的行使与专有利益的享有必须在法律确认的方式下与范围内。超出法律规定的边界，则构成知识产权的滥用。企业基于知识产权而拥有的正常的市场竞争优势地位，是法律所肯定的知识产权人的利益。但一些企业出于对市场长期操控的目的，滥用知识产权垄断市场，破坏公平竞争。有些企业以制止知识产权侵权为由滥用诉权，动辄向竞争对手发出"侵权警告"或提出侵权诉讼，其目的并非追究对方的"侵权责任"，而是借"维权"之名，给竞争对手的商业声誉带来损害。还有企业抢注、囤积商标与域名，违反诚实信用原则，再以通过"法定程序"获得的知识产权作为要挟，谋取不正当利益。受到指控或要挟的竞争对手可能出于惧怕诉讼带来的麻烦与代价，或是急于稳定市场评价，往往与滥用知识产权者谈判和解，接受对方提出的不合理条件。

第三，损害消费者利益的行为。事实上，无论是妨碍创新或是破坏公平竞争的行为在客观上都会损害消费者利益。创新、竞争与消费者利益是统一的。创新使每个企业都有机会获得因知识产权而带来的市场利益份额，可以打破已有的市场格局，消除少数企业对市场的控制或垄断，促进商业竞争，良好竞争的结果是产生更好的产品和服务，使消费者获益。知识产权的正当行使与运用本身是企业、市场、社会共同受益的过程。但知识产权的滥用则与各方利益背道而驰，消费者成为利益的终端受损者。如知识产权人阻碍创新的行为，专利权人对技术的不正当控制，一方面会导致创新技术难以产生，消费者不能得到技术更先进、性能更好、价格更低的产品，另一方面，难以打破的知识产权垄断尤其是标准必要专利的垄断，导致许可费用虚高，这些费用转嫁为商品的成本，最终还是由消费者买单。

以上这些知识产权滥用行为背后是企业知识产权文化的异化。企业缺乏正确的知识产权思想意识与精神理念，是难以形成真正的创新动力与持久的知识产权实力的。知识产权的公共性特征，决定了企业运用知识产权获益时更要认识到自己作为知识产权人的社会责任。企业的知识产权文化必须与社会所要建立的文化环境相一致，尊重知识、崇尚创新、诚信守法、公平竞争是企业知识产权文化所应追求的目标。有学者对知识产权异化给出了一些治理方案：法律规制与行业自律。① 立法也逐步建立并完善限制知识产权滥用的规则体系，包括知识产权法内部对知识产权的限制与包括反垄断法、反不正当竞争法等法律对知识产权的外部限制。尽管如此，要让企业遵守这些法律规则，严守知识产权权利边界，并承担作为知识产权权利人企业的社会责任，需要在企业中形成正确的知识产权文化，树立健康的知识产权观。

二、企业文化中信任与沟通的缺乏会妨碍创新

更多研究发现信任与沟通能激起创新的思想火花，成为合作协同创新的连接桥梁，还助力于创新成果转化利用及其利益合理分配的实现。对于一个企业而言，信任与沟通虽然是一种非正式的关系，但其好比热带雨林中的营养剂与除菌剂，信任与沟通会营养合作关系、去除怀疑不信任等干扰因素，降低创新成本，提高创新效率，增加创新的持久力。

然而，信任与沟通的作用却长期并不为我国企业所重视，很多企业对内将管理与服从作为树立管理者权威，保持企业上下思想行动一致性的唯一模式，在企业中尤其是国有企业中，企业管理者权力等级明显，无民主沟通渠道，员工缺乏归属感与主人翁意识。企业引进的高学历人才有时也必须依靠职权才能实现个人创新才能的发挥，其有价值的创新思想受制于企业内部各种烦琐拖沓的官僚主义的流程。与官本位思想不同，企业员工绩效考核制度更能激发员工创新热情，但考核体系中的评价标准仍然影响着员工创新能力的发挥。当前很多企业用人制度中的一元评价标准成为企业形成良好创新氛围的障碍。大多数企业将业绩作为用人考核的唯一评价标准，不能实现动态平衡的组织考核方法，即对于不同职位类别、不同管理层次的员工，在企业不同发展阶段适用不同的衡量标准。与单一考核标准相对应的是较为单一的创新激励方法。尽管 2020 年修改的专利法增加了"鼓励企业以股权、分红等方式对职务发明人予以奖励"的规定，但目前企业多采用现金奖励创新，

---

① 袁真富. 知识产权异化：囚徒的困境——以知识产权立法目的为参照 [J]. 知识产权法研究，2006（3）：24 - 42.

鲜有以股权激励。而股权激励恰是一种极能增强员工的主人翁意识与责任感的激励方式，使员工与企业之间建立长久的信任关系，获得对企业长久的归属感，使员工与企业结成利益共同体，保持持久的创新动力。创新是一个普遍渗透过程，几乎涉及企业的每一个角落。[①] 企业中对权威的迷信也会扼制企业中创新思想的产生与交流，使企业技术研发与决策处于一种封闭状态，缺少企业内部方案决策的沟通讨论与外部开放信息的接收。企业间的合作创新由于受到小生产意识的不利影响而遭受挫折，多数企业还没有意识到自己已处于创新网络环境中的地位，仍然认为只要自己把生产销售搞好就可以了，对合作创新持戒备心态。缺乏合作的企业很难有持续的创新能力，难以做强做大。

第四节 创新生态系统下的中国企业
知识产权文化建设路径

企业是一个国家最基本的创新组织，也是最主要的创新主体，企业的创新行为是国家、地区创新生态系统的要素，企业创新生态系统也是国家、地区创新生态的组成部分。知识产权文化对于企业创新行为的产生、对企业创新生态系统的建设都有不可忽视的作用。企业知识产权文化的建设来自国家、地区层面的政策、资金、人才以及环境支持，同时也取决于企业自身知识产权文化的培育与提升。中国企业若要成功转型，需要建立一种合适的源创新企业文化，这里的源创新文化不能与原有的企业文化完全相反，不然企业的阻力会很大。[②]

一、在"以人为本"基础上的企业知识产权文化培育

随着我国知识产权法律政策的实施，知识产权执法保护一再加强，加之

---

① 陈春花，赵曙明. 高成长企业组织与文化创新 [M]. 北京：机械工业出版社，2016：65.
② ［美］谢德荪. 重新定义创新——转型期的中国企业智造之道 [M]. 北京：中信出版社，2016：284.

国家实施知识产权战略以来对企业知识产权文化的宣传与引导，企业知识产权保护意识逐步提高，但仍然是一种被动的知识产权文化，表现为企业具有一定的知识产权法律意识，能够申请知识产权，并运用知识产权法律武器维护自己的合法权益。但企业知识产权保护意识与行为只与管理层有关，普通员工并不关心企业的知识产权保护，也无相关的知识产权知识。企业管理层对知识产权文化的认识仅限于法律规定的内容，无涉及管理、企业伦理、社会责任等更高层面的理解。更高层面的主动的知识产权文化则表现为企业采取多种组织形式和灵活的生产管理系统来提升全体员工的知识产权保护意识与创新能力。企业知识产权文化不是短暂的知识产权的申请或诉讼，而是内化于企业成长发展的长久的精神内核，企业深层次的知识产权文化一定是建立在"以人为本"基础上的文化。

（一）为全员创新提供平台与条件

创新终究是人的创新。从创新主体讲，无论大的研发项目还是小的课题，最终都要分解到人，从创新灵感、动力讲，创新往往源于员工对工作的困惑、技术的体验和市场的感知。企业着眼"全员创新"首先应营造全员创新的氛围，在企业中树立创新不仅仅是研究人员的责任，每个人都可以参与创新的普遍认识与理念。如海尔公司改变传统企业和员工的约束与强制的关系，让人人参与创新的观念成为员工的基因，指导员工的个人发展观和日常行为。此外，企业应为员工提供明晰的创新路径。如宝洁、丰田公司采纳从普通员工那里得到创新建议，企业对创新的鼓励，表现为在每个人的年度工作计划里的创新方案的鼓励，也表现在对员工创新想法提供落地测试与开发的种子资金支持，更表现为对全员创新采取的灵活、不拘一格的人才组织形式。"全员创新"绝非一句口号，而是具体表现为决策的民主倾听、资金的落实支持与组织的主动安排。

（二）保障兑现对员工创新贡献的奖励

对员工的创新贡献进行奖励是企业激励创新的最直接方式，体现了对创新劳动予以公平回报、对创新智力成果利益进行合理分配的价值观。专利法、促进科技成果转化法等法律明确规定了单位对创新成果的发明人或转化人进行奖酬的义务。很多企业在与员工的研发协议中，也约定了对研发人员的奖励方式。但企业职务发明奖酬纠纷仍高频发生，员工诉至法院的原因一是与企业在奖酬数额计算上产生争议，二是企业不兑现奖酬承诺。员工采用诉讼方式追索职务发明奖酬的背后，还有不少人慑于企业的管理权威，怕与企业闹僵丢掉饭碗而选择隐忍退让。企业的这种失信行为严重损害了员工创新积极性，对企业创新发展显然是致命伤害。企业应与员工订立技术创新成果的奖酬协议，明确约定奖酬数额与方式。在创新成果完成或转化后，应依据法律规定或公司内部协议兑现奖酬给付。另外，企业奖酬的方式应探索采取股权或分红的方式，为员工创造成为企业主人的情境，更忠诚于企业，产生持久的创新热情。大多数企业员工持股或者说股份激励的方式都是资本激励、劳动激励转化为资本激励，或者二者并存，激励员工进行长期奋斗，根据贡献分配股权，实现真正意义上的循环劳动激励，把劳动收益放在资本收益之上。①

（三）为创新完善组织形式

企业应建立有利于沟通交流的组织形式。首先，组织的上层应是一个开放民主的决策层。企业管理者应首先是一个团队而非某个人，即使这个人是企业的开创者。管理团队采用"执行董事轮流制""决议投票制"等形式避免个人专断之祸害。企业管理团队应以开放的工作方法广泛吸纳员工建议，设立员工提交建议的途径，可以是在员工的年度工作计划中，也可以设专门的可以到达管理层的通道。员工所提建议不以其所在部门或所从事专业为限，企业对于采纳的员工建议应当及时进行奖励。企业组织的网络应是一个紧密的沟通网络，包括总公司与子公司局域网络的建立与信息的共享、管理层与普通员工的沟通、各部门的沟通以及员工间的沟通与交流，企业需创建一个信息公开、交流通畅的内部环境。有效的组织形式因企业的具体情况而不同。如许多企业采用跨部门、跨学科的团队工作形式，小组成员来自企业各个部门，而有些企业则采用"工作轮换制"形式，即让某部门的人员到相关部门去工作一段时间。再比如谷歌的"谷歌咖啡"时间，鼓励员工在团队之间展开创新活动。

---

① 张翔. 华为与阿里巴巴股权激励制度比较研究［J］. 商场现代化，2021（15）：113－115.

（四）知识产权知识的学习、培训

对知识产权的认知是创新主体法律地位自我意识的指引，知识产权法对创新行为法律关系、创新法律后果的规定，是创新主体明确创新目的、处理创新过程中的利害关系，分享创新成果或承担创新法律责任的依据。尽管我国企业管理者已经普遍具有一定的知识产权保护意识和不同程度的知识产权知识，但企业员工层面的普遍的知识产权知识仍然缺乏。这种缺乏带来的弊端可能是造成技术研发的盲目性，即没有明确的知识产权方向，研发前不对已有相关知识产权进行检索分析，会导致研发成果无法获得知识产权保护甚至构成技术的使用侵权。研发后不对知识产权运用市场进行调研，也不能使已获得的知识产权转化为经济效益。对于设有知识产权部的大企业来说，这种困难也许还少有发生，但对于通常只有少数法务人员甚至行政人员捎带承担企业知识产权相关工作的中小企业来说，上面的困境就时有发生。让技术开发人员、协调管理人员、物资调配人员等都懂得知识产权知识，进行以创新成果的知识产权保护并进行顺利转化为目的的沟通合作，是企业避免误入技术研发歧途的有效方法。因此，对企业员工普遍的知识产权培训成为企业取得创新发展的必要条件。企业对员工的知识产权培训应成为常态化的工作，而不只是在知识产权宣传周接受由政府组织的短暂培训。培训方式上，为避免流于形式，可以将知识产权学习的时数与学习报告也纳入工作考核内容。只有对知识产权知识的全员学习，才有可能做到全员创新。

企业员工对知识产权的学习，有利于形成统一的企业文化。尊重知识、崇尚创新、诚信守法、公平竞争，这些是体现于知识产权法律制度中的价值观，也是知识产权实践所应遵循的行为准则，更可以成为企业文化的应有内容。应该说，知识产权文化为创新生态系统中的企业文化提供了一种范式，尽管每个企业还可以有自己独特的具体文化特征，但企业文化的目标框架应与知识产权文化要求相一致。因此，对企业员工知识产权的学习与培训，可以提升员工对知识产权文化的认同与实践能力，有利于形成以知识产权文化为基础的企业文化。

二、行业协会与创新联盟的作用

在创新生态系统中，创新个体的成功依赖于系统其他主体与相关要素的合作与帮助，单个企业很难完成创新的各个环节并独自保持持续的创新能力。创新环境中的行业协会与不同形式的创新联盟是企业创新成功的助推器。

（一）行业协会对企业创新的多方面支持

技术、资金、信息、人才都是企业创新必不可少的要素，从企业创新整个过程来看，行业协会自始至终都会在企业获得这些创新要素方面产生帮助。在项目启动阶段，行业协会可以争取到一定比例的政府资金来建立联合实验室或研究中心，用以开展共同的项目研究。美国合作实验室就是很好的例子。行业协会在企业寻找资金合作伙伴时，还发挥牵线搭桥的作用。行业协会内的会员关系往往使合作者更容易互相信任。行业协会通常聚集了多方面的信息资源，企业还可以通过行业协会共享创新资源与信息。在创新项目实施过程中，行业协会可以为企业提供技术指导，对项目进行中的疑难杂症帮助诊断解决。行业协会还可以提供单个企业所无法完成的技术评估服务，对技术研发的可行性、中试的技术效果以及技术的转化预期进行评估。在技术申请专利等知识产权阶段，行业协会可以提供咨询帮助。在知识产权转化运用阶段，行业协会对技术的认同，会帮助企业的新技术获得社会的认同，有助于将新技术平稳地引入生产过程。在企业的知识产权人才培训、知识产权文化宣传与教育方面，行业协会也能够发挥经常性的帮助作用，切实地为企业安排培训或宣传活动。

（二）企业创新联盟

创新生态系统中，无论哪一个企业都不可能单打独斗，独自发展。在创新系统发展为网络时，企业不仅与产品上游和下游市场相关主体发生供销合作关系，还可能与政府、高校、科研机构甚至竞争对手产生创新合作。创新联盟是企业全力以赴地推行有效的技术发展战略的重要手段。联盟的主要形式有企业与大学、科研机构的合作。产学研协同已被创新型国家证明是创新系统中最为有效的合作。无论是美国硅谷以斯坦福大学为中心的产学研合作，还是德国以阿道夫研究中心为聚集的创新产业区，或是韩国的产业孵化园的成功，其共同特点都是创造并利用一切条件实现产业、大学与科研机构的合作。日本采取"政产学研"模式，发挥政府在促成产学研、促进创新方面的作用，有很多值得我国学习的经验。当前我国创新型地区的产学研合作已初具规模，如长三角创新区域多所高校与企业签订了项目合作协议，形成了产学研孵化区。创新城市深圳正大力建设发展区域内高校，努力建成产学研合作中心。但很多地区仍未制定具体实施办法或采取有效行动，区域内高校与企业的合作很少，这也是我国不同区域创新能力差异很大的一个重要原因。地方政府需要制定规划，采取措施促成企业与高校的合作，建立由高校、企业、科研机构共同进驻的产业孵化园区，对产学研项目予以一定的资金支持，对高校人才参与企业创新的工作纳入高校科研人员工作量计算和业绩考核体系。

创新生态系统中不变的是创新主体的合作需求，变化的是合作的对象。今天的竞争对象明天可能成为合作者，这是由瞬息变化的市场和信息资源共享的时代特点决定的。获得优质合作伙伴是创新成功的重要因素，企业依据创新需要选择合作者，提高灵活合作能力。在合作过程中，既要以诚信守法为准则，又要提高风险防范和应对能力。还有一个问题在我国企业的创新联盟组建中应当予以重视，即创新团队的组成应考虑跨学科多样性。研究表明，当今的技术创新是跨学科共同努力的结果。研究团队成员学科背景的一致性会使研究兴趣和研究方法僵化。美国、德国研究团队的学科多样性对实现高比例的创新非常重要。创新的"接力赛"方式：并非每一个成员都自始至终参加漫长而艰辛的开发过程。创新过程是按照某一步骤次序组织的，每一步都要求不同的技能和时间跨度。专业化和时间顺序要求开发工作在一个个团队中传递、交接，直到最后将产品推向市场。

三、政府在企业创新中的作用

（一）对中小企业的扶持

我国中小企业面临较大的创新困境，中小企业突破已有专利技术进行创新的能力有限，还经常面临创新资金、人才的短缺等问题。中小企业的知识产权文化难以形成，普遍缺乏知识产权保护意识，主客观因素共同造成我国中小企业成为知识产权侵权的重灾区。加大政府对中小企业的创新扶持是帮助其提高创新能力的重要途径。政府对中小企业的扶持不应只是资金支持，一味地补助反而会破坏激励机制，并让企业产生依赖性。政府对中小企业的扶持还可以通过帮助企业融资、减免创新产出税收以及政府采购等方式。企业创新资本问题的解决，最终要靠企业自身，政府应致力于企业获得创新资本的环境建设。硅谷的创新经验之一在于大量的风险投资注入企业。如何建立起我国的风险投资体系，或者当前如何一步步打造风险投资行业生存发展的环境，是非常重要的课题。

（二）对企业知识产权文化培育的引导

自我国实施知识产权战略以来，政府对企业加大知识产权宣传与教育工作，为企业提供知识产权培训，建设知识产权信息平台。这些工作正逐步改变企业尤其是中小企业知识产权意识欠缺的状况，企业对知识产权保护的认知与保护能力都有了一定程度的提升。但与创新生态系统要求下的企业知识产权文化水平仍有很大差距。笔者认为，除了组织、督促企业进行必要的知识产权法律规范的学习，为企业搭建知识产权信息平台外，政府还应注重对企业合作意识与诚信文化的引导。创新生态系统的一大特征是协同创新，共同演进。不具有合作意识、不具有协同能力的企业难以在创新生态系统中扮演好创新主体的角色。

有学者通过对企业诚信文化与企业创新能力相关变量及系数的模型设计与分析，得出诚信文化与企业创新正相关的结论。[①] 但目前少有以提升企业创新能力为目标建设企业诚信文化的论题。如何在创新生态系统中让企业的诚信文化为创新起到最大的正向作用仍是值得研究的问题。我们认为，还是要从创新生态系统的文化环境要求出发，整体地思考知识产权文化的核心内容，找到创新生态系统要求下的企业诚信文化的建设路径。从逻辑关系上看，尊重知识、崇尚创新、公平竞争的知识产权文化都是以诚信文化为基础的，都体现着创新过程中的诚信文化。对他人知识创造成果及权利的尊重，是与诚实善意的处事准则相一致的。企业对知识的尊重，对外表现为使用他人知识产品应取得许可并支付报酬，不能采取窃取、欺骗等违反诚信原则的方法获得知识产品。对内表现为企业应对发明人等知识创造人予以公平合理的回报，单位应诚实履行对研发人员的奖励承诺，这也是企业崇尚创新的体现。崇尚创新不仅是企业对创新资金的投入和创新人才的吸纳，也要求企业

[①] 唐玮，蔡文婧，崔也光."诚信"文化与企业创新 [J]. 科研管理，2020，41（4）：11-22.

对外以创新成果的诚信交易，对内以真正善意尊重对待员工。公平往往是最大的激励，而要做到公平，企业的诚信是基础。知识产权文化中的公平竞争是诚信文化的最直接体现，要求企业以诚信获得并运用知识产权，以诚信提高创新能力，以诚信作为获得市场优势竞争地位的基础，不得滥用知识产权、破坏市场竞争秩序。

建设企业诚信文化，要将诚信作为企业的首要价值观来大力倡导，诚信文化本身是我国固有的文化传统，现在需要做的是对企业诚信文化在创新生态环境中新的解释与倡导。传统商业环境中的诚信主要要求对交易对象诚信，而在创新生态系统中，由于主体关系呈交互网络形态，因此诚信的对象为多个，诚信的行为要求也呈多样。创新生态系统下企业诚信文化的践行包括对消费者的诚信、对政府的诚信、对市场合作者与竞争者的诚信。对消费者的诚信不仅指产品保质保量，还应保证对消费者公布的产品的知识产权信息是真实的，不存在让消费者对产品来源混淆、误认，不向消费者售卖知识产权侵权产品或服务。企业对政府的诚信，不仅体现为依法纳税，还有诚实申请政府创新项目的资金支持并诚实履行项目任务，在政府搭建的创新平台上发布真实信息。企业对商业合作伙伴的诚信义务表现为提供无知识产权权利瑕疵的产品与服务，以诚实善意、公平合作态度对待合作研发者。企业对竞争对手的诚信是创新生态系统关系网络状态的一个新特点，诚信义务要求企业不以非正当手段为竞争行为，不以知识产权权利人地位滥用知识产权，打击竞争对手，而是在知识、技术的共进中竞争。

政府应针对企业在创新系统中诚信义务的履行加强监督，建立企业诚信创新机制。对虚假申报创新项目套取政府资助的企业，对作出恶意商标注册、恶意专利诉讼等违反诚信的行为进行失信惩罚。与创新生态系统要求相悖的最普遍的一种"不诚实"行为就是知识产权的假冒。过去的二十余年里，政府一再加大对各种知识产权假冒行为的打击力度，如商标、专利的假冒专项治理行动，如对盗版侵权的严厉打击。今后，应将实施假冒侵权的行为列入企业失信行为，与企业获得政府创新资金扶持、享受政府税收优惠、进入政府搭建的创新平台或园区等相关联。

诚信文化可以通过法律制度的实践来建设，而企业的合作文化则只能凭借合作平台的搭建、合作范本的参考以及合作效应的宣传这些方式潜移默化了。虽然合作完全是由企业自主决定的事由，但政府营造安全的营商环境是企业安全合作的前提，除此之外，政府仍然可以在增强企业的合作意识、帮助企业寻找合作伙伴、为企业提供合作范例、帮助企业规避合作风险等方面有所作为。产学研合作是创新生态系统中重要的合作模式，政府的引导作用不可或缺。自实施知识产权战略以来，我国产学研合作已在创新地区形成较为成熟的体系，但就全国范围而言，产学研合作仍存在一些问题。一方面，企业尤其是中小企业与国家大学和研究机构由于分属不同的管理体系，双方在技术信息、知识共享上存在交流不畅，联系困难的问题。这需要第三方搭建桥梁，为双方合作提供机会。另一方面，企业与高校、科研机构的合作中缺乏互相信任的基础，由于企业与高校、科研机构的管理方式和运行体系存在差异，双方的衔接合作往往容易出现梗阻现象。合作中科研风险不可避免，责任承担应当明确，但双方信任基础与沟通渠道的缺乏，导致风险承担不明确。另外，由于管理机制的不同，合作双方在科研费用的支付流程方面的认知可能存在分歧，导致科研费用支付困难。在创新成果的知识产权归属上，由于前期信任与沟通的缺乏，没有签订明确的合同，使企业与大学科研机构容易产生知识产权权属纠纷。

以上这些在产学研中的问题的解决，除了企业与高校、科研机构应自身加强合作意识与能力，政府在促进产学研工作中的角色也值得探究。依据前文对世界创新型国家产学研模式的考察，政府的角色大体可以分为两种：一种是以美国为代表的政府在产学研创新中的桥梁作用，另一种是日本政府在产学研中的主导者角色。日本政府设立科学技术会，建立产学官合作调研制度的做法值得借鉴。我国的大学、科研机构多为公立，长期以来与企业完全处于不同的管理与运行体系，大学、科研机构与企业的"隔阂"较大，合作交流困难。同时，我国也尚未形成成熟的创新投资体系，社会诚信体系也尚未完全形成，创新平台的信息发布也并不能完全消除产学研合作各方的不信任。种种因素需要政府在产学研中发挥主导作用。不仅宏观上为促进产学研制定法律政策，而且需要具体为当地的高校、科研机构与企业的合作提供平台、基础设施以及为高校、科研机构与企业的合作牵线搭桥、协调分歧，提供一定的资金支持或提供某种形式的担保，为各方利益分配提供参考模板或咨询指导，降低产学研合作各方的风险，促进合作成功。可以说，我国政府需要为产学研操更多的心，出更多的力。当然，最终是否进行合作也还是要由高校、科研机构与企业自己决定，政府不能越俎代庖。

参 考 文 献

[1] [美] 安纳利·萨克森宁. 地区优势：硅谷与 128 号公路的文化和竞争 [M]. 曹蓬，杨宇光，等，译. 上海：上海远东出版社，1999.

[2] 白婧. 黑格尔的知识产权法理论探析 [J]. 黑龙江省政法管理干部学院学报，2015 (4)：141 - 143.

[3] 白志刚，刘波，尤国珍，等. 国际视野下的公民道德建设研究 [M]. 北京：知识产权出版社，2015.

[4] [德] 柏林科学技术研究院. 文化 VS 技术创新 [M]. 吴金希，等，译. 钟宁，樊勋，校译. 北京：知识产权出版社，2006.

[5] 包宇航，于丽英. 创新生态系统视角下企业创新能力的提升研究 [J]. 科技管理研究，2017，37 (6)：1 - 6.

[6] [澳] 彼得·德霍斯. 知识财产法哲学 [M]. 周林，译. 北京：商务印书馆，2017：30.

[7] 曹新明，梅术文. 知识产权保护战略研究 [M]. 北京：知识产权出版社，2009.

[8] 常盤文克. 创新之道：日本制造业的创新文化 [M]. 董旻静，译. 北京：知识产权出版社，2007.

[9] 陈爱清. 基于儒学伦理的中小企业道德建设 [M]. 北京：经济管理出版社，2016.

[10] 陈春花，赵曙明. 高成长企业组织与文化创新 [M]. 北京：机械工业出版社，2016.

[11] 陈春花. 企业文化的改造与创新 [J]. 北京大学学报（哲学社会科学版），1999 (3)：51 - 56.

[12] 陈红. 美国中小企业创新创业立法演进特征及启示 [J]. 科技创

新与生产力, 2016 (10): 15 – 17, 25.

[13] 陈劲. 企业创新生态系统论 [M]. 北京: 科学出版社, 2017.

[14] 陈丽萍, 梅麟. 西门子三大价值观对企业行为的影响分析 [J]. 企业活力, 2009 (11): 63 – 66.

[15] 陈印政. 创新文化与区域创新生态系统研究 [J]. 技术与创新管理, 2020, 41 (5): 539.

[16] 陈瑜, 张祥志. 新加坡知识产权文化建设概况 [J]. 中国发明与专利, 2013 (12): 21 – 23.

[17] 陈泽艺, 张志辉. 美国总统科学顾问委员会的科技政策分析与现实借鉴 [J]. 中国科技论坛, 2018 (5): 173 – 179.

[18] [美] 大卫·雷·格里芬. 后现代科学——科学魅力的再现 [M]. 马季方, 译. 北京: 中央编译出版社, 2004.

[19] 代明, 殷仪金, 戴谢尔. 创新理论: 1912 – 2012——纪念熊彼特《经济发展理论》首版 100 周年 [J]. 经济学动态, 2012 (4): 143 – 150.

[20] 邓建志. 知识产权专业本科教育问题研究 [J]. 知识产权, 2017 (11): 77 – 83.

[21] 邓文杰, 陈莉. 知识产权保护: 企业社会责任的重要议题 [J]. WTO 经济导刊, 2012 (1): 76 – 77.

[22] 邓元慧. 日本产学研的合作推进与评估 [J]. 科技导报, 2016, 34 (4): 81 – 84.

[23] 丁恒龙, 王卫星. 日本知识产权制度的变迁及启示 [J]. 科学管理研究, 2009, 27 (6): 76 – 81.

[24] 丁容余, 等. 创新力场: 江苏创新生态系统的提升之道 [M]. 南京: 江苏人民出版社, 2018.

[25] 丁宇. 创新型企业文化对企业成长的影响——基于 3 家创新领先企业案例的研究 [J]. 科技导报, 2020, 38 (15): 138 – 148.

[26] 董洁, 李群. 美国科技创新体系对中国创新发展的启示 [J]. 技术经济与管理研究, 2019 (8): 26 – 31.

[27] 董铠军. 欠发达地区创新生态系统培育研究——以西部地区范式突破为例 [J/OL]. 科学学研究, https://doi.org/10.16192/j.cnki.1003 – 2053.20230130.002 [2023 – 02 – 07].

[28] 董微微，蔡玉胜，陈阳阳．数据驱动视角下创新生态系统价值共创行为演化博弈分析 [J]．工业技术经济，2021（12）：148-155．

[29] 杜荣霞，刘冰．从群体性侵权透视知识产权文化意识的培植 [J]．河北法学，2010，28（6）：160-164．

[30] 段杰，陈萍．深圳创新生态系统运行三要素 [J]．开放导报，2019（1）：90-93．

[31] 费艳颖，凌莉．构建高效的国家创新生态系统 [J]．人民论坛，2019（6下）：62-63．

[32] 费艳颖，凌莉．美国国家创新生态系统构建特征及对我国的启示 [J]．科学管理研究，2019，37（2）：161-165．

[33] ［德］冯必乐．创新成就卓越：西门子总裁冯必乐回忆录 [M]．周方，黄孝谦，译．南京：译林出版社，2015．

[34] 冯立杰，卢加瑞，王金凤，林国义，张珂．开放式创新视阈下创新生态系统核心企业价值网络演进路径研究 [J]．科技进步与对策，2022，39（22）：82-91．

[35] 冯晓青．从黑格尔法哲学看知识产权的精神——研读《知识产权哲学》之体会 [J]．知识产权，2002（3）：17-22．

[36] 冯晓青．知识产权法目的与利益平衡关系的实证分析——以美国《宪法》知识产权条款为例 [J]．北京科技大学学报（社会科学版），2008（3）：64-67．

[37] 冯玄玉，李国良．日本产学官联合模式的政府推进路径及大学实绩分析 [J]．现代日本经济，2015（6）：21-33．

[38] 冯友兰．中国哲学简史 [M]．北京：北京大学出版社，2013．

[39] 冯泽，陈凯华，陈光．国家创新体系研究在中国：演化与未来展望 [J]．科学学研究，2021，39（9）：1683-1696．

[40] 付向核，孙星．解读德国工匠精神 创新中国工业文化 [J]．中国工业评论，2016（6）：48-53．

[41] 高鸿钧．法律文化的语义、语境及其中国问题 [J]．中国法学，2007（4）：23-38．

[42] 高鸿钧．美国法律文化的自由及其局限 [J]．清华法学，2009，3（1）：87-104．

［43］高嘉馨，王涛，顾新．创新生态系统中非正式治理对系统成员共生关系的影响研究［J］．四川大学学报（自然科学版），2021（58）6：1－12.

［44］高静，李瑛，于建平．中国企业创新生态系统研究的知识图谱分析——来自 CSSCI 的数据源［J］．技术经济，2020，39（8）：43－50.

［45］高兰英，蒋琼．美国大学知识产权教育的发展与启示［J］．教育现代化，2018（4）：301－305.

［46］高山行，谭静．创新生态系统持续演进机制——基于政府和企业视角［J］．科学学研究，2021（39）5：900－908.

［47］耿喆．深圳市创新生态环境解析［J］．全球科技经济瞭望，2017，32（2）：66－69.

［48］苟尤钊，吕琳媛．“创新生态”视角下中小企业问题探析——日本的启示［J］．科学与管理，2014，34（5）：38－45.

［49］顾乡．德国柏林如何叫板美国硅谷——创新文化、启动资金和创业成本助力柏林成欧洲创新之都［J］．中国中小企业，2015（11）：72－73.

［50］顾晓月．西门子知识产权管理工作研究初探［N］．中国知识产权报，2014－11－01（008）.

［51］郭禾．公平竞争与知识产权保护的协调［J］．河南社会科学，2005（6）：5－8.

［52］郭民生．创新驱动战略视角下的知识产权文化建设　知识产权文化建设助推“中国梦”［J］．中国发明与专利，2013（7）：9－13.

［53］郭民生．创新型国家与知识产权文化［N］．中国知识产权报 2006－02－17（010）.

［54］郭民生．理解知识产权文化的基本内核［J］．创新科技，2005（10）：48－49.

［55］韩庚君．京津冀城市群创新生态系统构建研究［J］．合作经济与科技，2020（8）：36－37.

［56］韩兴．论我国知识产权文化建设的多元文化互动［J］．南京理工大学学报（社会科学版），2014，27（1）：49－53，86.

［57］Hans－Hennig von Grünberg，陈颖．“德国转化与创新机构”之必要性研究——以德国应用科学大学为例［J］．应用型高等教育研究，

2018, 3（1）：5-10.

[58] 郝英杰，潘杰义，龙昀光. 区域创新生态系统知识能力要素协同性评价——以深圳市为例 [J]. 科技进步与对策，2020，37（7）：130-137.

[59] 何洁，李晓强，周辉. 美国工程研究中心建设对我国政府资助产学研协同创新平台建设的启示 [J]. 科技进步与对策，2013，30（17）：10-13.

[60] 何敏，刘胜红. 论职务发明奖酬立法的优化思路及具体措施 [J]. 科技与法律（中英文），2021（4）：1-9，65.

[61] 何敏. 新"人本理念"与职务发明专利制度的完善 [J]. 法学，2012（9）：65-74.

[62] [德] 黑格尔. 法哲学原理 [M]. 范扬，张企泰，译. 北京：商务印书馆，1961.

[63] [美] 亨利·埃茨科威兹. 三螺旋——大学·产业·政府三元一体的创新战略 [M]. 周春彦，译. 北京：东方出版社，2005.

[64] 侯明. 美国创新战略对我国加快推进创新型国家建设的启示 [J]. 技术与创新管理，2019，40（1）：25-30.

[65] 胡充寒，韩学周. 突围垄断：中国知识产权保护之向度把握——以中西方文化传统差异为视角 [J]. 法学杂志，2012，33（5）：27-33.

[66] 胡充寒. 冲突与合作：美国因素与中国现代知识产权法制进程 [J]. 科技与法律，2012（4）：32-37.

[67] 胡登峰，冯楠，黄紫微，郭嘉. 新能源汽车产业创新生态系统演进及企业竞争优势构建——以江淮和比亚迪汽车为例 [J]. 中国软科学，2021（11）：150-160.

[68] 胡海容，石冰琪. 德国知识产权侵权救济对惩罚性赔偿的扬弃分析 [J]. 重庆理工大学学报（社会科学），2021，35（4）：139-146.

[69] 胡京波，欧阳桃花，曾德麟，冯海龙. 创新生态系统的核心企业创新悖论管理案例研究：双元能力视角 [J]. 管理评论，2018，30（8）：291-305.

[70] 胡神松. 我国知识产权教育与文化战略研究 [D]. 武汉：武汉理工大学：2012.

[71] 胡苏敏. 企业文化对技术创新的影响——基于文化强度视角 [J].

北京邮电大学学报（社会科学版），2018，20（6）：42-51.

[72] 胡晓娟. 学习西门子创新立业之路 [J]. 浙江经济，2013（10）：11.

[73] 胡泽民，汪晨，王景毅. 企业创新生态系统的内涵、组织模式和治理机制探讨 [J]. 桂林航天工业学院学报，2019，24（4）：502-510.

[74] 胡泽民，于飞，王景毅. 企业创新生态系统：由研究综述到治理与运行理论模型的设计 [J]. 桂林航天工业学院学报，2019，24（1）：37-52.

[75] 胡志坚，张明喜.《美国创新史》主要观点及其启示 [J]. 科技中国，2019（6）：16-18.

[76] 黄海诺. 论弗里德曼法律文化概念的方法论困境 [J]. 广西政法管理干部学院学报，2013，28（1）：3-7，19.

[77] 黄继伟. 华为精神 [M]. 北京：中国友谊出版公司，2019.

[78] 黄鲁成. 论区域技术创新生态系统的生存机制 [J]. 科学管理研究，2003（2）：47-51.

[79] 黄鲁成. 区域技术创新生态系统的特征 [J]. 中国科技论坛，2003（1）：16-23.

[80] 黄鲁成. 区域技术创新生态系统的调节机制 [J]. 系统辩证学学报，2004（2）：68-71.

[81] 黄鲁成. 区域技术创新生态系统的稳定机制 [J]. 研究与发展管理，2003（4）：48-52，58.

[82] 黄维海，张晓可，陈娜. 日本国立大学研究生创新培养生态系统的特点与启示 [J]. 中国农业教育，2021，22（4）：90-98.

[83] 季羡林. 东西方文化沉思录 [M]. 北京：中国财政经济出版社，2017.

[84] 贾建锋，赵若男，朱珠. 高校创新创业教育生态系统的构建——基于美国、英国、日本高校的多案例研究 [J]. 管理案例研究与评论，2021，14（3）：309-324.

[85] 姜国峰. 我国知识产权文化培育研究 [D]. 大连：大连理工大学：2014.

[86] 姜海洋. 知识产权文化的本土化建构——以知识产权文化与传统

文化关系为研究视角 [J]. 学术论坛, 2015, 38 (9): 125-131.

[87] 蒋石梅, 张玉瑶, 王自媛, 闫娜. 非技术要素对企业创新生态系统的作用机理——以海尔创新生态系统为例 [J]. 技术经济, 2018, 37 (4): 29-36, 108.

[88] [日] 今井正明. 改善: 日本企业成功的奥秘 [M]. 周亮, 战风梅, 译. 北京: 机械工业出版社, 2010.

[89] 柯林霞. 诚信社会建设背景下知识产权失信行为的法律规制 [J]. 电子知识产权, 2021 (7): 21-34.

[90] [美] 克里斯·弗里曼, 罗克·苏特. 工业创新经济学 [M]. 华宏勋等, 译. 北京: 北京大学出版社, 2004.

[91] 孔伟, 张贵, 李涛. 中国区域创新生态系统的竞争力评价与实证研究 [J]. 科技管理研究, 2019, 39 (4): 64-71.

[92] 孔祥俊. 反不正当竞争法新原理 [M]. 北京: 法律出版社, 2019.

[93] [美] 兰斯·E. 戴维斯, 道格拉斯·C. 诺尔斯. 制度变迁与美国经济增长 [M]. 张志华, 译. 上海: 格致出版社, 上海人民出版社, 2019.

[94] [美] 劳伦斯·M. 弗里德曼. 法律制度——从社会科学角度观察 [M]. 李琼英, 林欣, 译. 北京: 中国政法大学出版社, 2004.

[95] 李斌, 王宋涛. 区域创新生态系统研究综述 [J]. 当代经济, 2020 (5): 69-71.

[96] 李福, 苟尤钊. 全球创新中心: 基于创新生态理论的解释 [J]. 特区经济, 2018 (10): 56-59.

[97] 李红娟. 创新创业生态系统建设典型模式及经验启示 [J]. 产权导刊, 2020 (6): 37-42.

[98] 李辉, 叶晓劼. 全球首个 "工业 4.0" 演示系统问世——访德国人工智能研究中心创新工厂系统部研究主任 Detlef Zuehlk [J]. 世界科学, 2014 (5): 10.

[99] 李佳钰, 张贵, 李涛. 创新生态系统的演化机理分析——基于知识内能视角系统科学学报, 2021 (2): 87-91.

[100] 李平, 陈志恒. 日本知识产权保护的经验及对我国的启示 [J].

现代日本经济，2003（6）：38-41.

　　［101］李少惠．中小企业文化生态的聚合与嬗变［M］．北京：中国社会科学出版社，2008.

　　［102］李万，常静，王敏杰，朱学彦，金爱民．创新3.0与创新生态系统［J］．科学学研究，2014，32（12）：1761-1770.

　　［103］李晓慧，贺德方，彭洁．美、日、德产学研合作模式及启示［J］．科技导报，2017，35（19）：81-84.

　　［104］李晓桃，袁晓东．创新与共享：国家技术创新中心的知识产权政策［J］．中国科技论坛，2020（2）：9-16.

　　［105］李宇，刘乐乐．创新生态系统的知识治理机制与知识共创研究［J］．科学学研究，2022（40）8：1505-1515.

　　［106］李泽．日本产学研合作机制的改革［J］．文学教育（下），2016（5）：149.

　　［107］李志明．中国知识产权文化发展中的文化冲突及解决方法——以知识产权文化的历史演变为视角［J］．江汉论坛，2013（4）：133-136.

　　［108］梁洪力，王海燕．关于德国创新系统的若干思考［J］．科学学与科学技术管理，2013，34（6）：52-57.

　　［109］梁冶平．法辩［M］．广西：广西师范大学出版社，2015.

　　［110］林德明，王宇开，丁堃．中日知识产权战略对比研究——战略主题、战略目标和政策工具［J］．中国科技论坛，2018（11）：168-177.

　　［111］林兴岚．当代诚信文化建设的实践性思考［J］．社会主义研究，2007（6）：44-46.

　　［112］林展宇，马佳伟．美国创业投资产业发展经验及对我国的启示［J］．西南金融，2018（6）：68-76.

　　［113］刘国龙，魏纪林．美国大学数字公民教育及其对我国知识产权法制教育的启示知识产权，2013（5）：94-99.

　　［114］刘华，黄金池．文化治理视域下我国知识产权文化政策结构性优化研究［J］．华中师范大学学报（人文社会科学版），2019，58（2）：85-90.

　　［115］刘华，黄金池．我国知识产权文化政策的优化及其逻辑——基于消费者立场的考量［J］．大连理工大学学报（社会科学版），2018，39（6）：68-74.

[116] 刘华, 姜斐, 张颖露. 与知识产权文化相关的八大关系简析 [J]. 中国发明与专利, 2012 (6): 45-48.

[117] 刘华, 李文渊. 论知识产权文化在中国的构建 [J]. 知识产权, 2004 (6): 16-20.

[118] 刘华, 李晓钰. 中国式法治现代化进程中知识产权文化的价值取向及其实践回应 [J]. 贵州师范大学学报 (社会科学版), 2023 (2): 12-21.

[119] 刘华, 姚舜禹. 促进小微企业知识产权文化认同的政策机制研究 [J]. 中国软科学, 2020 (2): 40-48.

[120] 刘华, 周洪涛. 论我国知识产权制度的困境与出路——基于知识产权文化视角的分析 [J]. 华中师范大学学报 (人文社会科学版), 2007 (1): 29-34.

[121] 刘华, 周莹. 我国社会公众知识产权意识现状调查分析及对策研究 [J]. 中国软科学, 2006 (10): 103-111.

[122] 刘华, 周莹. 我国知识产权文化建设的层次与目标 [J]. 知识产权, 2006 (3): 18-21.

[123] 刘华. 利益共同体意识下知识产权文化治理结构的统合与优化 [J]. 华中师范大学学报 (人文社会科学版), 2021, 60 (6): 28-35.

[124] 刘华. 文化政策视阈下我国知识产权文化发展研究 [J]. 华中师范大学学报 (人文社会科学版), 2009, 48 (2): 109-115.

[125] 刘进田, 李少伟. 法律文化导论 [M]. 北京: 中国政法大学出版社, 2005.

[126] 刘凯. 创新驱动发展的理论逻辑与国际经验 [J]. 领导科学, 2020 (24): 109-112.

[127] 刘亮. 美国文化中的开拓精神对科技创新的影响 [J]. 安徽科技, 2013 (4): 55-56.

[128] 刘涛. 从 YouTube 版权纠纷案看德国打击侵权假冒社会共治体系及启示 [J]. 中国检察官, 2020 (16): 77-80.

[129] 刘西平, 曹津燕. 知识产权教育与知识产权文化 [J]. 知识产权, 2007 (1): 68-70.

[130] 刘育梅. 社会变迁与美国法制现代化——简评劳伦斯·弗里德曼的法律文化理论 [J]. 江苏警官学院学报, 2007 (5): 111-116.

[131] 刘志峰. 区域创新生态系统的结构模式与功能机制研究 [J]. 科技管理研究, 2010, 30 (21)：8, 9 – 13.

[132] 柳卸林. 技术创新经济学 (第 2 版) [M]. 北京：清华大学出版社, 2014.

[133] 龙海波. 区域创新改革试验及路径选择研究 [M]. 北京：中国发展出版社, 2017.

[134] 卢锦文. 知识产权亚文化之痛 [J]. 中国发明与专利, 2007 (4)：15 – 16.

[135] [法] 卢梭. 社会契约论 [M]. 何兆武, 译. 北京：商务印书馆, 2003.

[136] 栾成显. 试论徽商的开拓创新精神 [C]//卜宪群. 中国区域文化研究 (第一辑·创刊号). 北京：社会科学文献出版社, 2019：126 – 127.

[137] 栾惠, 吕拉昌, 黄茹. 从腾讯公司的成长看深圳创新型城市建设路径 [J]. 特区经济, 2019 (2)：31 – 36.

[138] [美] 罗·庞德. 通过法律的社会控制/法律的任务 [M]. 沈宗林, 董世忠, 译. 北京：商务印书馆出版, 1984.

[139] [美] 罗伯特·P. 莫杰思. 知识产权正当性解释 [M]. 金海军, 史兆欢, 寇海侠, 译. 北京：商务印书馆, 2019.

[140] [美] 罗恩·阿那德. 广角镜战略：成功创新者的洞见 [M]. 张海龙, 郭霞, 王微, 译. 北京：机械工业出版社, 2020.

[141] 罗冠男. 作为观念的知识产权文化建设 [J]. 天津法学, 2017, 33 (1)：5 – 10.

[142] [美] 马尔科·杨西蒂, 罗伊·莱维恩. 共赢：商业生态系统对企业战略、创新和可持续性的影响 [M]. 王凤彬, 王保伦等, 译. 北京：商务印书馆, 2006.

[143] 马维野. 论知识产权强国的文化土壤 [J]. 中国科学院院刊, 2016, 31 (9)：1057 – 1064.

[144] 马维野. 知识产权文化建设的思考 [J]. 知识产权, 2005 (5)：9 – 13.

[145] 马秀山. 我国知识产权教育的思考及对策研究 [J]. 知识产权, 2007 (2)：82 – 86.

[146] 马忠法. 创新型国家建设背景下的科技成果转化法律制度研究 [M]. 上海：上海人民出版社，2013.

[147] 梅亮，陈劲，刘洋. 创新生态系统：源起、知识演进和理论框架 [J]. 科学学研究，2014，32（12）：1771－1780.

[148] [法] 孟德斯鸠. 论法的精神（上）[M]. 张雁深，译. 北京：商务印书馆，1997.

[149] 苗红，黄鲁成. 区域技术创新生态系统健康评价初探 [J]. 科技管理研究，2007（11）：101－103.

[150] 牟宏磊，蒙洋，田磊，张辰. 德国专业化创业服务对我国的若干启示——以柏林经济技术促进机构柏林伙伴组织（BPBT）为例 [J]. 今日科苑，2021（3）：9－17.

[151] 穆荣平，蔺洁. 2019 中国区域创新发展报告 [M]. 北京：科学出版社，2020.

[152] 穆荣平. 中国区域创新发展报告 [M]. 北京：科学出版社，2019.

[153] 宁立志，姚舜禹. 论公平竞争与知识产权文化建设 [J]. 中国市场监管研究，2022（1）：22，23－25.

[154] 钱振华. 科技创新与文化建设的理论与实践 [M]. 北京：知识产权出版社，2015.

[155] 秦佳文，赵程程. 德国创新生态系统发展特征及启示 [J]. 合作经济与科技，2016（19）：22－25.

[156] 青木昌彦. 硅谷模式的信息与治理结构 [J]. 经济社会体制比较，2000（1）：18－27，35.

[157] 邱洪华，赵明亮. 德国慕尼黑知识产权法中心硕士课程体系及其启示 [J]. 石家庄学院学报，2020，22（5）：49－54，107.

[158] 邱苏楠. 区域创新生态系统的现状分析 [J]. 科技与创新，2018（21）：71－72.

[159] 任东峰. 区域创新生态系统演进动力的美国硅谷案例——基于自然技术与社会技术共演化的视角 [J]. 技术经济与管理研究，2021（7）：12－15.

[160] 戎珂，柳卸林，魏江，郝飞. 数字经济时代创新生态系统研究

[J]．管理工程学报，2023（37）6：1－7．

[161] 邵慧峰．中西法律文化新论 [M]．北京：知识产权出版社，2018．

[162] 石凌子．德国大学与校外科研机构联合聘用模式探析 [J]．中国大学教学，2020（10）：92－96．

[163] 石书德．西门子的知识产权管理 [J]．企业管理，2012（10）：50－51．

[164] 史世伟．从国家创新系统角度看集群的创新作用——以德国为例 [J]．欧洲研究，2011，29（6）：5，64－83．

[165] 史世伟．开放性、专属性与信息不对称：创新合作中的市场失灵与政府作用——以德国集群政策为例 [J]．学海，2014（4）：64－72．

[166] 松岗守，吉日嘎拉．日本"制物教育"及知识产权教育 [J]．内蒙古师范大学学报（教育科学版），2010，23（4）：148－150．

[167] 宋河发．自主创新能力建设与知识产权发展——以高技术产业为视角 [M]．北京：知识产权出版社，2013．

[168] 苏策，何地，郭燕青．企业创新生态系统战略开发与竞争优势构建研究 [J]．宏观经济研究，2021（4）：160－169．

[169] 孙彩红，宋世明．国外知识产权管理体制的基本特征与经验借鉴 [J]．知识产权，2016（4）：114－120．

[170] 孙聪，魏江．企业层创新生态系统结构与协同机制研究 [J]．科学学研究，2019，37（7）：1316－1325．

[171] 孙国瑞．知识产权文化与创新意识的培养 [J]．中国发明与专利，2007（4）：13－14．

[172] 孙丽伟．"三螺旋"理论视野下的创新文化培育 [J]．中国发明与专利，2019，16（1）：9－14．

[173] 孙艳艳，李梅，张红，苗润莲．基于创新生态系统的区域创新服务平台资源体系构建研究 [J]．中国科技资源导刊，2020，52（3）：1－8，85．

[174] 唐雯，王卫彬．科技型中小企业创新生态系统构建现状——基于200家企业的调查分析 [J]．技术经济与管理研究，2021（2）：34－39．

[175] [日] 田村善之，何星星，巢玉龙．日本知识产权高等法院研究 [J]．科技与法律，2015（3）：552－573．

[176] [日] 田村善之. 日本知识产权法 [M]. 周超, 李雨峰, 李希同, 译. 北京: 知识产权出版社, 2011.

[177] 王海军, 金姝彤, 束超慧, 战睿. 为什么硅谷能够持续产生颠覆性创新? ——基于企业创新生态系统视角的分析 [J]. 科学学研究, 2021, 39 (12): 2267 - 2280.

[178] 王金花. 德国政府资助科研项目成果归属及收益分配浅析 [J]. 全球科技经济瞭望, 2018, 33 (9): 36 - 41.

[179] 王景, 王晓萍, 朱莉. 创新型国家建设中的知识产权文化问题探讨 [J]. 昆明理工大学学报 (社会科学版), 2008, 8 (10): 35 - 38.

[180] 王凯, 徐军伟, 林上洪. 区域制度环境对产学嵌入性关系的实证研究 [J]. 宁波大学学报 (教育科学版), 2019, 41 (6): 72 - 77.

[181] 王凯, 邹晓东. 由国家创新系统到区域创新生态系统——产学协同创新研究的新视域 [J]. 自然辩证法研究, 2016, 32 (9): 97 - 101.

[182] 王民盛. 华为崛起 [M]. 北京: 台海出版社, 2019.

[183] 王倩, 柳卸林. 企业跨界创新中的价值共创研究: 基于生态系统视角 [J]. 科研管理, 2023 (44) 4: 11 - 18.

[184] 王爽英. 生态系统视域下高校创新创业教育协同培养路径探析——基于美国高校的启示 [J]. 知识经济, 2019 (27): 51 - 52.

[185] 王思锋. 知识产权教育与文化建设研究 [J]. 教育评论, 2011 (4): 13 - 15.

[186] 王喆. 创新生态系统构建视阈下创新型企业的技术决策、技术突围与竞争优势培育——基于华为的技术战略研究 [J]. 科学管理研究, 2021, 39 (3): 91 - 99.

[187] 王珍愚, 单晓光, 许娴. 我国知识产权制度与知识产权文化融合问题研究 [J]. 科学学研究, 2015, 33 (12): 1821 - 1827, 1850.

[188] 韦铁. 知识产权文化概论 [M]. 北京: 科学出版社, 2015.

[189] [美] 维克多·黄, 格雷格·霍洛维茨. 硅谷生态圈: 创新的雨林法则 [M]. 诸葛越, 等, 译. 北京: 机械工业出版社, 2017.

[190] 吴汉东. 当代中国知识产权文化的构建 [J]. 华中师范大学学报 (人文社会科学版), 2009, 48 (2): 104 - 108.

[191] 吴汉东. 知识产权法律构造与移植的文化解释 [J]. 中国法学,

2007（6）：49 – 61.

［192］吴汉东. 知识产权精要 ［M］. 北京：法律出版社，2017.

［193］吴汉东. 中国知识产权理论体系研究 ［M］. 北京：商务印书馆，2018.

［194］吴金希. 创新生态体系的内涵、特征及其政策含义 ［J］. 科学学研究，2014，32（1）：44 – 51，91.

［195］吴金希. 创新生态体系论 ［M］. 北京：清华大学出版社，2015.

［196］吴金希. 创新文化：国际比较与启示意义 ［J］. 清华大学学报（哲学社会科学版），2012，27（5）：151 – 158，161.

［197］吴金希. 理解创新文化的一个综合性框架及其政策涵义 ［J］. 中国软科学，2011（5）：65 – 73.

［198］吴开军. 欠发达地区构建创业生态系统的关键路径研究 ［J］. 技术经济与管理研究，2018（8）：38 – 42.

［199］吴茜茜. 企业逆向创新模式研究——以华为技术有限公司为例［J］. 现代商业，2021（32）：22 – 24.

［200］武建龙，于欢欢，黄静，刘家洋. 创新生态系统研究述评 ［J］. 软科学，2017，31（3）：1 – 3，29.

［201］肖振红，范君荻. 区域 R&D 投入、产学研耦合协调度与科技绩效 ［J］. 系统管理学报，2020，29（5）：847 – 856.

［202］解学梅，韩宇航，代梦鑫. 企业开放式创新生态系统种群共生关系与演化机理研究 ［J］. 科技进步与对策，2022，39（21）：85 – 95.

［203］解学梅，吴永慧. 企业协同创新文化与创新绩效：基于团队凝聚力的调节效应模型 ［J］. 科研管理，2013，34（12）：66 – 74.

［204］［美］谢德荪. 重新定义创新——转型期的中国企业智造之道 ［M］. 北京：中信出版社，2016.

［205］谢晓尧. 竞争秩序的道德解读 ［M］. 北京：法律出版社，2005.

［206］［美］熊彼特. 经济发展理论 ［M］. 郭武军，吕阳，译. 北京：华夏出版社，2015.

［207］徐济宽，马治国. 科技法迭代视域下芯片国产化的法律规制与引导——也谈"华为"如何破局 ［J］. 科技进步与对策，2022，39（6）：112 – 120.

［208］徐振强. 德国"工业 4.0"科技园区创新创业生态体系研究——基于对柏林州 Adlershof 科技园的案例研究［J］. 中国名城，2015（11）：38 - 49.

［209］徐智华，刘群慧. 日本技术创新文化研究［J］. 科技管理研究，2013，33（6）：236 - 241.

［210］阳晓伟，闭明雄. 德国制造业科技创新体系及其对中国的启示［J］. 技术经济与管理研究，2019（5）：32 - 36.

［211］杨和义. 日本知识产权法［M］. 北京：北京大学出版社，2014.

［212］杨磊，刘海兵. 创新情境视角下的开放式创新路径演化［J］. 科研管理，2022，43（2）：9 - 17.

［213］杨启森. 西门子工业 4.0 创新实验室：让数字化企业成为现实［J］. 智能制造，2016（11）：7 - 8.

［214］杨永. 地理标志的文化价值研究［M］. 北京：法律出版社，2018.

［215］杨月坤. 企业文化对技术创新的内在影响分析——以 20 世纪 60 至 80 年代日本为例［J］. 科技管理研究，2010，30（14）：294 - 298.

［216］杨震宁，赵红. 中国企业的开放式创新：制度环境、"竞合"关系与创新绩效［J］. 管理世界，2020，36（2）：139 - 160，224.

［217］姚芳，刘华. 知识产权文化的中国实践：现状调查与政策建议［J］. 科技进步与对策，2013，30（11）：107 - 112.

［218］姚岷. 黑格尔法哲学中的知识产权思想［J］. 电子知识产权，2003（6）：61 - 64.

［219］姚远，徐和平. 缺失与构建：知识产权文化的思考［J］. 湖南社会科学，2014（5）：112 - 115.

［220］姚远，徐和平. 日本知识产权文化构建经验对我国的启示［J］. 湖南科技学院学报，2015，36（7）：111 - 113.

［221］姚远. 日本知识产权文化：制度与观念［J］. 学术界，2015（1）：229 - 238，328.

［222］叶佳笛. "山寨"硅谷的"文化不耐症"——创新集群的文化制度因素分析［J］. 现代管理科学，2020（2）：41 - 43.

［223］叶美霞，曾培芳，李羊城. 德国知识产权人才培养模式研究及其对我国的启示［J］. 科学管理研究，2008（5）：82 - 85.

[224] 易继明. 技术理性、社会发展与自由——科技法学导论 [M].
北京：北京大学出版社，2005.

[225] 易继明. 司法体制改革中的知识产权法庭 [J]. 法律适用，2019
(3)：28 - 38.

[226] 易玲. 知识产权三审合一的"合"与"分"——兼谈日本知识
产权专门化审判模式及我国的路径选择 [J]. 政治与法律，2011 (11)：116 -
126.

[227] 余同元. 区域科技创新的江南道路 [C]//卜宪群. 中国区域文
化研究 (第一辑·创刊号). 北京：社会科学文献出版社，2019：15.

[228] 俞风雷. 日本职务发明的贡献度问题研究 [J]. 知识产权，2015
(6)：94 - 98.

[229] 宇文利. 从个人诚信到社会信任：价值观内在伦理秩序的建构
[J]. 伦理学研究，2020 (6)：1 - 6.

[230] 袁传明. 创新生态系统下美国高等教育政策的走势 [J]. 高教探
索，2019 (4)：68 - 73.

[231] 袁真富. 知识产权异化：囚徒的困境——以知识产权立法目的
为参照 [J]. 知识产权法研究，2006 (3)：24 - 42.

[232] [德] 约翰尼斯·贝尔. 西门子传：一个发明巨人和国际企业家
的人生历程 [M]. 朱刘华，译. 北京：中译出版社，2018.

[233] 曾国屏，苟尤钊，刘磊. 从"创新系统"到"创新生态系统"
[J]. 科学学研究，2013，31 (1)：4 - 12.

[234] 翟玉强. 地理标志产品的文化内涵研究 [J]. 山西财经大学学
报，2016，38 (S1)：124 - 126.

[235] [美] 詹姆斯·弗·穆尔. 竞争的衰亡——商业生态系统时代的
领导与战略 [M]. 梁骏，杨飞雪，李丽娜，译. 北京：北京出版社，1999.

[236] 战睿，王海军，孟翔飞. 基于核心能力的企业创新生态系统构
建：中集案例研究 [J]. 中国科技论坛，2022 (3)：109 - 119.

[237] 张岱年，等. 中国知识分子的人文精神 [M]. 河南：河南人民
出版社，1994.

[238] 张贵，温科，宋新平，等. 创新生态系统：理论与实践 [M].
北京：经济管理出版社，2018.

[239] 张海娜，曾刚，朱贻文．德国创新政策及其对区域发展的影响研究 [J]．世界地理研究，2019，28（3）：104-112.

[240] 张慧颖．美国发布新版国家创新战略 [EB/OL]．http：//www. nipso. cn/onews. asp？id=37355 [2021-08-10].

[241] 张快，王志强．德国促进中小企业提升研究与创新能力的举措 [J]．全球科技经济瞭望，2013，28（10）：65-69.

[242] 张利，徐艳萍．"人文精神"与中国传统法律文化 [J]．河北大学学报（哲学社会科学版），2008（2）：100-105.

[243] 张利飞．高科技企业创新生态系统运行机制研究 [J]．中国科技论坛，2009（4）：57-61.

[244] 张玲．日本知识产权司法改革及其借鉴 [J]．南开学报（哲学社会科学版），2012（5）：121-132.

[245] 张苗苗．基于商业伦理的企业文化建设现状与对策——以知识产权企业为例 [J]．现代企业，2020（3）：120-121.

[246] 张敏，段进军．区域创新生态系统：生成的合理性逻辑与实现路径 [J]．管理现代化，2018，38（1）：36-38.

[247] 张泰．美国创新生态系统启示录 谷歌、脸谱、思科……这些世界级企业是怎样生成的 [J]．中国经济周刊，2017（8）：72-74.

[248] 张泰．美国创新生态系统启示录（下）[J]．中国经济周刊，2017（9）：77-79.

[249] 张铁薇．侵权法的哲学观照 [J]．学习与探索，2020（7）：72-77.

[250] 张伟仁．中国法文化的起源、发展和特点（下）[J]．中外法学，2011，23（1）：6-23.

[251] 张文显．法律文化的结构与功能分析 [J]．法律科学（西北政法学院学报），1992（5）：3-10.

[252] 张翔．华为与阿里巴巴股权激励制度比较研究 [J]．商场现代化，2021（15）：113-115.

[253] 张晓，曹冬梅．日本知识产权战略运用的特点及启示 [J]．中国科技信息，2016（15）：107-108.

[254] 张云生．高科技企业创新生态系统探析 [J]．软科学，2008，

（11）：95 - 97.

[255] 张中秋. 中日法律文化交流的动因比较分析 [J]. 南京大学学报（哲学·人文科学·社会科学版），2005（6）：92 - 99.

[256] 张中秋. 中日法律文化交流的选择比较 [J]. 政法论坛，2006（4）：43 - 53.

[257] 张中秋. 中西法律文化比较研究（第四版）[M]. 北京：法律出版社，2009.

[258] 赵程程，秦佳文. 美国创新生态系统发展特征及启示 [J]. 世界地理研究，2017，26（2）：33 - 43.

[259] 赵程程. 区域创新生态系统适宜度评价及比较研究：上海、北京和深圳 [M]. 上海：同济大学出版社，2017.

[260] 赵丰. 德国高校知识产权政策的路径及启示 [J]. 中国高校科技，2021（8）：75 - 79.

[261] 赵旭梅. 日本知识产权制度的适应性演进与创新共生性分析 [J]. 现代日本经济，2012（6）：10 - 16.

[262] 赵志彬. 中国知识产权文化的发展与展望 [J]. 知识产权，2019（8）：28 - 37.

[263] 郑成思. 知识产权法——新世纪初的若干研究重点 [M]. 北京：法律出版社，2004.

[264] 郑帅，王海军. 模块化下企业创新生态系统结构与演化机制——海尔集团 2005—2019 年的纵向案例研究 [J]. 科研管理，2021，42（1）：33 - 46.

[265] 郑友德. 德国高等院校知识产权的教学及其启示 [J]. 知识产权，1994（2）：45 - 47.

[266] 郑友德. 德国知识产权法的演进 [J]. 电子知识产权，2010（10）：56 - 58.

[267] 郑友德. 马普创新与竞争研究所发表《关于人工智能与知识产权法的立场声明》[J]. 电子知识产权，2021（6）：4 - 15.

[268] 郑友德. 知识产权与公平竞争的博弈 [M]. 北京：法律出版社，2011.

[269] 中国科技发展战略研究小组，中国科学院大学中国创新创业管

理研究中心. 中国区域创新能力评价报告 2019［M］. 北京：科学技术文献出版社，2019.

［270］中国科技发展战略研究小组，中国科学院大学中国创新创业管理研究中心. 中国区域创新能力评价报告 2022［M］. 北京：科学技术文献出版社，2022.

［271］周洪涛，单晓光. 知识产权文化与知识产权制度关系研究——以知识产权制度的困境为视角［J］. 科学学研究，2009，27（1）：11 - 17.

［272］周华东. 德国科技成果转化的经验及其对我国的启示［J］. 科技中国，2018（12）：22 - 26.

［273］周振江，何悦，刘毅. 深圳科技创新政策体系的演进历程与效果分析［J］. 科技管理研究，2020，40（3）：27 - 31.

［274］朱荟彬. 我国知识产权人才教育及其存在的问题与探索［J］. 中国发明与专利，2015（10）：22 - 25.

［275］邹彩霞. 后 TRIPS 时代中国知识产权文化的重构［M］. 北京：法律出版社，2022.

［276］邹文琦. 中、日、美文化模式对创新精神影响的比较分析［J］. 科学管理研究，2001（2）：13 - 15.

［277］邹晓东，王凯. 区域创新生态系统情境下的产学知识协同创新：现实问题、理论背景与研究议题［J］. 浙江大学学报（人文社会科学版），2016，46（6）：5 - 18.

［278］Arnold Christopher. The AIA and TTOS：How Technology Transfer Offices Can Best Handle the Changes in Patent Law Brought about by the America Invents Act［J］. Journal of Law & Education，2012，41（2）：417 - 425.

［279］Aulet B. How to Build a Successful Innovation Ecosystem：Education，Network，and Celebrate［J］. Journal of Strategic Management，2008（2）.

［280］BVIZ—German Association of Innovation，Technology and Business Incubation Centres［EB/OL］. https：//www. innovationszentren. de/41 - 0 - English - Information. html［2022 - 04 - 02］.

［281］Innovate America：Thriving in a World of Challenge and Change. Washington，DC：Council on Competitiveness；2004. Website of Council on Competitiveness［EB/OL］. http：//innovateamerica. org/pdf/PACE2Pager_section_ by_section. pdfS〔2022 - 09 - 14〕.

〔282〕 Criteria for Taking a Formal Position on Issues and/or Proposed Legis-lation〔EB/OL〕. http：//www. a - utm. net/autm - info/〔2020 - 09 - 28〕.

〔283〕 Deli Yang. Culture Matters to Multinationals' Intellectual Property Businesses〔J〕. Journal of World Business, 2005 (40)：281 - 301.

〔284〕 Dinithi N Jayasekara, Per G Fredriksson. Culture, Intellectual Property Rights, and Technology Adoption〔J〕. The Quarterly Review of Economics and Finance, 2021 (80)：317 - 330.

〔285〕 Durst S, Poutanen P. Success Factors of Innovation Ecosystems - Initial from a Literature Review〔A〕//Smeds R, Irrmann O. Co - Designing in Innovation〔C〕. Aalto University Publication, 2013.

〔286〕 Emerging Frontiers in Research and Innovation〔EB/OL〕. https：// www. nsf. gov/eng/efma/efri. jsp〔2018 - 05 - 25〕.

〔287〕 Engineering Research Centers：Linking Discovery to Innovation〔EB/OL〕. http：//erc - assoc. org/〔2022 - 12 - 20〕.

〔288〕 Eric M Dobrusin, Ronald A Krasnow. Intellectual Property Culture：Strategies to Foster Successful Patent and trade Secret Practices in Everyday Business〔M〕. Oxford University Press, 2008.

〔289〕 From the Lab Bench to the Marketplace：Improving Technology Transfer〔EB/OL〕. http：//www. science. house. gov〔2021 - 05 - 22〕.

〔290〕 Gabriel Plata, Sebastian Aparicio, Stephanie Scott. The Sum of Its Parts：Examining the Institutional Effects on Entrepreneurial Nodes in Extensive Innovation Ecosystems〔J〕. Industrial Marketing Management, 2021 (99)：136 - 152.

〔291〕 George A Giannopoulos, John F Munro. The Accelerating Transport Innovation Revolution〔M〕. Copyright：Elsevier Inc. , 2019.

〔292〕 Global Innovation Index 2022〔EB/OL〕. https：//www. wipo. int/ edocs/pubdocs/en/wipo - pub - 2000 - 2022 - en - main - report - global - inno-vation - index - 2022 - 15th - edition. pdf〔2022 - 12 - 21〕.

〔293〕 Grant Opportunities for Academic Liaison withIndustry〔EB/OL〕. http：//www. nsf. gov/pubs/2009/nsf09516/nsf09516. htm〔2019 - 08 - 25〕.

［294］ Improving Technology Transfer at University, Research Institute, and National Laboratories Hearings before the Subcommittee on Research and Technology Committee on Science, Space, and Technology, House of Representatives One Hundred Thirteenth Congress First Session, Wednesday, July 24, 2013 Serial No. 113 – 43 ［EB/OL］. http：//science. house. gov ［2020 – 09 – 25］.

［295］ Johan Olaisen, Oivind Revang The Dynamics of Intellectual Property Rights for Trust, Knowledge Sharing and Innovation in Project Teams ［J］. International Journal of Informatio Management, 2017 (37)：583 – 589.

［296］ Judy Estrin. Closing the Innovation Gap：Reigniting the Spark of Creativity in a Global Economy ［M］. McGraw – Hill, 2008.

［297］ Kayano Fukuda, Chihiro Watanabeb. Japanese and US Perspectives on the National Innovation Ecosystem ［J］. Technology in Society, 2008 (30)：49 – 63.

［298］ Marco Iansiti, Roy Levien. Strategy as Ecology ［J］. Harvard Business Review, 2004 (3)：60 – 76.

［299］ Marcus Holgersson, Ove Granstrand, Marcel Bogers. The Evolution of Intellectual Property Strategy in Innovation Ecosystems：Uncovering Complementary and Substitute Appropriability Regimes ［J］. Long Range Planning, 2018 (51)：303 – 319.

［300］ Margeart G. Mastrodonato, Stanford Roche. Another Hurdle for Technology Transfer Programs ［J］. The Digest National Italian American Bar Association Law Journal, 2012 (21)：79.

［301］ Mark A Lemley, Peter S Menell, Robert P Merges. Intellectual Property in the New Technological Age ［M］. Clause & Publishing, 2016.

［302］ Martin Lackéus Karen, Williams Middleton. Venture Creation Programs：Bridging Entrepreneurship Education and Technology Transfer ［J］. Education + Training, 2015 (57)：48 – 73.

［303］ May C, Susan K Sell. Intellectual property rights：A Critical History ［M］. Lynne Rieneer Publishers, 2006.

［304］ Mercan B, Göktaş D. Components of Innovation Ecosystems：A Cross –

Country Study [J]. International Research Journal of Finance and Economics, 2011 (76): 102 – 112.

[305] American Competitiveness Initiative: Leading the World in Innovation [EB/OL]. http: //innovateamerica. org/pdf/PACE2Pager_section_by_section. pdf [2022 – 09 – 10].

[306] Partnerships for Innovation: Building Innovation Capacity—Smart Service Systems. [EB/OL]. http: //nsf. gov/eng/iip/pfi/bic. jsp [2021 – 04 – 21].

[307] Randi B Isaacs. Inside a University's Technology Transfer Office [J]. Landslide, 2016, 8 (3): 30 – 36.

[308] Venture Creation Program [EB/OL]. http: //yei. yale. edu/vcp [2021 – 08 – 10].

[309] Wallner T, Menrad M. Extending the Innovation Ecosystem Framework [R]. Paper Presented at the XXII ISPIM Conference, Hamburg, Germany, 2011 (9).